Streifzüge durch die Euregio

Dieses Buch ist den vielen Menschen gewidmet, die aus Not auf Wanderschaft sind.

DANKSAGUNG

Dieses Buch hätte ohne die Hilfe vieler Menschen nicht entstehen können.

Zunächst einmal möchte ich dem Verlag Meyer & Meyer danken, der dieses Buch unterstützt hat.

Für die Begleitung in der Phase der Auswahl der Wanderungen und der Aufzeichnung der Wege mit dem GPS-Gerät möchte ich mich bei Angelika, Melanie und besonders bei Sabine bedanken, die mit vielen Ideen zum Gelingen dieses Buches beigetragen haben. Bei Norbert möchte ich mich für die Hilfe bei Übersetzungen aus dem Niederländischen bedanken, bei Almut für die sehr wichtigen geologischen Informationen und Korrekturen.

Danken möchte ich auch meinen Interviewpartnern für ihre Aufgeschlossenheit und Auskunftsbereitschaft. Bei den Mitarbeitern von *Maastricht Underground*, dem *Naturhistorischen Museum* in Maastricht und den *Tourismusinformationszentren Maastricht, Voerstreek, Thorn* und *Dilsen-Stokkem* möchte ich mich für die freundliche Beratung und zuvorkommende Hilfestellung bedanken.

S. Schmitt *(phoenix nature)* möchte ich dafür danken, mir die Fotos von einem Graureiher und einem Teichhuhnküken und Eddy Maes, Eupen, mir die Fotos von einem Eisvogel und einem jungen Fuchs zur Verfügung gestellt zu haben. Derartige Tierfotos zu machen, erfordert viel Geschick, Zeit und besonders Geduld, die ich während meiner Wanderungen nicht aufbringen konnte. Zusätzlich hat mir S. Schmitt noch zwei weitere Fotos überlassen, die sie während unserer Touren von mir aufgenommen hatte. Die Fotos sind alle in unserem Wandergebiet entstanden.

Bei meiner Fotografielehrerin Bori Eff (foto-eff.jimdo.com) möchte ich mich für die Anregungen und Korrekturen und ganz besonders für ihre Hilfe bei der Auswahl und für die Bearbeitung all meiner Fotos für dieses Buch bedanken. Außerdem hat mir Frau Eff noch zwei wunderschöne Fotos von Sonnenuntergängen an der Maas bei dem Ort Eijsden zur Verfügung gestellt.

Alle in diesem Buch enthaltenen Angaben wurden von der Autorin nach bestem Wissen erstellt und von ihr und dem Verlag mit größtmöglicher Sorgfalt überprüft. Gleichwohl sind – wie wir im Sinne des Produkthaftungsrechts betonen müssen – inhaltliche Fehler nicht vollständig auszuschließen. Daher erfolgen die Angaben ohne jegliche Verpflichtung oder Garantie des Verlages oder der Autorin. Beide übernehmen keinerlei Verantwortung und Haftung für etwaige inhaltliche Unstimmigkeiten. Wir bitten dafür um Verständnis und werden Korrekturhinweise gerne aufgreifen.

Martina Kasch

STREIFZÜGE DURCH DIE EUREGIO

30 Routen
von Ostbelgien bis ins Maastal

Meyer & Meyer Verlag

Streifzüge durch die Euregio
Bibliografische Information der Deutschen Bibliothek
Die Deutsche Bibliothek verzeichnet diese Publikation in der Deutschen
Nationalbibliografie; detaillierte bibliografische Details sind im Internet über
<http://dnb.ddb.de> abrufbar.

Alle Rechte, insbesondere das Recht der Vervielfältigung und Verbreitung sowie das Recht der Übersetzung, vorbehalten. Kein Teil des Werkes darf in irgendeiner Form – durch Fotokopie, Mikrofilm oder ein anderes Verfahren – ohne schriftliche Genehmigung des Verlages reproduziert oder unter Verwendung elektronischer Systeme verarbeitet, gespeichert, vervielfältigt oder verbreitet werden.

© 2019 by Meyer & Meyer Verlag, Aachen
Auckland, Beirut, Dubai, Hägendorf, Hongkong, Indianapolis, Kairo, Kapstadt, Manila,
Maidenhead, Neu-Delhi, Singapur, Sydney, Teheran, Wien
Member of the World Sport Publishers' Association (WSPA)
Gesamtherstellung: Print Consult GmbH, München

ISBN 978-3-8403-7634-4
E-Mail: verlag@m-m-sports.com
www.aachen-buecher.de

INHALT

EINLEITUNG: EIN ERLEBNISREICHES WANDERJAHR 9

1 VON OSTBELGIEN ÜBER AACHEN BIS INS MAASTAL BEI EIJSDEN:
  STRECKENWANDERUNG DURCH DREI LÄNDER IN VIER ETAPPEN 23
  Wanderung 1: Vom Kulturzentrum KuKuK in Köpfchen bis zum
                alten Zoll in Gemmenich 26
  Wanderung 2: Vom alten Zoll in Gemmenich bis nach Teuven 36
  Wanderung 3: Von Teuven nach Sint-Martens-Voeren 48
  Wanderung 4: Von Sint-Martens-Voeren bis an die Maas
                bei Eijsden 56

2 RUNDWANDERUNGEN AUF DEM FERNWANDERWEG GR 128 65
  Wanderung 5: KuKuK – Auberge Zur Geul –
                 Ramirez-Máro-Institut – KuKuK 68
  Wanderung 6: Auberge Zur Geul – Skulpturengarten „Kraftwerk" –
                 Galerie S. – Ramirez-Máro-Institut –
                 Auberge Zur Geul 76
  Wanderung 7: Exkursion zu den Zyklopensteinen und
                 zur Quelle der Göhl 88
  Wanderung 8: Zwischen Göhl und Vijlenerbos 94
  Wanderung 9: Leichte Wanderung durch das Göhltal 104
  Wanderung 10: Rund um Epen 112
  Wanderung 11: Teuven – Waldrunde 120
  Wanderung 12: Teuven – De Plank – Teuven 126
  Wanderung 13: Sint-Martens-Voeren – Veurs – Sint-Pieters-Voeren –
                 Sint-Martens-Voeren 132

Wanderung 14: Das Besucherzentrum und das naturkundliche Museum
Voerstreek und zwei kleine Wanderungen
bei `s-Gravenvoeren 140
Wanderung 15: Runde um `s-Gravenvoeren 150

3 STRECKENWANDERUNGEN AB EIJSDEN 159
Wanderung 16: Von Eijsden über den Sint Pietersberg
nach Maastricht 160
Wanderung 17: Von Eijsden über Fort Eben-Emael nach Maastricht 178
Wanderung 18: Eijsden-Beemden – vom Jachthafen Portofino in
den Ort Eijsden bei Eis und Schnee 194

4 RUNDWANDERUNGEN BEI EIJSDEN 203
Wanderung 19: Eijsden – Lanaye – Eijsden 206
Wanderung 20: Wildpferdeparadies bei Eijsden-Beemden 214
Wanderung 21: Eijsden – Fort Eben-Emael – Eijsden 220
Wanderung 22: Eijsden – Sint Pietersberg – Kanne –
Albertkanal – Eijsden 238
Wanderung 23: Kombination W 22 und W 23: Eijsden – Fort
Eben-Emael – Kanne – Sint Pietersberg – Eijsden 242
Wanderung 24: Kleiner Ausflug nach Kanne und Umgebung 248
Wanderung 25: Fun Valley und Kanufahrt 256

5 WANDERUNGEN SÜDLICH VON MAASTRICHT 261
Wanderung 26: Rundwanderung um Fort St. Pieter und Zonneberg ... 262
Wanderung 27: Rundwanderung: Fort St. Pieter – Mergelgrube
beim ENCI-Werk – Fort St. Pieter 272
Wanderung 28: Grottenwanderung und Mosasaurier
im Naturhistorischen Museum 284

6 WASSER UND WILDPFERDE IM NORDEN VON MAASTRICHT – RIVIERPARK MAASVALLEI 291
   Wanderung 29: Von Itteren zur Mündung der Göhl in die Maas 296
   Wanderung 30: Kleine, gemütliche Wanderung am Wasser und
                              Museumsbesuch 302
   Wanderung 31: Wasser, Wildpferde und Flüsterboote bei Stokkem ... 308
   Wanderung 32: Thorn, die weiße Stadt an der Maas, Wanderung
                              und Stadtbummel 318

7 WIEDER ZU HAUSE IN OSTBELGIEN UND TIPPS FÜR DIE ENTDECKUNG EIGENER TOUREN 329

ANHANG 338
   1   Literatur- und Quellenverzeichnis 338
   2   Karten 339
   3   Weitere Informationsquellen 340
   4   Bildnachweis 340

Einleitung:
Ein erlebnisreiches Wanderjahr

EINLEITUNG:
EIN ERLEBNISREICHES WANDERJAHR

Man muss nicht immer weit reisen, um neue Gegenden zu erkunden, interessante Menschen kennenzulernen und kleine Abenteuer zu erleben.

Obwohl ich in dem hier vorgestellten Wandergebiet in der Euregio aufgewachsen bin, seit vielen Jahren in Ostbelgien lebe, gerne und häufig wandere oder andere Tagestouren mache, habe ich bei der Vorbereitung zu diesem Buch vieles auch mir Neues kennengelernt.

Eigentlich ist die Euregio Europa im Kleinen. Sie wurde im Jahr 1976 als Arbeitsgemeinschaft gegründet und ist einer der ältesten grenzüberschreitenden Kooperationsverbände. Hierbei geht es nicht nur um wirtschaftliche Zusammenarbeit, sondern es gibt auch unzählige grenzüberschreitende Projekte, unter anderem in den Bereichen Kultur, Tourismus und Umwelt. Die Euregio beherbergt fünf Partnerregionen: die Provinz Lüttich in Belgien und die deutschsprachige Gemeinschaft (Ostbelgien) in Belgien, die beide zur wallonischen Region gehören, die flämische Provinz Limburg in Belgien, hierzu gehört als Sonderfall Voeren, der südliche Teil der Provinz Limburg in den Niederlanden, die Städteregion Aachen und die Kreise Düren, Euskirchen und Heinsberg. Die Gemeinde Voeren, die wir auf verschiedenen Touren durchwandern, ist eine belgische Exklave der flämischen Provinz Limburg. Sie grenzt im Norden an die niederländische Provinz Limburg und im Süden und Westen an die wallonische Provinz Lüttich. Namensgeber ist der 12 km lange Bach *Voer*, der bei Eijsden in die Maas mündet. Die Gemeinde besteht aus sechs Dörfern. Wir durchwandern sie von Teuven über s´Gravenvoeren bis zur niederländischen Grenze bei Eijsden.

Einleitung: Ein erlebnisreiches Wanderjahr

Die Geschichte der Gemeinde Voeren ist sehr wechselhaft: Sie gehörte zunächst zu den Niederlanden, wurde später von den Franzosen besetzt, war nach der belgischen Staatsgründung 1830 Teil der belgischen Provinz Lüttich und wurde später Flandern zugeschlagen. 1977 wurden die verschiedenen Ortsteile zur Gemeinde Voeren zusammengeschlossen. Bis zur Staatsgründung Belgiens sprachen die Bewohner das limburgische Platt (*Veurs*). In der wechselhaften folgenden Geschichte gab es immer wieder Sprachkonflikte und die Bevölkerung war in eine flämisch und in eine wallonisch gesinnte (französischsprachige) Gruppe gespalten. Diese Konflikte führten sogar zu mehreren Massenschlägereien zwischen Flamen und Wallonen und zu mehreren Regierungskrisen. Heutzutage spricht man hier niederländisch, viele Bewohner sprechen französisch und fast alle Bewohner sprechen den lokalen Dialekt, der sich in den verschiedenen Dörfern stark unterscheidet, wie uns von Einwohnern erzählt wurde.

Die unterschiedlichen Projekte der Euregio sollen für die Bevölkerung einen grenzüberschreitenden Lebensraum schaffen. Auch wenn der lokale nationalistische Kleingeist mancherorts noch nicht überwunden ist, und die Realität dem Anspruch auf Weltoffenheit noch nicht immer standhalten kann, so sind dennoch viele positive Entwicklungen zu beobachten. Neben den belgischen Sprachgesetzen haben weitere lokale und EU-Regelungen dazu beigetragen, die verschiedenen regionalen Konflikte zu befrieden.

Wenn ich den heutigen Zustand mit den Zeiten in meiner Jugend vergleiche, als die Grenzen noch geschlossen waren und an den grünen Grenzen Zöllner mit ihren Schäferhunden patrouillierten, hat sich gerade auch für die direkt an den Grenzen lebende Bevölkerung viel verändert. Selbst in meiner Familie gibt es u. a. drei Nationalitäten, deutsch, belgisch und niederländisch, und ich überschreite, da ich in Aachen arbeite und in Ostbelgien wohne, täglich die belgisch-deutsche Grenze, was für Menschen aus dieser Region nicht mehr ungewöhnlich ist. Bei aller Freude über die Öffnung der Grenzen und über das Zusammenwachsen der Region finde ich aber auch, dass gerade die verschiedenen Sprachen, Kulturen, regionalen Produkte, die Verschiedenheit der Architektur und die Unterschiede der oft dörflichen Traditionen den Reiz unserer Heimat ausmachen, den es sich zu erhalten lohnt.

Eine besonders für Naturliebhaber und Wanderer interessante Initiative ist in diesem Zusammenhang die Eupener Sektion der belgischen Naturfreunde (CBN), *Nature 4 You*. Unter dem Motto „die Natur kennt keine Grenzen" hat sich eine Gruppe frisch ausgebildeter Naturführer fast aller Altersgruppen mit dem Ziel zusammengetan, überregional mit Natur- und Umweltführern, Wissenschaftlern, Kulturschaffenden oder einfach Naturfreunden einerseits den Reichtum unserer Region, sowohl, was die Natur als auch das kulturelle Erbe betrifft, zu erhalten und wertzuschätzen, andererseits aber auch, Grenzen zu überwinden und Freundschaft und Zusammenarbeit zu fördern.

Die *4* steht für die vier Sprachen: Französisch, Deutsch, Niederländisch und Englisch. Englisch dient als die Sprache, in der sich Menschen, die nur eine der drei lokalen Sprachen beherrschen, verständigen können. Da mittlerweile die meisten Menschen fließend Englisch können, wird das in der Praxis häufig genutzt. *Nature 4 You* ist auch im Wandergebiet dieses Buches aktiv. Es werden regionale und grenzüberschreitende Wanderungen, Fortbildungen und auch spielerische und meditative Auseinandersetzungen mit der Natur in allen vier Sprachen angeboten.

Auch Schulen und Familien mit Kindern sollen eingebunden werden. Schon früh soll Aufgeschlossenheit und Achtsamkeit gegenüber anderen Sprachen, Kulturen und insbesondere der Natur gegenüber gefördert werden nach dem Motto „je früher die Liebe und Ehrfurcht vor der Natur entdeckt wird, umso besser für uns und unseren Planeten". Menschen, die Freude und Spaß an der Natur haben, und eine freundschaftliche Gesinnung und Offenheit mitbringen, sind herzlich in diesem noch jungen Verein willkommen. Sie können unter ❱❱ nature4you.cnb@gmail.com oder über ❱❱ https://www.facebook.com/groups/nature4you.cnb/ Kontakt aufnehmen.

Die Erkundungen für dieses Buch haben vom Sommer 2017 bis Herbst 2018 gedauert. Begleitet haben mich wie bei meinem letzten Wanderführer jeweils eine meiner drei Wanderfreundinnen Sabine, Melanie und Angelika, die klaglos bei Hitze, Kälte, Regen und Schnee mit mir unterwegs waren. Gelegentlich haben wir uns auch verlaufen oder in den vielen kleinen Dorfstraßen Belgiens verfahren. Außer eine Strecke bei Thorn, von der wir aufgrund einer Gewitterwarnung vorzeitig zurückgekehrt sind, worauf ich in der entsprechenden Wanderbeschreibung hinweise, sind wir alle im Buch beschriebenen Wanderungen mindestens einmal, häufig auch mehrfach abgegangen. Dabei mussten wir uns immer wieder neuen Gegebenheiten anpassen.

Der Sommer 2017 war vom Wetter her für unsere Wanderungen zunächst günstig. Ab dem späteren Herbst mussten wir gut aufpassen, dass wir auf den unbekannten Strecken nicht in die Dunkelheit gerieten. Nach unserer Erfahrung bei den Vorbereitungen zu meinem ersten Wanderführer, bei denen wir uns im Hohen Venn in der Dunkelheit stundenlang verlaufen hatten, achte ich darauf, eine Taschenlampe und ein aufgeladenes Handy dabeizuhaben.

Wir hatten phasenweise mit sehr regnerischem und stürmischem Wetter zu kämpfen. Ab September 2017 überquerten mehrere Sturmtiefs die Region, die zu abgebrochenen Ästen und umgestürzten Bäumen führten. An dem Gehöft, auf dem ich lebe, gab es heftige Schäden, wie eine umgestürzte Mauer und umgestürzte Bäume. Auch einige Wanderwege waren durch umgestürzte Bäume unpassierbar. Während der Stürme selbst waren wir selbstverständlich nicht im Wald unterwegs, aber auch an den Tagen danach war der Boden durch den heftigen Regen so aufgeweicht und die Bäume dermaßen beschädigt, dass eine Gruppe von Fichten umstürzte, gerade nachdem wir an ihnen vorbeigegangen waren.

Im Winter haben wir einige wunderschöne Wanderungen im Schnee gemacht. Nach einem regnerischen Frühjahr 2018 wurden die warmen, sonnigen Tage des Frühsommers durch gelegentlich plötzlich auftretende, heftige Hitzegewitter unterbrochen. Obwohl ich sehr auf den Wetterbericht und die Meldungen der Unwetterzentrale achte, sogar eine Wetterradar-App auf meinem Handy habe, sind wir zweimal von einem plötzlich einsetzenden Gewitter überrascht worden. Die Hitze und Dürre im Hochsommer 2018 nach der Gewitterperiode stellte uns vor neue Herausforderungen. Gerade in dieser Zeit waren Schiffstouren eine angenehme Abwechslung. An den Stellen, wo es möglich war, habe ich die Wanderungen so gestaltet, dass man sie je nach Wetterlage oder eigenen Bedürfnissen verlängern oder abkürzen kann.

Die Wanderungen sind nach Regionen geordnet. Wir überqueren mehrfach die oben beschriebenen Grenzen innerhalb der Euregio. Nachdem wir das deutschsprachige Ostbelgien und Aachen verlassen hatten, haben wir uns aufgrund mangelnder Sprachkenntnis mit den Menschen auf Französisch oder Englisch unterhalten, oft wurde aber auch deutsch gesprochen. Ich habe mir angewöhnt, erst einmal zu fragen, in welcher Sprache mein Gegenüber mit mir sprechen möchte und erstaunlicherweise wurde zumeist das Englische gewählt, was auch für den E-Mail-Verkehr galt.

Auf unseren Touren haben wir interessante Menschen kennengelernt. Solche Begegnungen sind häufig spontan entstanden. In meiner Heimat Ostbelgien habe ich aber auch gezielt Menschen interviewt, sowohl Künstler, deren Ateliers auf unserer Route liegen, als auch einen Landwirt, der stellvertretend für viele Kollegen über die Auswirkungen des regionalen Tourismus, über die Öffnung der Grenzen und über die Vorboten des Klimawandels, wie die enorme Trockenheit im Jahr 2018, auf seinen Alltag berichtet.

Neben der Vielfalt der Kulturen und Sprachen ist die Erdgeschichte in unserer Wanderregion hochinteressant.

Nach dem fast vollständigen Abtrag des Gebirges, welches zum Ende des Erdaltertums entstanden war, begann das Meer der oberen Kreidezeit, vor rund 100 Millionen Jahren, von Norden her die Region zu überfluten, erreichte vor etwa 85 Millionen Jahren den Aachen-Limburger-Raum und dehnte sich schließlich bis über den Bereich des heutigen Hohen Venns aus. Das Meer brachte mächtige Ablagerungen, vornehmlich aus Kalk und Kalkmergel, mit sich, die heute landschaftlich die Maastricht-Aachener-Kreidetafel bilden. Die Kalkschichten bestehen zu einem großen Anteil aus den Skeletten von Meerestieren, die im Laufe der Jahrmillionen am Grund des tropischen Meeres abgelagert wurden.

Mit der einsetzenden Hebung des Rheinischen Schiefergebirges und dem Rückzug des Meeres während der nachfolgenden Tertiärzeit setzte die Erosion der Gesteine ein. Es veränderte sich allmählich auch das Klima, es kühlte sich schließlich drastisch ab und vor rund zwei Millionen Jahren begann die durch Eiszeiten geprägte Zeit des Quartärs. Während dieser Periode verstärkte sich die Hebung des Gebirges, die Bäche schnitten sich folglich noch tiefer in das Gebirge ein und die heutigen Landschaftsformen entstanden. Das heutige Landschaftsbild im Bereich dieses Wanderführers ist geprägt durch weite Hochflächen und tief eingeschnittene Täler.

Auf diese Weise erschließen sich dem Wanderer im Verlauf seines Wegs unterschiedliche Gesteine aus verschiedenen Erdzeitaltern. So finden sich z. B. in den tieferen Niveaus der Täler gefaltete Gesteine des alten Grundgebirges, auf den Hochflächen dagegen Kalksteine und Feuersteine aus der Kreidezeit. Solche Gesteine lassen sich eindrucksvoll z. B. im Gebiet des Sint Pietersbergs in Maastricht und in der Kalkgrube des ehemaligen, dort ansässigen Zementwerks beobachten. Dort wurden neben anderen Fossilien Skelette von Mosasauriern gefunden, auch *Maasechse* genannt, eine im Meer lebende Dinosaurierart, die vor ihrem Aussterben am Ende der Kreidezeit die Herrscher des hiesigen Meeres waren.

Auch die Zyklopensteine, denen wir in einer der ersten Wanderungen begegnen, sind Zeugnisse von Ablagerungen des Meeres. Es handelt sich um Meeressande der Kreidezeit, die im Verlauf der späteren tropischen Tertiärzeit im Zuge von chemischen Verwitterungsprozessen durch Kieselsäure verkittet wurden und als Erosionsreste wegen ihrer Härte der Erosion widerstanden und daher heute an der Erdoberfläche bestaunt werden können.

Die geologische Entwicklung hat die Landschaft unseres Wandergebiets geprägt, was sich bis hin zur gegenwärtigen Vegetation und Landwirtschaft auswirkt, da in den häufig sehr kalkreichen Böden ganz andere Pflanzen wachsen können als auf den sehr kargen Böden des Hohen Venns, über das ich mein letztes Buch geschrieben habe. An den Hängen der vielen Hohlwege, die durch unser Wandergebiet insbesondere in der Gemeinde „Voeren" führen, und sogar anhand der verwendeten Baumaterialien der ursprünglichen Häuser: Lehm, Sandstein, Blaustein (ein harter Kalkstein des alten Gebirges) und manchmal sogar Feuerstein, lassen sich die hier vorherrschenden Erd- und Gesteinsschichten erkennen.

Feuerstein wurde sogar schon in der Steinzeit von den hier lebenden Menschen benutzt, um verschiedene Gerätschaften anzufertigen. Übrigens wurden vom „Lousberg" in Aachen aus Feuersteine bereits in der Steinzeit nach ganz Europa exportiert. An vielen europäischen Orten hat man solche gefunden, die man eindeutig dem Aachener Raum zuordnen konnte.

Die auf unseren Wanderungen oft anzutreffenden Hohlwege entstanden an den Stellen, wo Bauern über Jahrhunderte mit ihren Gespannen zu den Äckern fuhren und dadurch Erosionsprozesse auslösten. Regenwasser schwemmte das Material ab. An den Flanken der Hohlwege befinden sich häufig kaum bewachsene Bereiche, an denen die verschiedenen Gesteine offen liegen und meist leicht zu unterscheiden sind. Dort, wo die Böschung bewachsen ist, dient sie als wertvolles Biotop für Pflanzen und Tiere. Dachsbauten, die häufig die Form von Burgen haben, haben dort ihren Platz gefunden. Auch viele Fuchsbauten sind hier zu sehen.

Ein junger Fuchs im Wandergebiet (Foto: Eddy Maes)

Wie bereits erläutert, entstanden die vorherrschenden Landschaftsformen im Zuge der Hebung des Gebirges, die sich zeitlich parallel mit den Eiszeiten und Zwischeneiszeiten vollzog. Das abfließende Regen- und Schmelzwasser formte durch Erosion die Täler. Wenn wir auf dem Fernwanderweg zwischen

Einleitung: Ein erlebnisreiches Wanderjahr

Aachen und Eijsden bei Maastricht unterwegs sind (Wanderungen 1 bis 4), stellen wir fest, dass die meisten Täler asymmetrisch ausgebildet sind. Die meist steileren, nach Westen und Süden ausgerichteten Hänge sind häufig bewaldet, wohingegen die nach Norden und Osten exponierten Hänge flacher sind und häufig zum Ackerbau genutzt werden. Dies ist eine Folge der Eiszeiten: Da die West- und Südhänge generell mehr Sonne abbekamen als die Hänge im Osten und Norden, taute der Boden regelmäßig tiefer auf, war dann vielfach wassergesättigt und rutschte daher leicht auf dem darunter liegenden Dauerfrostboden talwärts ab. Die mäandrierenden Bäche konnten auf diese Weise das Material leichter abtransportieren als auf den flacheren, nicht in Richtung Sonne ausgerichteten Talseiten, sodass die steileren Hänge gebildet wurden.

Während der letzten Eiszeit bis vor 10.000 Jahren wurde von den damals herrschenden Starkwinden meist aus östlicher Richtung Löss herangeführt, der die Landschaft mit einer oftmals dicken Schicht bedeckte. Dieser wurde von steileren Hängen in Täler, Plateaus und Terrassen gespült, während er sich auf den flacheren Seiten verstärkt ablagern konnte.

Wer sich detaillierter für die geologischen Zusammenhänge interessiert, kann sich im Museum von ´s-Gravenvoeren, im Naturhistorischen Museum von Maastricht, und durch die Besichtigung der Kalksteingrube weiter informieren. Der Besuch dieser Einrichtungen wird im Buch beschrieben.

Durch einen großen Teil unseres Wandergebiets führt der Fernwanderweg GR 128, auch *Flandernroute* genannt. Er beginnt in Aachen und führt über Maastricht bis nach Wissant in der Nähe von Calais, einem französischen Ort an der Opalküste. Da Ostbelgien ein wichtiger Teil unseres Wandergebiets ist und ich auch an den Wanderweg ins Hohe Venn anschließen wollte, den ich in meinem ersten Buch beschrieben habe, beginne ich die Wanderung nach Maastricht am Grenzübergang Köpfchen zwischen Aachen und Ostbelgien. Diese zusätzliche Strecke führt zum GR 128, der in Aachen an der Jugendherberge beginnt. Beide Bücher zusammen beschreiben zusätzlich zu den weiteren Rund- und Streckenwanderungen den Wanderweg von Baraque Michel über Monschau, Eupen, Aachen über das Dreiländereck, das Mergelland und Voeren bis nach Maastricht.

Zusätzlich zu Rundwanderungen entlang der Strecke werden Wanderungen südlich von Maastricht beschrieben, ein sowohl historisch als auch geologisch hochinteressantes Gebiet, und wir lernen auch Gegenden nördlich von Maastricht kennen. Dort befindet sich das *MaasVallei* genannte, teilweise noch in der Entwicklung befindliche Naturschutzgebiet. Wer flaches Land entlang des heutigen Maasverlaufs mit Kanälen, den Überbleibseln der alten Maas und großen Seen, mag, wer Wasservögel, frei laufende Konik-Pferde und Galloway-Rinder beobachten, an einem der kleinen, versteckten Strände schwimmen oder ein Boot mieten möchte, ist hier gut aufgehoben. Es ist ein in vielen Gegenden noch sehr einsames Gebiet mit kleinen, idyllischen Dörfern.

Teichhuhnküken im MaasVallei (Foto: S. Schmitt)

Noch eine Bemerkung: Aus Gründen der Übersicht habe ich Wanderungen, bei denen sich große Teile der Strecken überschneiden, dennoch als getrennte Wanderungen aufgeführt. Dies betrifft die Wanderungen 17, 18, 23 und 24. Die Wanderungen variieren insofern, dass es sich entweder um Rund- oder Streckenwanderungen handelt und nach der Länge. Man möge mir nachsehen, dass sich einige Beschreibungen bei diesen Wanderungen wiederholen. Die annähernde Wiederholung der Streckenbeschreibung betrifft auch weitere Wanderungen, von denen sich Teile überschneiden. Zum Beispiel habe ich in Wanderung 1 bis 4 die Strecke vom Grenzübergang Köpfchen bei Aachen bis nach Eijsden beschrieben, und von Wanderung 5 bis 15 Rundwanderungen auf diesem Fernwanderweg.

Ich habe die Wanderungen zu unterschiedlichen Jahreszeiten durchgeführt, was auch an meinen Beschreibungen erkennbar ist. In der Regel sind wir im Herbst und Winter aufgrund der frühen Dunkelheit kürzere Strecken in der Nähe von Aachen bzw. Ostbelgien gegangen. Geordnet sind die Wanderungen aber nach der geografischen Nähe zueinander und nicht nach dem zeitlichen Ablauf, in dem wir sie durchgeführt haben. Lassen Sie sich daher nicht dadurch irritieren, dass ich bei hintereinander beschriebenen Wanderungen mal von einem Herbststurm und mal von Hitze und Dürre schreibe. Auch an den Fotos sieht man, dass ich bei ganz verschiedenen Gegebenheiten unterwegs war. Außerdem habe ich manchmal aufgrund des Sonnenstandes Fotos nicht in Gehrichtung, sondern in umgekehrter Richtung aufgenommen oder sie sind nicht genau an der Stelle fotografiert, worüber ich gerade im Text schreibe. Lassen Sie sich bitte auch dadurch nicht verunsichern.

Zu Ihrer Orientierung dienen die Wegbeschreibungen, die GPS-Aufzeichnungen und da, wo möglich, auch die verschiedenen Knotenpunktsysteme und andere Markierungen von Wanderwegen.

Bei Knotenpunktsystemen wurden Wanderwege durch ein ausgeschildertes Netzwerk verbunden. Knotenpunkte entstehen da, wo Wanderwege kreuzen. Diese Kreuzungen wurden nummeriert und an verschiedenen Stellen auf den Wanderwegen, meist auf Pfosten, wurden sowohl die Nummer des entsprechenden Knotenpunkts als auch Hinweise auf die folgenden

Knotenpunkte als Markierung angebracht. An den Ziffern sind meist kleine Pfeile zu sehen, die in die Richtung des nächsten Knotenpunkts weisen. Sie sind nicht immer direkt zu erkennen. Uns ist es schon passiert, dass wir sie übersehen haben und somit in den falschen Weg eingebogen sind. Diese kleinen Pfeile befinden sich häufig auch an anderen Wanderwegmarkierungen, wie z. B. roten Dreiecken oder blauen Rauten.

Knotenpunkte der Gemeinde Voeren: Die obere Ziffer (67) bezeichnet den Knotenpunkt des aktuellen Standortes, die unteren Ziffern weisen die Wege zu anderen Knotenpunkten und unten am Pfahl befindet sich die rot-weiße Markierung des Fernwanderwegs.

Ich habe mich bemüht, alle Touren möglichst präzise zu beschreiben. Dennoch kann es vorkommen, dass Wege verlegt, Abfahrtszeiten oder Verbindungen geändert oder Strecken z. B. wegen Hochwasser gesperrt werden. Auch war in der Nähe von Maastricht manchmal der GPS-Empfang gestört. Auf einigen Strecken können Sie auf Rinder oder Pferde treffen. Auch hierauf weise ich bei der Beschreibung der einzelnen Wanderungen hin. Dennoch sind auch diesbezüglich Änderungen möglich.

Weiterhin ist nicht immer ganz klar, wo Hunde erlaubt sind. Ich versuche, Sie in dieser Hinsicht bei der Vorstellung der verschiedenen Wanderungen so gut wie möglich zu informieren. Auch die Adressen von Touristeninformationszentren oder der Betreiber öffentlicher Verkehrsmittel, bei denen Sie sich bezüglich der Mitführung von Hunden weiter erkundigen können, finden Sie bei der Vorstellung der Wanderungen. Achten Sie bitte auch auf diesbezügliche Schilder auf den Wanderwegen.

Ich hoffe aber, Ihnen so vielfältige Informationen und Tipps zur Verfügung gestellt zu haben, dass Sie unser Wandergebiet erfolgreich und mit Freude erkunden können.

1 Von Ostbelgien über Aachen bis ins Maastal bei Eijsden: Streckenwanderung durch drei Länder in vier Etappen

Wanderung 1: Vom Kulturzentrum KuKuK in Köpfchen bis zum alten Zoll in Gemmenich

Wanderung 2: Vom alten Zoll in Gemmenich bis nach Teuven

Wanderung 3: Von Teuven nach Sint-Martens-Voeren

Wanderung 4: Von Sint-Martens-Voeren bis an die Maas bei Eijsden

1 VON OSTBELGIEN ÜBER AACHEN BIS INS MAASTAL BEI EIJSDEN: STRECKENWANDERUNG DURCH DREI LÄNDER IN VIER ETAPPEN

Die folgende, 50 km lange Strecke vom *Kulturzentrum KuKuK* bei Aachen bis zum niederländischen Ort **Eijsden** an der Maas, habe ich in vier Etappen beschrieben. Sie können natürlich auch von Aachen aus loswandern. Der Fernwanderweg GR 128 beginnt an der Jugendherberge von Aachen, Maria-Theresia-Allee 260, 5274 Aachen, Tel. 0049 (0) 241 711010, 〉〉 www.aachen.jugendherberge.de, in der Nähe des Stadtparks *Hangeweiher*. Von dort wandern Sie zur nahe gelegenen *Waldschenke*, Lütticher Str. 340, 52074 Aachen, und folgen ab dann den Wegbeschreibungen von Wanderung 1 bis 4. Auf den meisten Strecken ist der Fernwanderweg mit deutlich sichtbaren weiß-roten (manchmal auch gelb-roten) Streifen markiert.

In Kap. 2 sind Rundwanderungen auf der Strecke von Ostbelgien nach Maastricht beschrieben. Aufgrund der Überschneidungen lohnt es sich, sich auch die Fotos der entsprechenden Rundwanderungen anzuschauen. So haben Sie einen noch genaueren Eindruck davon, was Sie auf der folgenden Strecke erwartet.

Von Ostbelgien über Aachen bis ins Maastal bei Eijsden: Streckenwanderung durch drei Länder in vier Etappen

Streifzüge durch die Euregio

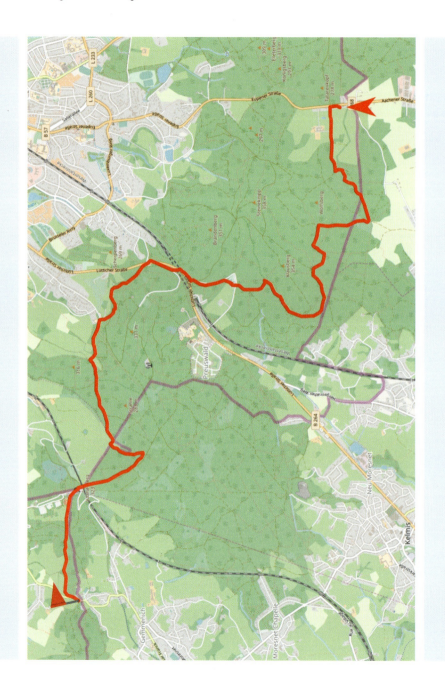

WANDERUNG 1: VOM KULTURZENTRUM KUKUK IN KÖPFCHEN BIS ZUM ALTEN ZOLL IN GEMMENICH

GPS Daten zur Wanderung 1: Vom Kulturzentrum KukuK in Köpfchen bis zum alten Zoll in Gemmenich
http://download.m-m-sports.com/extras/streifzuege_euregio/W1.zip

Start: *Waldcafé KuKuK e.V. Kunst und Kultur im Köpfchen*, Eupener Straße 420, 52076 Aachen, Tel. 0049 (0) 241 55942306, 》 www.KuKuKandergrenze.eu.

Bushaltestelle: *Altes Zollamt*, Linie 14 (ASEAG) Aachen-Eupen, Fahrplan unter avv.de.

Länge: 12,9 km

Gehzeit: 4 Stunden

Das Mitführen von angeleinten Hunden ist erlaubt. Es sind allerdings auf dieser Strecke auch viele nicht angeleinte Hunde zu treffen. Auch sind im Wald viele Reiter unterwegs, häufig auch Mountainbiker.

Bei gutem Wetter in der Regel eine leicht zu gehende Strecke. Bei schlechtem Wetter sind rutschfeste Schuhe erforderlich.

Zur zusätzlichen Orientierung dient das Knotenpunktsystem der Region Aachen. Sie können es sich unter 》 www.aachen.de/wandern herunterladen.

Knotenpunkte: 59 – 54 – 52 – 51 – 49 – 47 – 15 – 16 – 17 – 67 – 18 – 76 – 77 – 25 – 41 – 40 – 39 – 86 – 38 – 37 – 36

Ab Knotenpunkt 16 verläuft die Strecke teilweise parallel zum Fernwanderweg GR 128. Da die Markierungen des Fernwanderweges hier aber noch etwas widersprüchlich sind, orientieren Sie sich bitte an den unten beschriebenen Knotenpunkten oder meinen GPS-Daten.

Wir starten unsere Teilstrecke am Kulturzentrum für Kunst und Kultur an der *Eupener Straße*, einem ehemaligen deutschen Zollhaus. Dieser Start unserer Langstrecke passt auch insofern zum Thema meines Wanderführers, da die Wanderungen vorwiegend entlang und über die deutsch-belgisch-niederländische Grenzen führen.

Die Wege sind aufgrund der Knotenpunkte und der guten Markierungen im Aachener Wald sehr gut zu finden. Vom *KuKuK* aus gehen wir 200 m auf der B 57 in Richtung Aachen. Dort biegen wir nach links ab. Im Kreuzungsbereich befindet sich Knotenpunkt 59. Der sehr breite und asphaltierte Weg führt uns zunächst leicht bergab zwischen Hecken und Wiesen auf dem *Rotsiefweg* in westliche Richtung. Nach 600 m erreichen wir den Wald, wobei wir zunächst auf der linken Seite noch Wiesen sehen werden. Nach insgesamt 850 m wandern wir immer noch auf einem breiten, nun nicht mehr asphaltierten Weg zwischen hohen Bäumen eines Mischwaldes und erreichen nach weiteren 160 m ein Schild, welches uns auf den nun zu erreichenden Knotenpunkt 54 hinweist.

Wir biegen hier scharf nach links in südliche Richtung ab, vorbei an der alten „Höckerlinie", von den Westalliierten auch *Siegfried-Linie* genannt. Ein Schild weist auf die historischen Hintergründe dieses früheren Westwalls hin. Hitler ließ bis 1940 die aus Panzersperren, Bunkern und Gräben bestehende, 630 km lange Anlage zur Verteidigung der Westgrenze des ehemaligen Deutschen Reiches errichten.

Der Weg wird hier schmaler, führt leicht bergab und ist je nach Wetter gelegentlich auch schlammig. Nach 600 m erreichen wir die belgisch-deutsche Grenze, an der einige wenige Markierungen zu sehen sind. Wir gehen hier geradeaus weiter, halten uns dabei (gefühlt) eher rechts und wandern auf einem bei schlechtem Wetter gelegentlich etwas schwierigeren Teilstück, da es hier viele Wurzeln und ausgewaschene Stellen gibt, weiter leicht bergab. Nach weiteren 300 m haben wir eine Kreuzung, die auch unser Knotenpunkt 54 ist, erreicht. Nun biegen wir in Richtung Knotenpunkt 52 nach rechts ab, nehmen aber nicht den etwas steil bergauf führenden Weg, der noch weiter rechts liegt, sondern wandern durch eine Lichtung bzw. Schonung. Dies ist ein schöner, leicht zu gehender Weg, der einen schönen, weiten Blick in die Natur zulässt.

Nach 200 m endet dieses Teilstück und wir überschreiten wieder die Grenze in Richtung Deutschland, wobei es hier keine auffälligen Markierungen gibt. Der schmale Weg führt vorwiegend durch Fichtenwald weitere 440 m geradeaus, bis wir scharf nach links auf den *Hühnertalweg* abbiegen. Auf dieser Strecke fanden wir bei unserer Wanderung im Januar 2018 viele durch das feuchte und stürmische Wetter umgestürzte Fichten. Fichten als Flachwurzler sind ja bekanntermaßen besonders anfällig, da ihre Wurzeln bei aufgeweichtem Boden wenig Halt finden. Wanderer, die trotz Sturm im Wald unterwegs sind, setzen sich durchaus Gefahren aus.

Auf unserer Strecke bis zum Knotenpunkt 52 passieren wir nach mehreren Biegungen eine Kreuzung, auf der wir uns wieder, den Schildern folgend, links halten und auf den *Klausenberger Weg* einbiegen. Etwa 350 m hinter der Kreuzung haben wir den Knotenpunkt 52 erreicht.

Das folgende Teilstück sind wir am 21.01.2018 gewandert, drei Tage nach dem Sturm „Friederike". Vom Knotenpunkt 52 aus wandern wir auf dem breiten *Klausenberger Weg*, der sich weitere 1,48 km durch den Wald schlängelt. Auf dieser Strecke macht er nach 220 m eine scharfe Biegung nach rechts und 1,22 km vom Knotenpunkt entfernt eine Biegung nach links. Unterwegs sahen wir viele Bäume, die dem Sturm zum Opfer gefallen waren und von den Waldarbeitern schon bearbeitet wurden.

Dass die Warnungen, sich auch in den Tagen nach einem Sturm nicht im Wald aufzuhalten, tatsächlich ihren Sinn haben, mussten wir auch auf dieser Strecke erfahren. Obwohl es mittlerweile absolut windstill war, fielen maximal 100 m von uns entfernt plötzlich und in einer rasenden Geschwindigkeit einige Fichten um. Wären wir dort gewesen, hätten wir keinerlei Chancen gehabt, auszuweichen. Auch ein Helm hätte hier nicht geholfen.

1,52 km hinter dem Knotenpunkt 52 treffen wir auf den *Tunnelweg*, der rechts vom *Klausenberger Weg* abgeht und auf einem schmalen, im Winter etwas schlammigen Pfad über einige Treppen steil bergab führt. Am Ende dieses Pfades treffen wir auf den Knotenpunkt 51, der direkt gegenüber dem Waldrestaurant *Gut Entenpfuhl*, Entenpfuhler Weg 11, 52074 Aachen, Tel. 0049 (0) 241 71393, ›› www.gut-entenpfuhl.de liegt. Hier gibt es auch Anbindeplätze für Pferde, die im Sommer rege genutzt werden und wo auch ich früher mit meinem Pferd Rast gemacht habe.

Wer dieses schlammige und steile Teilstück umgehen möchte, kann einfach auf dem *Klausenberger Weg* bleiben und erreicht nach 150 m den asphaltierten *Entenpfuhler Weg*. Hier biegt man rechts ab und erreicht nach 150 m den Knotenpunkt 51 auf der rechten Seite und das Waldrestaurant *Entenpfuhl* auf der linken Seite des Weges.

Vom Knotenpunkt 51 aus überqueren wir den *Entenpfuhler Weg* und gehen direkt vor dem Restaurant – in das wir natürlich auch einkehren können – weiter geradeaus. Wir sehen bald auf der rechten Seite einen kleinen Teich und links von uns eine Eselswiese. Dieses Teilstück umfasst 203 m. Danach finden wir die Markierung des Knotenpunkts 49, biegen auf einem schmalen Waldweg nach links ab und wandern parallel zum asphaltierten *Entenpfuhler Weg*. Wir erreichen nach 715 m, wobei wir das letzte Teilstück auf dem *Entenpfuhler Weg* zurücklegen, die *Lütticher Straße* und dort den Knotenpunkt 47.

Nun müssen Sie leider etwa 140 m an der B 264 in Richtung Aachen entlangwandern und überqueren dann auf der Höhe eines Parkplatzes die Straße. Auf der gegenüberliegenden Seite liegt das Restaurant *Waldschenke* und ganz in der Nähe befinden sich die Knotenpunkte 15 und kurz dahinter 16. Das Restaurant *Waldschenke*, Lütticher Str. 340, 52074 Aachen, Tel. 0049 (0)241 7018070, ❱❱ www.waldschenke-aachen.de ist ein beliebtes Ausflugsziel für Spaziergänger im Aachener Wald. Weitere Informationen entnehmen Sie bitte der Webseite.

Ab hier ist unsere Strecke Teil des Fernwanderwegs GR 128. Wir sind das folgende Teilstück im Dezember 2017 und Januar 2018 gewandert. Zu diesem Zeitpunkt waren einige Wege sehr schlammig und rutschig. Sie führen häufig stark bergauf. Aufgrund des Sturms „Frederike" waren auch hier im Januar viele umgestürzte Bäume zu überwinden.

Vom Restaurant *Waldschenke* bzw. Knotenpunkt 16 aus gehen wir auf einem breiten Wanderweg am Punkt 17 vorbei, bis wir nach 0,5 km den Knotenpunkt 67 erreichen. Auf dieser Strecke wandern wir durch lichten Wald, der bei unserer Wanderung im Winter 2018 unter einer Schneedecke lag. Auf dem weiteren Weg in Richtung Knotenpunkt 18 und danach Knotenpunkt 76 kommen wir rechter Hand an einem kleinen Offenstall und Weiden für Pferde vorbei. Kurz dahinter befindet sich eine Kreuzung weiterer Wanderwege und eine Informationstafel.

Rechts des Weges können wir von einem Aussichtspunkt aus über das westliche Aachen blicken. Zwischen den Knotenpunkten 76 und 77 führt der Weg zunächst leicht bergauf und ist etwas schmaler. Am Knotenpunkt 77 stehen wir vor einem Weg, der zwischen zwei Wiesen hindurchführt. Im Januar war die Erde hier durch Wildschweine sehr aufgewühlt. Unser weiterer Weg führt uns hinter der Wiese zu Knotenpunkt 25, wo wir links abbiegen und nach 0,3 km Knotenpunkt 41 erreichen.

Wir mussten um dort liegende Bäume herumgehen und auch etwas klettern. Nicht nur Fichten mit ihren flachen Wurzeln hatte dieser Sturm gefällt, sondern sogar große Eichen. Schließlich erreichen wir am Knotenpunkt 40 eine Wiese, die wir überqueren. Auch diese war zu dieser Jahreszeit sehr matschig und es waren auch hier viele Spuren von Wildschweinen zu finden. Wir überqueren die Wiese und befinden uns dann direkt am Knotenpunkt 39. Hier biegen wir scharf links ab und wandern auf einem schmalen, später breiter werdenden Weg durch Mischwald.

Der Weg wird immer steiler und auch er war zu dieser Jahreszeit sehr schlammig und weitere umgestürzte Bäume lagen herum. Nach 0,5 km erreichen wir den Knotenpunkt 86. Wir biegen nun auf einen breiten, leicht zu gehenden Wanderweg nach rechts ab und erreichen nach 0,9 km Knotenpunkt 38. Hier beginnt die Region rund um das Dreiländereck.

Zunächst kommen wir an einer Gedenkstätte für den Soldaten „Pierre Roiseux" vorbei, der hier am 25.12.1944 sein Leben verlor. Die letzten beiden Knotenpunkte finden Sie, wenn Sie geradeaus weitergehen, nach wenigen Metern und zwar kurz hintereinander: Knotenpunkt 37 und 36. Sie befinden sich nun am Dreiländereck und am höchsten Punkt der Niederlande.

Dreiländerpunkt bei Aachen im Sommer 2018

Von 1815 bis 1919 befand sich hier für 104 Jahre sogar ein Vierländerpunkt, da hier noch der damals unabhängige Staat Neutral-Moresnet angrenzte. Der Staat entstand als eine Art Kompromiss zwischen den Niederlanden und Preußen, die das an Galmei reiche Gebiet gemeinsam verwalteten. Nachdem **Neutral-Moresnet** in das belgische Königreich aufgenommen wurde, entstand hier wieder ein Dreiländerpunkt.

Ganz in der Nähe des Dreiländerpunkts befindet sich mit 322,5 m über dem Meeresspiegel der höchste Punkt der Niederlande.

Es finden sich hier viele Informationsschilder, von denen manche sehr kindgerecht angelegt sind. Zum Beispiel wird erklärt, dass die Menschen hier früher Kaffee, Zigaretten und Butter geschmuggelt haben. Da ich ja in dieser Gegend aufgewachsen bin, kann ich mich noch gut daran erinnern. Das war eine Art Volkssport und praktisch jeder hat es gemacht, selbst wir Kinder. Die Zöllner, selbst deren Hunde, kannte man ja in der damals noch dörflicheren Gegend in der Regel persönlich, sodass man kaum ein Risiko einging. Außerdem wusste man ja, an welchen Stellen man die grüne Grenze gefahrlos überqueren konnte.

Zu den „Schmugglerzeiten" gab es insbesondere auf dem niederländischen und belgischen Territorium viele kleine Geschäfte, die Waren anboten, die es in dem jeweils anderen Land entweder nicht gab oder vor allem in Deutschland teurer waren. Nachdem sich die Waren und Preise immer mehr angeglichen haben, wurde es zunächst ruhiger um diesen Ort. Mittlerweile kommen Touristen aus der ganzen Welt hierhin. Es gibt hier viele Einkehrmöglichkeiten, sowohl auf belgischer als auch auf niederländischer Seite je einen Aussichtsturm, einen großen Kinderspielplatz und ein Labyrinth. Vom 34 m hohen belgischen *Balduin-Turm* können Sie bei gutem Wetter über den belgischen Ort Gemmenich und das Hinterland bis ins Hohe Venn blicken.

Höchster Punkt der Niederlande und im Hintergrund der Balduin-Turm

Wir verlassen nun das Knotenpunktsystem des Aachener Waldes. Auch auf der folgenden Strecke sind Hunde an der Leine erlaubt. In den Niederlanden und in Belgien wird jedoch zumeist härter gegen frei laufende Hunde vorgegangen als im Aachener Wald.

Nachdem Sie sich möglicherweise ausführlich auf dem Gelände des Dreiländerecks umgeschaut haben, geht es nun weiter in Richtung **Gemmenich**: Wenn Sie, von Aachen aus kommend, auf das Gelände des Dreiländerecks gehen, sehen Sie auf der linken Seite das *Aux-Trois-Bornes-Café*. (Nachdem ich im Herbst noch einmal alles überprüft habe, hieß das Café nun laut Internet *Le Bistro*, lassen Sie sich durch einen möglicherweise geänderten Namen bitte nicht verunsichern.) Wir gehen an dem Café und der dort auch vorhandenen Frittenbude vorbei und halten uns links. Nach ungefähr 50 m geht ein sehr schmaler Weg nach links ab, dem wir aber noch nicht folgen, sondern erst nach weiteren 50 m führt uns ein weiterer Weg nach links.

Am Beginn dieses Weges sehen wir Markierungen mit rot-gelben Streifen, die auf unseren Fernwanderweg GR 128, aber auch auf den ab hier für eine lange Strecke parallel verlaufenden *Krijtlandpad*, einen Rundwanderweg, hinweisen. Weitere Informationen hierzu finden Sie unter 〉〉 www.hertoglimburgpad.nl. Wir folgen den Markierungen, wobei wir zunächst die Rückseite der Taverne *Herberg De Grenssteen*, NL-6291 Vaals, Niederlande, Tel. 0031 (0) 43 306 5200, 〉〉 www.drielandenpunkt.nl und dann etwa 135 m lang eine große Wiese rechts von uns passieren. Danach wandern wir 500 m vorwiegend geradeaus durch ein niedriges Waldstück, wobei uns bei Abzweigungen anderer Wanderwege unser rot-gelbes Symbol darin bestärkt, auf dem richtigen Weg zu sein. Auf dem Weg haben wir immer wieder auf der rechten Seite über Felder oder Wiesen hinweg einen weiten Blick ins Tal.

Die Markierungen leiten uns mit einigen Biegungen vorwiegend geradeaus, bis wir nach weiteren 500 m einer scharfen Kurve nach links folgen. Nach weiteren 140 m stoßen wir auf eine Schranke. Vom Dreiländereck aus bis hier sind wir insgesamt etwa 1,4 km gewandert. Wenn wir nun einige Meter nach rechts gehen, erreichen wir den *Gemmenicherweg* und die Bushaltestelle *Gemmenich Frontière*. Hier hält die Buslinie 396, die nach Vaals führt. Wir gehen nun in südliche Richtung an dem alten Zollgebäude, einem weißen Haus, in dem sich nun die Werkstatt eines Steinmetzes befindet, vorbei. Bald sehen wir auf der gegenüberliegenden Straßenseite eine Bushaltestelle und wieder das Symbol des Fernwanderwegs, welches uns durch Wiesen weiterführt. Da dieser Weg häufig sehr nass und schlammig ist, haben wir uns entschieden, einen anderen Weg zu nehmen. 100 m hinter der Bushaltestelle in Richtung des belgischen Ortes **Kelmis** führt ein schmaler Weg rechts in den Wald. Er ist zunächst etwas beschwerlich zu gehen, was sich aber bald ändert.

Wer hier die erste Etappe beenden möchte, hat im Ort **Gemmenich** Einkehrmöglichkeiten, ansonsten begeben wir uns auf die nächste Etappe.

Wenn Sie wenige Meter der Hauptstraße in Richtung Gemmenich folgen, sehen Sie bald auf der linken Seite eine Tafel, auf der steht: *Bed, Breakfast, Vakantiewoning*, Rue des Vaals 130, B-4854 Gemmenich, Info: (0032) (0)497 86 86 00. Wer sich für Sauna und Wellness interessiert, kann sich an das Hotel *Relax Trois-Bornes – De Grenspost*, Tel. 0032 (0)498 51 76 07, 〉〉 www.relaxtroisbornes.com wenden.

Streifzüge durch die Euregio

WANDERUNG 2:
VOM ALTEN ZOLL IN GEMMENICH BIS NACH TEUVEN

> GPS-Daten zu Wanderung 2:
> Vom alten Zoll in Gemmenich bis nach Teuven
> http://download.m-m-sports.com/extras/streifzuege_euregio/W2.zip

Start: Gemmenicherweg, Bushaltestelle *Gemmenich Frontière* der belgischen Buslinie 396 Kelmis-Vaals. Hier war früher ein belgisches Zollamt. Wir befinden uns kurz vor der belgisch-niederländischen Grenze.

Länge: 16,5 km

Gehzeit: 5,5 Stunden

Der erste Teil dieses Wegs ist nicht markiert. Es gibt hier viele kleine Nebenwege und auch Reitwege. Im Grunde geht man in einem großen Bogen am Waldrand und im Wald an den vielen Weiden rechter Hand vorbei, über die man einen weiten Ausblick ins Tal hat. Dieses Teilstück habe ich natürlich auch aufgezeichnet. Wir mussten bei der Aufzeichnung allerdings über viele umgestürzte Baumstämme klettern oder kleine Umwege um sie herum machen.

Ein Hund ist an der Leine erlaubt.

Der Weg ist bei schlechtem Wetter gelegentlich sehr matschig und etwas rutschig. Gute Schuhe sind daher notwendig. Belohnt wird man mit wunderschönen Aussichten über Wald, Wiesen, Felder und kleine Dörfer.

Nachdem wir, vom Dreiländereck kommend, den *Gemmenicherweg* erreicht haben, sehen wir linker Hand die oben beschriebene Bushaltestelle und das weiße Gebäude des ehemaligen Zollamtes. Wir überqueren die Straße, gehen 50 weitere Meter nach links und sehen noch vor dem sich auf der anderen Straßenseite befindenden Reitstall *Dreiländerhof*, Rue de Vaals 156, B-4851, Plombières (Gemmenich), Belgien, einen rechts einbiegenden, sehr schmalen Waldweg.

Der Weg führt zunächst über viele Wurzeln und ist sehr hügelig, wird aber bald weniger beschwerlich zu gehen. Wir halten uns rechts und hatten bei unserer Wanderung, bei der auch wieder Schnee lag, einen weiten Blick ins Tal und dort, wo der Schnee schon geschmolzen war, über grüne Wiesen. Ein wunderschöner Anblick, der nach dem dunklen Winter Vorfreude auf den nahenden Frühling aufkommen ließ.

Blick ins Tal in Richtung Vaals, rechts ist das ehemalige Zollamt zu sehen.

Nach 160 m befinden sich rechts und links des Weges Bäume, wobei der Weg eine leichte Biegung erst nach rechts, später nach links macht. Danach geht es weiter geradeaus und nach 375 m kann man wieder auf einer Länge von etwa 150 m den Blick ins Tal genießen. Weitere 140 m haben wir wieder rechts und links von uns Wald, bis sich rechter Hand wieder ein wunderschöner Blick bis hin zum *Lousberg* in Aachen öffnet.

70 m hinter dem letzten Ausblick biegen wir leicht nach rechts ab und wandern nun 730 m geradeaus durch den Wald. Dann biegen wir wieder leicht nach rechts ab und wandern 1 km immer geradeaus weiter. Rechter Hand haben wir immer wieder mal die Gelegenheit, einen Blick ins Tal zu erhaschen. Dieses Tal, um das wir herumwandern, kann als Orientierung dienen. Am Ende dieses Weges erreichen wir einen Parkplatz und die Straße *Epenerbaan*. Gegenüber ist das rot-gelbe (gelegentlich auch rot-weiße) Symbol des GR 128 zu sehen, welches Sie auf den nächsten Teilstücken zusätzlich zu meinen Beschreibungen und GPS-Aufzeichnungen weiterleiten wird.

Da, wie oben schon beschrieben, die Wege auf dem letzten Teilstück manchmal nicht leicht auszumachen sind, noch eine weitere Beschreibung, um den richtigen Ausgangspunkt für die weitere Wanderung zu finden: Wenn man, von Vaals kommend, auf der Straße *Epenerbaan* in Richtung des Ortes **Epen** fährt, kommt man an einem sich auf der rechten Seite befindlichen, auffällig futuristisch gestalteten Restaurant, *Lodge 7*, Epenerbaan 1, NL-6291 Vaals, Niederlande, ❱❱ www.lodge7.nl, Tel. 0031 (0) 43 306 4305 vorbei; auf der linken Seite liegt ein Parkplatz. Dieser ist aber nicht der richtige Ausgangspunkt für die weitere Wanderung, sondern 250 m weiter auf der linken Seite ist ein weiterer Parkplatz. Dieser ist unser Ziel und Ausgangspunkt für die weitere Strecke. Ungefähr 100 m weiter in Richtung Epen befindet sich eine Bushaltestelle. Auch sie kann der Orientierung dienen.

Ab hier ist die Strecke mit gelb-roten Streifen gut markiert. Die folgende Strecke ist sehr abwechslungsreich und führt häufig auf schmalen, steinigen Pfaden leicht bergab und bergauf, sodass Trittsicherheit erforderlich ist.

Ab hier können Sie den Markierungen folgen, links neben dem Weg sehen Sie ein großes Kreuz.

Von Ostbelgien über Aachen bis ins Maastal bei Eijsden: Streckenwanderung durch drei Länder in vier Etappen

Nachdem wir, vom Parkplatz ausgehend, die Straße *Epenerbaan* überquert haben, wandern wir geradeaus, zunächst durch dichteren Wald. Später sind die Bäume und Büsche teilweise so niedrig, dass wir einen wunderschönen, weiten Blick über die abwechslungsreiche Landschaft genießen können. Nach 570 m erreichen wir den Waldrand und biegen scharf nach links ab. Nun wandern wir weitere 490 m, bis wir eine Wiese erreichen. Hier biegen wir rechts ab und haben 200 m rechter Hand den Wald und links ist die Wiese. Nachdem wir ein kurzes, offenes Stück überquert haben, gehen wir weitere 140 m am Waldrand entlang, der sich nun links von uns befindet. Nach rechts haben wir einen weiteren Ausblick über Wiesen, Felder und Dörfer bis zum deutschen *Schneeberg* in der Nähe des Dorfes **Lemiers**.

Nach 140 m biegen wir scharf nach links in einen Waldweg ein und wandern weitere 285 m, bis wir wieder rechts abbiegen. Nun haben wir links von uns Wald und rechts Wiese. Nach weiteren 415 m biegen wir links in einen Waldweg ein und erreichen nach 270 m das Restaurant und Kinderparadies mit Streichelzoo *Boscafé*. Falls auf dieser Teilstrecke Unsicherheiten entstehen, folgen Sie einfach den Markierungen des Fernwanderwegs.

Im *Boscafé ‚t Hijgend Hert'*, Harles 23, NL-6294 NG Vijlen, Niederlande, Tel. 0031 (0) 43 306 2499, ❱❱ www.boscafe.nl kann man mitten im Wald in einer ungezwungenen Atmosphäre wunderbar eine Rast einlegen. Es wird ein reichhaltiges Angebot an Speisen und Getränken angeboten. Der leckere Apfelkuchen ist leider häufig früh ausverkauft, aber es gibt dann auch noch Eisbecher oder Obst oder Reisfläden. Kinder können auf einem großen Spielplatz herumtoben. Viele Spaziergänger bringen ihre Hunde mit. An schönen Tagen geht es hier lebhaft zu. Das Restaurant ist ganzjährig von 11 bis 21 Uhr geöffnet. Auch die Tiere des Streichelzoos können sich frei bewegen und besuchen gelegentlich die Gäste.

Nachdem wir am *Boscafé* pausiert haben, folgen wir den gelb-roten Markierungen, die uns auf einen breiten Weg führen, der an einem Parkplatz entlang verläuft. Wir überqueren schon nach 200 m eine kleine Straße, den *Rugweg*, gehen etwa 30 m nach rechts und biegen links in einen Waldweg ein. Auch der folgende Weg geht bergab und bergauf, sodass man gelegentlich ins Schwitzen kommt. Unser Weg macht nach 430 m eine leichte Biegung nach rechts und nach weiteren 315 m biegen wir scharf nach links ab. Nun wandern wir 370 m zumeist am Waldrand, sodass wir rechter Hand häufig, wie schon so oft auf dieser Strecke, einen schönen Blick ins Tal genießen können.

Nach 370 m biegen wir links ab und nach 200 m biegen wir scharf nach rechts ab. Nun folgen wir einem breiten Waldweg, der vorwiegend bergauf führt, bis wir nach 640 m eine Straße erreichen. Hier kreuzen sich der *Zevenwegenweg* und die *Epenerbaan*. Wir überqueren die Straße und erreichen einen Parkplatz, hinter dem uns unsere gelb-roten Markierungen weiter den Weg weisen.

Ab hier hat leider auf der Länge von einem Kilometer mein GPS-Gerät nicht aufgezeichnet, sodass wir die Lücke mithilfe einer Karte per Hand geschlossen haben. Auf dem Parkplatz neben einer Schranke sehen wir schon bald wieder unsere Wegmarkierung, die gelb-roten Streifen. Wir wandern nun auf Waldwegen einen Kilometer praktisch immer geradeaus. Bei Kreuzungen mit anderen Waldwegen weist uns die Markierung zuverlässig in die richtige Richtung. Kurz vor Ende dieser Wegstrecke überqueren wir einen asphaltierten Weg und direkt dahinter führt uns ein Pfad relativ steil bergab. Auch diese Stelle ist gut markiert.

Der Pfad führt uns nach nur wenigen Metern zum Restaurant *Buitenlust*, Camering 11, NL-6294 NB Vijlen, Niederlande, Tel. 0031 (0) 43 455 1388, 》 www.buitenlust.nu, von dem aus man einen sehr weiten Ausblick über Wiesen, Felder, Hecken, Obstbäume und Gehöfte in Richtung des niederländischen Ortes **Epen** hat. Wer mag, kann hier pausieren und bei einem Kaffee die Aussicht genießen. Auch dieses Restaurant, das gerne von Fahrradfahrern aufgesucht wird, ist sehr gemütlich, liegt allerdings an einer Straße.

Unser weiterer Weg führt auf einen kleinen Pfad hinter dem Restaurant nach links (wenn man mit dem Gesicht vor dem Restaurant steht, dann wieder hinter das Restaurant gehen und nach links abbiegen). Wenn man dort keine Pause gemacht hat und auf dem markierten Wanderweg geblieben ist, biegt man von dort aus nach rechts ab. Auch dieser Pfad ist mit den gelbroten Streifen gut markiert. Wir wandern nun 560 m am Waldrand entlang, der rechts von uns liegt. Nach links haben wir immer mal wieder zwischen den Büschen einen weiten Blick über Wiesen bis ins Tal. Nach 560 m biegen wir rechts ab und gehen nun 245 m durch den Wald. Dann führt unser Weg leicht nach links und wir wandern noch einmal 249 m weiter. Nun macht unser Weg einen scharfen Bogen nach links. Zunächst führt hier ein Weg rechts ab und wenige Meter dahinter führt ein weiterer Weg fast geradeaus. Wir achten hier besonders auf die Markierungen und halten uns links.

Dieses etwas schwierige Teilstück, welches aber gut markiert ist, ist etwa 95 m lang, dann sehen Sie rechts des Weges ein Drehkreuz mit einem Eingang in eine Wiese. Auch hier gibt es wieder unsere Markierungen. Nun wandern wir 335 m über eine Wiese. Am Ende der Wiese treffen wir auf einen asphaltierten Weg, den wir geradeaus bergab hinunter zu einer Straße gehen, die *Bommerigerweg* heißt. Hier biegen wir links ab.

Winter 2018 im Wandergebiet

Wir gehen ungefähr 100 m auf dem *Bommeringerweg* in südliche Richtung und biegen dann in eine Wiese rechts ab. Nun wandern wir etwa 400 m über die Wiese bergab und stoßen auf die *Göhl*, einen Fluss, der uns noch häufig begleiten wird. Hier biegen wir links ab und wandern 400 m an der Göhl entlang, bis wir auf die Straße *Terpoorterweg* treffen, die wir überqueren.

Gegenüber befindet sich ganz in der Nähe das Eiscafé *Wingbergerhoeve*, Camering 22, NL-6294 NB Vijlen, Niederlande, Tel. 0031 (0) 6 20749060,)) www.wingbergerhoeve.net. Hier befindet sich ein großer Parkplatz. Man kann dort an einem Verkaufsstand Eis, aber auch Gemüse, Honig und Obst aus lokalem Anbau kaufen. Nachdem ich mich darüber gewundert hatte, wieso fast immer lange Menschenschlangen am Eisstand stehen, habe ich es selbst gelegentlich ausprobiert: Das Eis schmeckt fantastisch, besonders, wenn man es mit den frischen Früchten garniert bestellt, die in der Gegend geerntet werden. Guten Kaffee oder andere Getränke bekommt man hier auch und man kann sich an einem der großen Holztische und auf den Bänken niederlassen.

Nachdem wir die Straße in Richtung Parkplatz überquert haben, sehen wir schon bald rechts neben dem Parkplatz unsere rot-gelbe Wegmarkierung, die uns auf einen schmalen Pfad zwischen Laubbäumen weiterführt. Als wir dort im Spätherbst unterwegs waren, war das Laub noch bunt gefärbt. Auf dem weiteren Weg kommen wir an Stallungen und einer Kuhweide vorbei, überqueren eine Wiese, die im Sommer wunderschön ist, und erreichen schon bald eine alte Wassermühle *Volmolen*, die vorwiegend als Museum dient. Wir hatten hier freien Eintritt und der sehr nette Mühlenbetreiber erklärte uns einiges über den Betrieb.

Die *Volmolen* in NL-6285 NK, Epen, Niederlanden ist eine berühmte alte Mühle, die Teil der Vaalser Tuchindustrie war. Sie wurde von der Wasserkraft der Göhl angetrieben. Nach dem Niedergang der Tuchindustrie wurde sie zu einer Getreidemühle und ist heute ein Museum. Weitere Informationen erhalten Sie auf der Webseite)) www.naturmonumenten.nl Stichworte: „Volmolen, Epen".

Hinter der Mühle wandern wir über einen gepflasterten Weg und eine kleine Brücke über die Göhl. Wir erreichen eine Kreuzung schmaler, asphaltierter Wege und biegen in den zweiten Weg nach links, den *Smidsberg*, ein, der zunächst bergauf führt. Nachdem wir 400 m auf dem *Smidsberg* gewandert sind, biegen wir nach rechts in den *Kuttingerweg* ein. Wir kommen an dem Campingplatz *Camping Gulikers* linker Hand vorbei. Nach 250 m nennt sich die Dorfstraße *Terzieterweg*. Nach weiteren 300 m biegen wir nach rechts in den *Morgensweg* ein. Nach weiteren 450 m verlassen wir die Dorfstraßen und biegen nach links auf einen Feldweg ein. Auch hier werden wir durch die Wegmarkierung sicher geleitet. Nach 750 m haben wir den *Bovensten Bos* erreicht. Von hier aus haben wir einen wunderschönen, weiten Blick zurück ins Tal.

Der weitere Weg gestaltete sich an dem Novembertag 2017, an dem wir hier unterwegs waren, etwas schwieriger. Er führt auf einem sehr schmalen Pfad hinauf in den Busch, wobei das nasse Laub und die verschiedenen Wurzeln und Stufen auf dem Weg sehr glitschig waren, sodass man dort aufmerksam gehen musste. Vom Waldrand des *Bovensten Boschs* aus wandern wir 200 m auf dem schmalen, sehr wurzeligen und bei Regen rutschigen Pfad durch einen teils buschigen Mischwald bergauf. Nach 200 m biegen wir scharf rechts ab. Das Symbol des Fernwanderwegs ist an dieser Abzweigung nicht leicht zu finden. Der Weg ist immer noch schmal, aber nun bequemer zu laufen.

Nach 100 m macht der Weg eine Biegung nach links. Nun geht es 360 m an Sträuchern, Laubbäumen und einigen hohen Fichten entlang. Nach 360 m biegen wir scharf nach links ab und gehen weitere 170 m geradeaus, bis wir wieder auf einen schmalen Pfad nach rechts abbiegen. Auch hier war es bei unserer Wanderung nicht leicht, das Symbol unseres Fernwanderwegs zu entdecken.

Nun geht es geradeaus, wir überqueren nach 100 m die Landesgrenze von den Niederlanden nach Belgien, sichtbar an einem auffallenden Grenzstein. Der Pfad wird wieder buschiger, rechts von uns können wir im Hintergrund Wiesen entdecken und links eine landwirtschaftliche Fläche, wobei uns unklar blieb, was dort gepflanzt wurde. Nachdem wir 250 m weiter geradeaus gegangen sind, erreichen wir den ersten Knotenpunkt des *Wanderwegenetzes Voerstreck* in Belgien, und zwar den Knotenpunkt 83. Zusätzlich sehen wir gegenüber vom Weg, auf dem wir gerade gekommen sind, wieder das rot-weiße Symbol des Fernwanderwegs GR 128 Wissant-Aken.

Als wir dort waren, war zu Beginn des Wegs eine Schranke zu sehen. Danach geht es vorwiegend Hohlwege entlang bergab, wobei man häufig schon zwischen den meist niedrigen Laubbäumen hindurch in das Tal sehen kann, in dem der Ort **Teuven** liegt.

Nach 500 m trifft unser Weg auf einen weiteren Hohlweg, auf dem wir nach links abbiegen. Auf der Kreuzung dieser Wege ist relativ unauffällig auf einem kleinen Pfahl das Zeichen des Knotenpunkts 84 zu sehen. Nach weiteren 160 m, die wir in einem Hohlweg weiter bergab wandern, wobei man auch hier sehr auf Steine und Wurzeln achten sollte, erreichen wir die *Kasteelstraat*. Nun halten wir uns rechts und wandern weiter auf einer schmalen, asphaltierten Straße. Rechts von uns liegt das *Kasteel van Sinnich* und wir sehen den 21 km langen Fluss *Gulp*, der sich hier sein Bett durch Wiesen gegraben hat.

Nach 400 m erreichen wir das kleine Dorf **Sinnich**. Hier biegen wir nach rechts auf die *Sinnichstraat* ein. Diese Straße ist leider etwas belebter, aber nachdem wir 800 m geradeaus gegangen sind, erreichen wir unser Ziel, das Zentrum von **Teuven**, in dem sich viele gemütliche Cafés und Restaurants befinden. Hier befindet sich auch der Knotenpunkt 85, von dem aus wir die Wanderung fortsetzen werden.

Teuven ist der erste Ort der Gemeinde **Voeren**, die wir ab jetzt durchwandern. Auch Teuven hat eine sehr wechselhafte Geschichte, war von Frankreich besetzt, gehörte später zur belgischen Provinz Lüttich und ist seit 1961 eine Enklave der Provinz Limburg, Belgien. Mehr über den Ort, Übernachtungs- und Einkehrmöglichkeiten erfahren Sie unter 》 www.voerstreek.be. Ich persönlich kehre immer wieder gerne im unten beschriebenen *Café Modern* ein, welches leider nur im Sommer geöffnet ist, aber es gibt hier viele andere, auch im Winter sehr reizvolle Restaurants mit idyllischer Atmosphäre.

Von Ostbelgien über Aachen bis ins Maastal bei Eijsden: Streckenwanderung durch drei Länder in vier Etappen

Streifzüge durch die Euregio

WANDERUNG 3: VON TEUVEN NACH SINT-MARTENS-VOEREN

GPS-Daten zu Wanderung 3:
Von Teuven nach Sint-Martens-Voeren
http://download.m-m-sports.com/extras/streifzuege_euregio/W3.zip

Start: *Café Modern*, Teuven-Dorp 61, B-3793 Voeren, 0032 (0) 4 381 3053, ›› www.cafemodern.be. Das Café befindet sich in der ehemaligen Dorfschule. Hier finden viele Veranstaltungen statt und das Café ist ein beliebter Treffpunkt interessanter Kulturschaffender, wie Musiker, Maler, Schauspieler und Schriftsteller.

Ziel: Sint-Martens-Voeren

Länge: 7 km

Gehzeit: 2,5 Stunden

Auf dieser Strecke gibt es steile, rutschige und steinige Abschnitte, sodass Trittsicherheit und gute Schuhe erforderlich sind.

Hunde können an der Leine mitgeführt werden.

Die Strecke ist sowohl, was das Knotenpunktsystem als auch, was die rot-weißen Markierungen des Fernwanderwegs GR 128 betrifft, sehr gut ausgeschildert.

Die Knotenpunkte: 85 (Start) – 86 – 73 – 74 – 65 – 66 – 67 – 54

Café Modern

An einem schönen, sonnigen Tag im Spätsommer 2017 starteten wir diese Etappe vom gemütlichen *Café Modern* in **Teuven** aus, neben dem sich auch ein Parkplatz befindet. Wir folgen der Straße *Teuven-Dorp*, die nach wenigen Metern rechter Hand auf die *Gieveldstraat* trifft. Hier sehen Sie an der Ecke schon die Markierung für den Knotenpunkt 85 und es wird hier die Richtung für den Knotenpunkt 86 gewiesen. Achten Sie immer auf den kleinen, schwarzen Pfeil neben den Zahlen. Sie folgen nach links weiter der Straße *Teuven-Dorp*. Schon nach kurzer Zeit sehen Sie auf der rechten Seite die *Sint-Pieterskerk Teuven* und kurz danach eine kleine Straße *Mostert*, in die Sie nach links einbiegen. Sie befinden sich hier am Knotenpunkt 86 und die Markierungen weisen Ihnen den Weg zum folgenden Knotenpunkt 73, der sich 2,5 km entfernt befindet.

Auch werden Sie auf dieser Strecke wieder regelmäßig das rot-weiße Symbol des Fernwanderwegs entdecken. Sie wandern zunächst an einigen Bauernhöfen vorbei, in denen zum Teil auch Speisen und Übernachtungen angeboten werden (weitere Informationen hierzu unter 》 www.voerstreek.be). Hier war ein buntes Treiben zu beobachten, es wurde gegrillt, Kinder spielten, es war insgesamt eine heitere Atmosphäre.

Nach kurzer Zeit geht unser Weg in einen Schotter- und später Feldweg über und führt zwischen Wiesen hindurch, auf denen häufig Rinder grasen. An vielen Stellen können wir eine wunderbare Aussicht über die Landschaft genießen. Wir sehen Wiesen, kleine Ortschaften und Waldstücke. Die Strecke führt mit leichten Kurven vorwiegend geradeaus. Aufgrund der guten Markierungen ist ihr leicht zu folgen.

Nach 1,6 km erreichen wir linker Hand die ersten Bäume und nach weiteren 300 m führt unser Weg in einen Wald.

Hier biegen wir rechts ab und folgen dem Waldweg, bis wir nach weiteren 300 m die Straße N 648 überqueren. Nach weiteren 500 m haben wir unseren Knotenpunkt 73 am *Konenbos* erreicht.

Hier biegen wir scharf nach links ab und wandern 0,6 km weiter in Richtung Knotenpunkt 74. Dort biegen wir rechts ab und erreichen nach wenigen Metern Knotenpunkt 65. Wir befinden uns hier in der Nähe einer Bahnlinie, am

Tunnel *Van Voers*. Wir biegen hier noch einmal rechts ab und wandern nun in Richtung Knotenpunkt 66. Nun folgen wir 900 m einem wunderschönen Pfad mit Blick über Wiesen, Rinderweiden, ein weites Tal und Weinberge, bis wir die kleine Straße *Krindal* bei dem Ort **De Plank** erreicht haben.

Hier biegen wir nach links ab und wandern 400 m die Straße entlang. Wir kommen an kleinen Häusern vorbei, deren Gärten im Sommer voller Blumen sind. Auch dieser Weg ist bei entsprechendem Wetter wunderschön.

Am Ende dieser 400 m sehen wir die Zeichen des Knotenpunkts 66, insgesamt 1,3 km von unserem letzten Knotenpunkt 65 entfernt. Hier biegen wir rechts ab und folgen nun dem Knotenpunkt 67. Der Weg führt zunächst leicht bergauf an einigen Häusern und Weinbergen vorbei, wobei man auch hier eine weite Aussicht genießen kann. Nach 200 m führt der Weg in den Wald und es geht zeitweise steil bergauf. 0,6 km vom Knotenpunkt 66 entfernt treten wir beim Knotenpunkt 67 aus dem Wald heraus. Wir befinden uns hier vor einem kleinen Haus, welches zum Teil aus Feuerstein gebaut ist, eine Seltenheit.

Hier haben wir auf unserer Wanderung im Sommer 2017 eine Künstlerin kennengelernt, die uns durch ihr Atelier mit wunderschönen Bildern geführt hat. Leider machte das Haus bei späteren Wanderungen einen eher verlassenen bzw. sehr privaten Eindruck, sodass ich nicht glaube, dass sich dort noch ein öffentlich zugängliches Atelier befindet. Ein schmales Sträßchen führt hierhin. Auf einem Schild ist der Straßenname *Eiken* zu sehen. Die Straße gehört noch zu dem kleinen Ort **De Plank**, dessen Ortskern sich etwa 1 km nordöstlich von hier befindet.

Weiter geht es in Richtung Knotenpunkt 54, der sich schon im Ort **Sint-Martens-Voeren** befindet und 1,7 km entfernt ist. Wir verlassen das sympathische Häuschen und wandern am Waldrand weiter, wobei wir rechts von uns Wiesen und einen Bauernhof sehen. Je nach Wetter kann man auch hier wieder einen weiten Blick über das grüne Tal mit weiteren Gehöften, Wiesen und Waldstücken genießen. Der Weg macht nach 270 m einen scharfen Knick nach rechts und kurz darauf wieder nach links und ist auch hier gut markiert.

Danach gibt es Etappen zwischen Wiesen mit einer weiten Aussicht und Strecken zwischen Bäumen, die aufgrund vieler Steine etwas beschwerlich zu gehen sind. Nach 1 km stoßen wir auf die kleine Straße *Kwinten*, die schon zum Ort **Sint-Martens-Voeren** gehört (rechter Hand heißt die Straße *Ulvend*).

Wer das nun folgende, manchmal ziemlich steinige, teilweise etwas steil nach unten führende und rutschige Stück vermeiden möchte, kann einfach dieser Straße nach links folgen und erreicht auch so nach etwas weniger als 1 km den Ort und kann an einem Parkplatz auf der linken Straßenseite das Zeichen des Knotenpunkts 54 und somit unseren Zielpunkt sehen.

An der Straße biegen Sie direkt nach links in einen weiteren Feldweg ab. Auch hier befindet sich eine Markierung, die Ihnen den Weg weist. Nun brauchen Sie nur noch geradeaus abwärts zu wandern, wobei der Weg teilweise ein Hohlweg und etwas schlammig und steinig ist, sodass man aufmerksam gehen sollte. Nach 600 m erreichen Sie einen kleinen Parkplatz und Sie werden auf der linken Seite das Zeichen des Knotenpunkts 54 finden. Wenn Sie nun nach links abbiegen, erreichen Sie den Ort, in dem es schöne, alte Bauernhäuser, eine Kapelle und andere dörfliche Gebäude zu bewundern gibt. Sie werden auch reichlich Einkehr- und Übernachtungsmöglichkeiten finden. Weitere Informationen über den Ort Sint-Martens-Voeren erhalten Sie unter ❱❱ www.voeren.be und unter der oben schon genannten Homepage von ❱❱ www.voerstreek.be.

Von Ostbelgien über Aachen bis ins Maastal bei Eijsden: Streckenwanderung durch drei Länder in vier Etappen

Streifzüge durch die Euregio

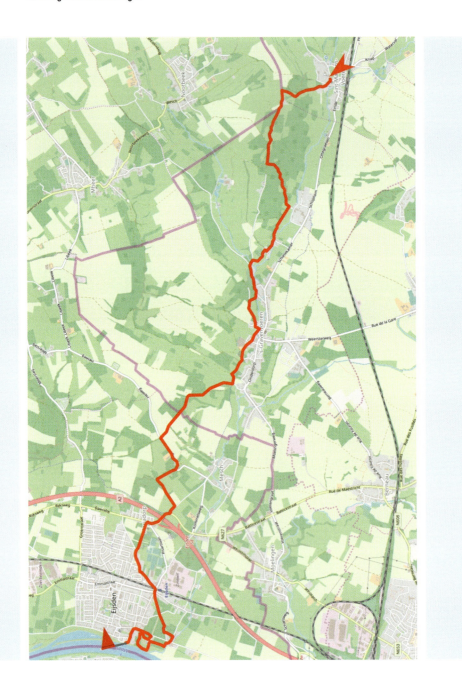

WANDERUNG 4:
VON SINT-MARTENS-VOEREN BIS AN DIE MAAS BEI EIJSDEN

GPS-Daten zu Wanderung 4:
Von Sint-Martens-Voeren bis an die Maas bei Eijsden
http://download.m-m-sports.com/extras/streifzuege_euregio/W4.zip

Start: *Sint-Martens-Voeren*, Knotenpunkte 54 und 48 des *Wandernetzwerkes Voerstreek*, an den Dorfstraßen *Kwinten* und *Komberg*, die weiteren Knotenpunkte und Beschreibungen s. u.

Ziel: Eijsden, Diepstraat 44, NL-6245 BL Eijsden, *Brasserie La Meuse*, Tel. 0031 (0) 43 409 1463, 》 www.brasserielameuse.nl. Die Brasserie liegt wenige Meter von der Maas entfernt.

Länge: 12,9 km

Ungefähre Gehzeit: 4 Stunden

Die Strecke enthält einige Steigungen und einige Wege führen etwas steiler abwärts. Rutschfeste Schuhe sind notwendig. Waldwege, entlang Wiesen, eine Rinderweide wird überquert, durch Dörfer.

Hunde können mitgeführt werden.

Knotenpunkte: 54 – 48 – 49 – 50 – 43 – 44 – 32 – 33 – 34 – 22 – 18 – 16 – 15 – 14

Das *Knotenpunktsystem Voerstreek* endet kurz hinter der niederländischen Grenze.

Der Weg ist auch durch die Symbole des Fernwanderwegs GR 128 gekennzeichnet.

Nachdem wir, von Teuven kommend, auf dem letzten Wegstück auf einem abwärts führenden Pfad den Knotenpunkt 54 erreicht haben, befinden wir uns an der *Waterwegske* und nach 60 m erreichen wir die Dorfstraße *Kwinten*. Nach weiteren 200 m erreichen wir die Straße *Komberg*, auf der sich die Jugendherberge *De Veurs* befindet. Die Adresse der Jugendherberge ist: Jeugdherberg De Veurs, Komberg 40, 3790 Voeren, Belgien, 〉〉 www.jeugdherbergen.be/voeren.

Wir folgen der Dorfstraße *Komberg* 270 m geradeaus (nicht nach rechts zur Jugendherberge abbiegen), bis sie in einen Pfad übergeht, der zwischen Bäumen und Büschen hindurchführt. Sowohl das weiß-rote Schild des GR 128 als auch die Knotenpunkte 48 und später 49 und 50 weisen uns den Weg. Wir wandern nun auf schmalen Pfaden zwischen Bäumen, an Waldrändern und entlang von Wiesen. Manchmal führt der Weg recht steil bergauf und auch bergab.

Wir überqueren eine Weide mit Rindern in respektvollem Abstand.

Bei Knotenpunkt 50 erreichen wir einen schmalen, asphaltierten Weg, in den wir nach links abbiegen. Hier sehen wir an einem auffälligen Grenzstein, dass wir uns an der belgisch-niederländischen Grenze befinden, wobei der Weg zunächst weiter durch belgisches Gebiet führt. Die Straße, auf der wir nun wandern, heißt *Kattenroth* und wird phasenweise zu einem breiten Wanderweg. Wir folgen ihr 1,20 km bis zum Knotenpunkt 43, wobei wir uns an einer Gabelung links halten und biegen dort links in einen Waldweg ab in Richtung Knotenpunkt 44.

Nun gehen wir auf einem Waldweg bergab, aber immer wieder ändert sich die Wegbeschaffenheit und wir wandern auch auf schmalen Pfaden entlang von Wiesen. Bei Knotenpunkt 44 erreichen wir den kleinen Ort **Schophem**, in den wir aber nicht ganz hineingehen. Wir wandern weiter Richtung Knotenpunkt 32, halten uns dabei rechts, wobei uns zusätzlich weiterhin das weiß-rote Zeichen des Wanderwegs 128 den Weg weist. Nach 0,6 km, bei Knotenpunkt 32, erreichen wir den kleinen Ort **Ketten**, nachdem wir an einem kleinen Bach entlanggewandert sind. Nur 0,2 km weiter erreichen wir unseren nächsten Knotenpunkt 33. Auf dem Weg zum folgenden, 0,9 km entfernten Knotenpunkt 34 wandern wir an kleinen Häuschen vorbei. Die Gegend hier strahlt eine idyllische Atmosphäre aus. Von hier aus gehen wir teilweise durch einen Hohlweg weiter in Richtung Knotenpunkt 22 in den Ort `**s-Gravenvoeren**.

Im Dorf treffen wir auf ein gemütliches Hofcafé *Afspanning De Swaen*, Klinkenberg 7, B-3798 Voeren, Belgien, Tel. 0032 (0) 4 381 33 50, ❱❱ www.afspanningdeswaen.be, wo wir uns mit Kaffee und Kuchen stärkten. Da es uns dort sowohl von der Freundlichkeit der Bedienung, der Atmosphäre und dem Essen gut gefallen hat, haben wir dieses Café auch auf weiteren Wanderungen häufig besucht.

Um zu unserem nächsten Streckenabschnitt in Richtung unseres Zielortes **Eijsden** zu gelangen, gehen wir die Straße weiter bis zu einer auffälligen Kapelle. Dort sehen wir am Straßenrand schon die Symbole in Richtung unseres nächsten Knotenpunkts 18 und folgen wieder unserem bekannten rot-weißen Wegweiser des GR 128.

´s-Gravenvoeren hat auch ein Naturzentrum, in dem es Karten und weiteres Informationsmaterial zu kaufen gibt. Außerdem gibt es dort eine sehr interessante naturhistorische Ausstellung, die ich in Wanderung 15 näher beschreibe. Das Zentrum liegt direkt gegenüber der von Weitem zu sehenden Lambertuskirche. Die Adresse des Zentrums ist: Tourisme Voerstreek vzw, Pley 13, B-3798 ´s-Gravenvoeren, Tel. 0032 (0) 32 4 381 07 36, 〉〉 www.voerstreek.be. Dort kann man neben weiteren Wanderkarten und Broschüren auch regionale Produkte wie Wein und die sehr gute Karte *Voerstreek, Wandelnetwerk*, an deren Knotenpunktsystem man sich sehr gut orientieren kann, erwerben.

Es lohnt sich auch, sich im Zentrum des kleinen Ortes umzuschauen. Neben der Kirche gibt es sehr viele nette Cafés und einen süßen Minisupermarkt, in dem man alles Notwendige kaufen kann. Der kleine Fluss *Voer* fließt durch den Ort, den ich ausgesprochen schön finde. Man hat den Eindruck, hier sei die Zeit stehen geblieben und die Welt noch in Ordnung.

Auf dem weiteren Weg biegen Sie kurz vor der Kapelle in die *Kosterstraat* ein. Zunächst führt uns der Weg durch den Ort an einem Wasserlauf und einem Friedhof vorbei. Wir wandern dabei auf einem sehr engen, asphaltierten Weg, der später in einen Feldweg übergeht, und an Wiesen, Feldern, Bäumen und Hecken vorbeiführt. Wir gehen immer noch in Richtung Knotenpunkt 18. Nachdem wir ihn erreicht haben, geht es fast geradeaus weiter zum Knotenpunkt 16, dessen Markierung schon wenig später zu sehen ist. Hier biegen wir rechts ab in Richtung Knotenpunkt 15, der auch schon nach 0,4 km erreicht ist. Der Weg wird nicht langweilig. Wir gehen auf einem breiten Wanderweg durch meist offenes Grünland. Diese Strecke ist leicht hügelig und führt auch gelegentlich durch von Bäumen gesäumte Hohlwege.

Unser letzter Knotenpunkt ist der Knotenpunkt 14, weitere 0,8 km entfernt. Auch der Weg hierhin ist sehr schön und führt gelegentlich an Apfelplantagen vorbei. Bald erreichen wir die belgisch-niederländische Grenze, die durch einen auffälligen Grenzstein gekennzeichnet ist. Der weitere Weg führt durch niederländisches Gebiet und wir verlassen nun auch das sehr hilfreiche *Knotenpunktsystem Voerstreek*.

Hinter der Grenze führt der Weg geradeaus weiter. Als Markierung haben wir nun nur noch gelegentlich die rot-weißen Streifen des GR 128. Lassen Sie sich nicht davon irritieren, wenn Sie diese Zeichen ab nun längere Zeit nicht sehen. 460 m hinter der Grenze stoßen wir auf eine kleine, asphaltierte Straße. Hier biegen wir links ab und bleiben 470 m auf ihr. Dann biegen wir auf einen schmalen Pfad nach rechts ab. Nun laufen wir wieder durch Feld- und Hohlwege, wo uns bei unserer ersten Wanderung im Oktober 2017 ein heftiger Regenschauer überraschte, der, obwohl die Wolken sich bedrohlich auftürmten, bald wieder vorbei war.

Unser Weg trifft auf einen *Eselsweg*, wo wir links abbiegen. Nach weiteren 520 m treffen wir auf die Straße *Steenbergweg*. Hier biegen wir rechts ab und erreichen nach wenigen Metern eine Schnellstraße (N 592), auf der sich rechter Hand ein Radweg befindet. Hier beginnt ein vorübergehend weniger attraktives Teilstück unserer Wanderung. Wir wandern eine kurze Strecke auf dem Radweg weiter und überqueren auf einer bald sichtbaren Autobahnbrücke die A 2, hinter der wir in den Ort **Mariadorp** gelangen. Hier überqueren wir auf der Höhe eines Friedhofs die Schnellstraße N 592 und biegen nach links in den *Hutweg* ein.

Wer schnell an die Maas gelangen möchte, geht auf dem *Hutweg* einfach durch den Ort geradeaus weiter und stößt dann auf den Fluss. Die Straßennamen ändern sich dabei in regelmäßigen Abständen.

Ab hier ist es vorübergehend möglich, dass die GPS-Aufzeichnungen nicht vollständig mit der Wegbeschreibung übereinstimmen. Beide führen Sie jedoch ans Ziel.

Nach 370 m nennt sich der Weg *Boomkenstraat*. Wenn Sie nicht direkt durch den Ort zum Maasufer gehen, sondern noch den Park des *Kasteels Eijsden* besichtigen wollen, dann biegen Sie nach weiteren 10 m nach links ab und erreichen über den Parallelweg die Straße *Beezepool* und dahinter linker Hand die *Joseph Partounstraat*. Diese führt Sie rechter Hand zu einem Bahnübergang, den Sie überqueren.

Hinter dem Bahnübergang biegen Sie in die zweite Straße links ein, die *Caesertstraat*. Der Weg überquert einen weiteren Weg, macht einen Knick nach links und nennt sich dann *Molenstraat*. Nach wenigen Metern erreichen Sie die *Steegstraat* und biegen rechts ab. Als Nächstes erreichen wir eine Straße, die in Richtung Norden *Graaf de Geloeslaan* und in südliche Richtung *De la Margellelaan* heißt.

Dort, wo die *Steegstraat* auf diese Straße trifft, werden Sie einige Meter weiter linker Hand wieder den kleinen Fluss Voer entdecken. Dort – ungefähr 160 m von der Abbiegung entfernt – biegen Sie auf einen schmalen Pfad rechts ab, wobei Sie eine sehr kleine Brücke überqueren. Auf dieser Höhe steht ein alter Hof, vielleicht eine ehemalige Wassermühle, auf dem die Hausnummer 10 geschrieben steht. Nachdem Sie die vor dem Haus befindliche Brücke überquert haben, gehen Sie einen schmalen, wurzeligen Pfad entlang des Wasserlaufs der Voer. Hinter diesem Pfad gelangen Sie auf einen breiten, von Bäumen überdachten Weg, der direkt zum *Kasteel Eijsden* führt. Wer möchte, kann durch den Schlosspark schlendern und dort auch schon einen ersten Blick auf die Maas werfen.

Das *Kasteel Eijsden*, Graaf de Geloeslaan 8, NL-6245 AS Eijsden, Niederlande, ist ein Wasserherrenhaus mit landwirtschaftlichen Gebäuden. Es liegt direkt an der Maas und befindet sich auf oder bei einer ehemaligen, im Mittelalter erbauten Burg, die den Bischöfen von Lüttich gehörte. Es befindet sich in Privatbesitz und es finden in der Regel auch keine Führungen statt. Allerdings ist ein Teil des 1900 von einem französischen Landschaftsgärtner angelegten Parks von Sonnenaufgang bis Sonnenuntergang frei zugänglich.

Unser weiterer Weg führt uns durch ein Tor aus dem Schlosspark heraus auf die *Graaf de Geloeslaan*. Wir haben etwas suchen müssen, bis wir das Tor gefunden hatten, wurden aber durch den schönen, an den allermeisten Stellen gepflegten Park und den Blick aufs Schloss für unsere Suche entschädigt. Auf die *Graaf de Geloeslaan* biegen wir links ab und gehen maximal 1 km geradeaus. Wir erreichen eine Kreuzung und biegen auf die *Diepstraat* links ab. Es handelt sich um eine sehr schöne Straße mit altem Kopfsteinpflaster, urigen Häuschen und einigen Cafés, unter anderem auch unserem Ziel, die *Brasserie La Meuse*. Wenn wir dieser Straße folgen, erreichen wir schon nach 200 m das Maasufer.

Am Maasufer von Eijsden

Hier führt ein Grasweg nach rechts an Maassträndern entlang letztlich bis nach Maastricht. Es ist aber auch schon nach wenigen Metern eine kleine Fähre zu sehen, die uns für einen Euro pro Fahrt zum belgischen Ort **Lanaken** hinübersetzen kann, von wo aus wir weitere, wunderschöne Möglichkeiten haben, um nach Maastricht zu wandern.

Weitere Informationen über den Ort **Eijsden**, Übernachtungs- und weitere Einkehrmöglichkeiten finden Sie unter **»** www.vvvzuidlimburg.nl.

on Ostbelgien über Aachen bis ins Maastal bei Eijsden: Streckenwanderung durch drei Länder in vier Etappen

Sonnenuntergang an der Maas bei Eijsden (Foto: Bori Eff)

2 Rundwanderungen auf dem Fernwanderweg GR 128

Wanderung 5: KuKuK – Auberge Zur Geul – Ramirez-Máro-Institut – KuKuK

Wanderung 6: Auberge Zur Geul – Skulpturengarten „Kraftwerk" – Galerie S. – Ramirez-Máro-Institut – Auberge Zur Geul

Wanderung 7: Exkursion zu den Zyklopensteinen und zur Quelle der Göhl

Wanderung 8: Zwischen Göhl und Vijlenerbos

Wanderung 9: Wanderung durch das Göhltal

Wanderung 10: Rund um Epen

Wanderung 11: Teuven – Waldrunde

Wanderung 12: Teuven – De Plank – Teuven

Wanderung 13: Sint-Martens-Voeren – Veurs – Sint-Pieters-Voeren – Sint-Martens-Voeren

Wanderung 14: Das Besucherzentrum und das naturkundliche Museum Voerstreek und zwei kleine Wanderungen bei `s-Gravenvoeren

Wanderung 15: Runde um `s-Gravenvoeren

Streifzüge durch die Euregio

Rundwanderungen auf dem Fernwanderweg GR 128

WANDERUNG 5:
KUKUK – AUBERGE ZUR GEUL – RAMIREZ-MÁRO-INSTITUT – KUKUK

GPS-Daten zu Wanderung 5:
KuKuK – Auberge zur Geul – Ramirez Máro-Institut – KuKuK
http://download.m-m-sports.com/extras/streifzuege_euregio/W5.zip

Start und Ziel: *KuKuK e. V. Kunst und Kultur im Köpfchen*, Eupener Straße 420, 52076 Aachen, Tel. 0049 241 55942306,)) www.KuKuKandergrenze.eu.

Von Aachen aus mit der Linie 14 zu erreichen, Haltestelle *Altes Zollamt*. Weitere Informationen unter)) www.aseag.de.

Länge: 9,08 km

Gehzeit: 3 Stunden

Die Route deckt einen Teil der *Kunstroute Weser-Göhl* ab,)) www.kunstroute-weser-goehl.eu. An jeden ersten Sonntag im Monat sind die Ateliers der dort aufgelisteten Künstler von 14 bis 17 Uhr geöffnet. Der Eintritt ist frei. Weitere Informationen entnehmen Sie bitte der oben angegebenen Webseite.

Ein Teil der Strecke führt entlang schmaler, kaum befahrener Dorfstraßen, ansonsten wandern wir auf Feld- und Waldwegen.

Hunde können an der Leine auf der Strecke mitgeführt werden, allerdings wahrscheinlich nicht beim Besuch der Künstler.

Kunst am KuKuK

Wir beginnen am Waldcafé des deutsch-belgischen Vereins *Kunst und Kultur im Köpfchen*, in dem sich Ausstellungs- und Veranstaltungsräume befinden. Hier können wir eine der regelmäßig wechselnden Ausstellungen besichtigen und in den Räumen des Cafés liegt viel Informationsmaterial über dort regelmäßig stattfindende weitere Veranstaltungen, wie z. B. Konzerte oder Lesungen, aus.

Von hier aus gehen wir etwa 200 m entlang der *Eupener Straße* nach Norden in Richtung Aachen und biegen dann nach links in den *Rotsiefweg* ein. Dies ist ein asphaltierter Wanderweg, der zwischen Hecken und Wiesen in den Wald führt. 1 km vom Ausgangspunkt entfernt sehen wir auf der linken Seite den noch aus dem Zweiten Weltkrieg stammenden Westwall – wir Einheimischen nannten ihn früher die *Höckerlinie* und wir Kinder haben zwischen den „Höckern" und sogar noch in den alten Bunkern gespielt – , an dem auch Informationstafeln über die geschichtlichen Hintergründe zu sehen sind. Hier biegen wir auf einen schmaleren Waldweg nach links ab. Nachdem wir 600 m durch den Wald gewandert sind, erreichen wir die Landesgrenze nach Belgien.

Hier befindet sich scharf nach rechts ein Weg, der genau auf der Grenze entlangführt. Hier biegen wir nicht ein, sondern wir nehmen den Pfad links neben diesem Weg, der am Anfang fast parallel zum Grenzpfad verläuft. Nachdem wir 400 m diesem nach einer Weile stark bergab führenden Pfad gefolgt sind, treffen wir auf eine Kreuzung breiter Wanderwege. Hier biegen wir auf einen breiten Wanderweg nach links ab. Diesem Weg, der entlang Bäumen, Hecken und Wiesen leicht bergab führt, folgen wir weitere 630 m, bis wir auf die Dorfstraße *Flög* in **Hauset** treffen. Hier biegen wir rechts ab und erreichen schon nach 160 m die *Hergenrather Straße*, die wir überqueren. Nun heißt unser Weg, dem wir weiter geradeaus durch eine kleine Siedlung folgen, *Schlossweg*.

Rundwanderungen auf dem Fernwanderweg GR 128

Österlich geschmückte Hauseinfahrt auf dem Schlossweg

Nachdem wir weitere 230 m gewandert sind, nennt sich der Weg *Stöck*.

Wer Lust auf eine Einkehr in ein heimeliges Café hat, in welchem auch regelmäßig Ausstellungen zu bewundern sind, kann es sich im Café *Nussstöck*, Stöck 47, B-4730 Hauset, ›› www.nussstoeck.eu, Tel. 0032 (0) 87 65 34 87, gemütlich machen. Allerdings sind die Öffnungszeiten nur Freitag, Samstag und Sonntag von 11 bis 17 Uhr.

Großzügigere Öffnungszeiten finden Sie in der nahe gelegenen *Bäckerei-Konditorei Kockartz*, Kirchstraße 123, 4730 Hauset, Tel. 0032 87 639484, geöffnet von Dienstag bis Freitag von 7.30 bis 18 Uhr und samstags und sonntags von 7.30 bis 17 Uhr.

Wir wandern entlang Wiesen und einzelnen Häusern, teils auch an Bauernhöfen und Pferdekoppeln vorbei, bis wir die Göhl erreichen, die hier noch ein kleiner Bach ist und die wir auf einer sehr schmalen Brücke überqueren.

Die Göhl wird uns auf unseren Wanderungen noch häufig begleiten.

Nun führt der Weg leicht bergauf und auch hier sind Pferde auf ihren Weiden und Paddocks zu sehen. Kurz hinter der Brücke und etwa 850 m nach der Überquerung der *Hergenrather Straße* biegen wir auf einen sehr schmalen Pfad nach links ein. Der Pfad ist nur etwa 1,5 m breit und führt weiterhin an Pferdekoppeln entlang.

Nach 350 m erreichen wir einen kleinen privaten Teich, an dem wir auf dem immer noch sehr schmalen Pfad, einigen scharfen Biegungen folgend, entlangwandern. Wir überqueren auf einer weiteren schmalen Brücke wieder die Göhl, die uns nun linker Hand bis zur *Kirchstraße* in Hauset begleitet. Wir überqueren die *Kirchstraße* und biegen direkt neben dem Restaurant *Auberge Zur Geul* in die *Göhlstraße* ein.

Wir gehen auf ihr 100 m geradeaus, wobei wir rechts von uns die Göhl sehen, bis wir auf eine schmale Straße stoßen. Rechter Hand heißt sie *Gostert* und linker Hand *An der Follmühle*. Wenn wir rechts abbiegen, sehen wir schon nach wenigen Metern auf der linken Seite ein Tor, welches uns zum *Ramirez-Máro-Institut* und der zugehörigen Galerie führt.

Ramirez-Máro-Institut, Gostert 102, B 4730 Hauset-Raeren

In einem Schloss, einem ehemaligen Hauptquartier von General Eisenhower, leben und arbeiten seit 1975 die beiden international bekannten, aus Peru stammenden Künstler Apolo Ramirez und sein Sohn Rafael Ramirez. Ihre gemeinsamen Werke sind unter dem gemeinsamen Künstlernamen *Antonio Máro* bekannt.

Ihre Bilder sind sehr stark von den präkolumbianischen Einflüssen geprägt, welche in ihren rein abstrakten Werken vor allem durch die Verwendung von Metallfarben zur Geltung kommen. Es werden in ihnen aber auch mythologische Themen dieser versunkenen Kulturen aufgegriffen, die sich in schemenhaft angedeuteten Figuren, wie Vögeln, Masken, Profilen, aber auch in Monden oder Sonnen, manifestieren.

In den Werken, die Sohn Rafael mit seinem Zivilnamen unterschreibt, zeigt sich deutlich auch der barocke Geist der kolonialen Einflüsse Perus, der noch immer in Peru, z. B. in der Cuscoschule, lebendig ist.

Beide Künstler haben sich sehr um den Gedanken der Völkerverständigung, aber auch um die Vertretung unserer Heimat verdient gemacht und vertreten Ostbelgien kulturell in der ganzen Welt, wie in Italien, in den USA und sogar in China. Als Botschafter der deutschsprachigen Gemeinschaft in Ostbelgien wurde ihnen 2014 von der hiesigen Regierung sogar die „Euregio-Plakette" verliehen. Seit vielen Jahren dient das Institut auch als regionales Zentrum für nationale und internationale Künstler und hier finden Ausstellungen, Lesungen und Konzerte statt.

Weitere Informationen über die beiden äußerst interessanten Künstler finden Sie auf den Webseiten: 》》 www.rafaelramirez.eu und 》》 www.rmiramirezmaro.org.

Nachdem wir das Schloss mit seinen sehr beeindruckenden Bildern besichtigt und möglicherweise auch die beiden Künstler kennengelernt haben, biegen wir rechts ab und wandern auf dem asphaltierten Weg *An der Follmühle* geradeaus. Nach 300 m überqueren wir die Straße *Botzefeld* (linker Hand) und *Buschhausstraße* (rechter Hand). Es ist dieselbe Straße, die aber unterschiedlich heißt. Wir wandern hier auf einem Pfad, der uns an Bäumen und Wiesen entlang und durch ein Waldstück führt, geradeaus weiter. Nach weiteren 500 m stoßen wir auf die Straße *Grossebusch*.

Wir gehen nun 300 m nach rechts entlang der Straße und biegen dann nach links in einen weiteren Pfad ein, wobei wir linker Hand dörfliche Bebauung und rechter Hand Wald sehen. Nach diesen 300 m erreichen wir die Straße *Frepert*. Wir gehen nun 80 m nach links an der Straße entlang und biegen dann nach rechts in den Weg *Heide* ein. Hier wandern wir 1 km weiter, wobei wir an Wiesen und einzelnen dörflichen Häusern vorbeikommen. Wir haben nun einen weiten Blick über das Tal in Richtung Aachener Wald.

Nach diesem Kilometer erreichen wir die Dorfstraße *Getenberg*, auf die wir scharf nach rechts abbiegen. Nach weiteren 350 m stoßen wir auf die Dorfstraße *Flög*. Auch hier biegen wir rechts ab und folgen dem Weg, der vorwiegend an Wiesen vorbeiführt, bis wir nach 600 m den Waldrand erreichen. Hier haben wir die Wahl: Wer nach rechts abbiegt und dem Weg folgt, erreicht nach 1 km die *Eupener Straße*, biegt dann nach links ab und sieht schon nach wenigen Metern das Waldcafé *KuKuK*.

An vielen Stellen in Ostbelgien haben Sie eine weite Aussicht.

Wer gerne noch auf Waldwegen wandern möchte, kann direkt gegenüber der Stelle, wo der Weg *Flög* auf den Wald trifft, auf einem schmalen Pfad in den Wald hineinwandern. Nachdem wir 300 m geradeaus gegangen sind, treffen wir auf einen weiteren, sehr schmalen Pfad, der genau auf der Landesgrenze zwischen Belgien und Deutschland verläuft. Hier biegen wir rechts ab. Dies ist ein sehr schöner Waldweg, der nach links auch bald den Blick über Wiesen freigibt. Immer wieder treffen wir auf kleine Grenzsteine, die die Landesgrenze markieren. Nach 800 m erreichen wir wieder den asphaltierten Weg *Flög*, in den wir nun nach links einbiegen. Wir gehen an wenigen kleinen Häusern, Wiesen, Hecken und Bäumen vorbei, bis wir auf die *Eupener Straße* treffen. Wir biegen nach links ab und sehen schon nach wenigen Metern das Café *KuKuK*.

Streifzüge durch die Euregio

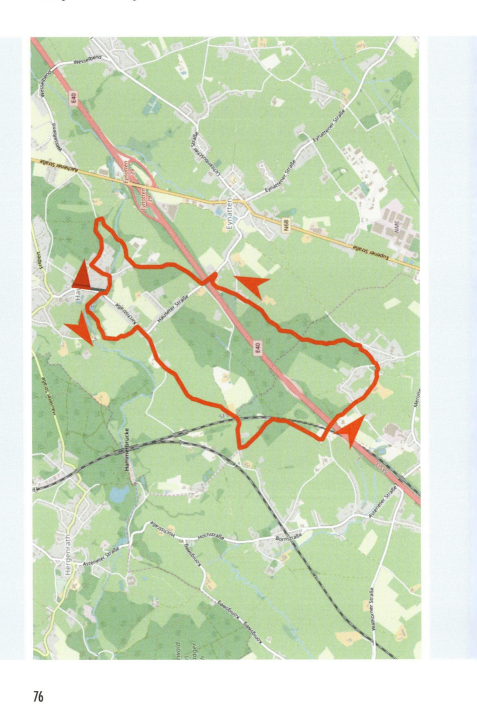

WANDERUNG 6:
AUBERGE ZUR GEUL – SKULPTURENGARTEN „KRAFTWERK" – GALERIE S. – RAMIREZ-MÁRO-INSITUT – AUBERGE ZUR GEUL

GPS-Daten zu Wanderung 6:
Auberge zur Geul – Skulpturengarten „Kraftwerk" – Galerie S. – Ramirez-Máro-Institut – Auberge zur Geul

http://download.m-m-sports.com/extras/streifzuege_euregio/W6.zip

Start und Ziel: Restaurant *Auberge Zur Geul*, Kirchstraße 66, B-4730 Raeren (Hauset)

Von Aachen aus mit dem Bus der Linie 14 zu erreichen. Haltestelle: *Hauset Brücke*. Weitere Informationen unter ❱❱ www.aseag.de.

Länge: 9,87 km

Gehzeit: 3 Stunden

Auch diese Wanderung deckt wie Wanderung 5 einen Teil der *Kunstroute Weser-Göhl*, ❱❱ www.kunstroute-weser-göhl.eu, ab.

Leicht zu gehender Weg mit wenigen Steigungen. Teilweise asphaltierte Wege und ruhige Dorfstraßen.

Hunde können an der Leine mitgeführt werden. Allerdings wahrscheinlich nicht zu den Ateliers.

Gegenüber von unserem Startpunkt, *Auberge Zur Geul*, befindet sich ein Parkplatz. Auf der gegenüberliegenden Straßenseite der *Kirchstraße* sehen Sie die Bushaltestelle *Hauset Brücke*. Hinter der Bushaltestelle in Richtung Eupen werden Sie einen kleinen Pfad finden, der in nordwestlicher Richtung zunächst zwischen Hecken hindurchführt.

Schon nach kurzer Zeit werden Sie rechter Hand auf eine kleine Weide, auf der häufig Schafe zu sehen sind, und auf die Göhl stoßen. Sie überqueren eine kleine Brücke und wandern weiter an der Göhl entlang. Bald werden Sie auf der linken Seite einen kleinen, verwilderten Teich entdecken, an dessen Ufer sich der Pfad entlangschlängelt. Kurz hinter dem Teich werden Sie rechts und links des Pfades Wiesen sehen und im Hintergrund Bauernhöfe. Häufig grasen hier Pferde auf den Weiden. Schließlich endet der Pfad.

Dort gehen wir **geradeaus** weiter, biegen hier also noch nicht nach links ab. Erst nach insgesamt 670 m stoßen wir auf einen weiteren Weg. Geradeaus geht es hier nicht mehr weiter, sondern dort befindet sich ein weiterer Unterstand für Pferde. Hier biegen wir nach links ab und wandern entlang von Hecken auf einem Pfad, der bergauf führt. Häufig haben Sie einen wunderbaren, weiten Blick über die Landschaft. Nach 420 m erreichen Sie die *Kirchstraße*. Hier befindet sich das erste Atelier unserer Route.

Atelier & Skulpturengarten *Kraftwerk*, Gertrude Kraft, Kirchstraße 11a, B-4730 Hauset, Tel. 0032 (0)87 74 47 77.

Die Künstlerin beschäftigt sich anhand verschiedener Materialien, wie Ton, Gips oder Beton, aber auch durch Zeichnungen und Malerei mit verschiedenen Aspekten des Themas *Mensch*.

Blick in den Skulpturengarten

Ich habe Frau Kraft, die so freundlich war, sich trotz eines großen Besucheransturms Zeit für mich zu nehmen, an einem Sonntag der offenen Tür der Kunstroute besucht. Vom Atelier aus kann man eine weite Aussicht über Wiesen hinweg bis zum angrenzenden Wald genießen. Diese Umgebung hebt bei ihren teilweise auch im Freien stehenden Skulpturen die ansprechende Wirkung hervor. Frau Kraft ist nicht nur eine sehr vielseitige Künstlerin, sondern als ausgebildete Kunstpädagogin unterrichtet sie auch in ihrem eigenen Atelier und in dem nahe gelegenen *kreativen Atelier Regenbogen* in Hauset (Kirchstraße 128, B-4730 Raeren (Hauset) ❯❯ www.regenbogen.be).

Zusätzlich zu ihrer individuellen Arbeit ist Frau Kraft über den Verein *dreieck.triangle.driehoek e. V.* zur Förderung kulturschaffender Frauen in der Euregio Maas-Rhein engagiert. Gefördert wird die freie und öffentliche Kulturarbeit in Belgien, den Niederlanden und Deutschland in den Bereichen bildende Kunst, Literatur, Musik und Tanz. Es werden regelmäßig spannende, internationale, grenzüberschreitende und zeitkritische Projekte entwickelt, die von Künstlerinnen gestaltet werden.

Weitere Informationen über dieses interessante Frauenprojekt erhalten Sie unter ❯❯ www.dreieck-ev.de.

An der *Kirchstraße* biegen wir rechts ab und erreichen nach 120 m eine Kreuzung, an der die *Asteneter Straße* beginnt. An dieser Kreuzung befindet sich auch eine Kapelle. Wir wandern nun geradeaus in diese wenig befahrene Dorfstraße. Sie werden an Bauernhäusern, an denen Sie sogar Biomilch kaufen können, und weiteren ländlichen Gebäuden vorbeikommen, wobei manche auch liebevoll dekoriert sind.

Hauseter Biomilch direkt vom Bauernhof

Nachdem Sie 430 m auf dieser Straße gewandert sind, an der es bald kaum noch Bebauung gibt und Sie über Wiesen hinweg einen weiten Blick über das Tal genießen können, führt eine schmale Straße nach rechts in das Tal hinein.

Wir biegen hier nicht ab, sondern wandern weiter geradeaus, wobei sich rechts und links von uns Wiesen befinden und wir zu beiden Seiten weiter einen wunderbaren Blick über die Landschaft genießen können. Von hier aus kann man je nach Wetterbedingungen die interessantesten Sonnenuntergänge beobachten. Nach einer Weile führt der Weg unter einer Brücke hindurch, über die Trasse des Hochgeschwindigkeitszugs nach Paris führt, und linker Hand an einem Reiterhof vorbei. Hinter dem Reiterhof biegen Sie nach links auf einen Waldweg ein. Sie werden ein kleines Holzschild sehen, auf dem *Kirchbusch* steht und welches Sie auch in diese Richtung weist. Von der Brücke aus sind Sie bis dahin 280 m gewandert, vom Beginn der *Asteneter Straße* aus gerechnet sind es 1,7 km.

Sie wandern in den Wald hinein und treffen nach 450 m auf eine Kreuzung mehrerer Waldwege. Hier biegen Sie in den ersten Weg auf der rechten Seite ein. Dieser Weg ist etwas schmaler als die anderen Wege. Auch das Schild *Kirchbusch* weist Ihnen diese Richtung. Auf der folgenden Strecke halten Sie sich konsequent rechts. Bald wird der Weg breiter und Sie werden wieder an großen Wiesen entlangwandern und einen enormen Weitblick genießen können. Bei gutem Wetter kann man von hier aus bis zum Aachener Wald sehen. Schließlich werden Sie auf der linken Seite einen kleinen Bauernhof entdecken. Auch hier stehen häufig Pferde.

Begegnung am Weidezaun

Auf Höhe des Hofs endet unser Weg an einem hier kreuzenden, weiteren Weg, an dem einige Beschilderungen zu sehen sind. Ab hier folgen wir dem Schild *Kirchbusch* nicht mehr, sondern biegen nach links ab. Schon nach 80 m erreichen wir eine Straße, die *Heidestraße*, auf der wir geradeaus weiterwandern. Nach 100 m führt uns die Heidestraße über eine Autobahnbrücke. Wir folgen nun geradeaus der wenig bebauten Straße, bis wir nach weiteren 540 m das *Atelier S.* erreicht haben.

Das Atelier S. liegt an einer idyllischen Dorfstraße mit Ausblick über ein weites Tal. Als ich die Künstlerin Inge Sauren an einem wunderschönen Herbstabend besuchte, konnte ich dort einen Sonnenuntergang bewundern, der die Landschaft in Rot- und Goldtöne tauchte.

Frau Sauren ist nicht nur selbst Künstlerin, sondern sie betreibt in ihrem fast mediterran wirkenden Haus eine Galerie, in der sie ausgesuchte Künstler präsentiert, aber auch abwechslungsreiche, themenbezogene Ausstellungen organisiert. Die Adresse ist: Heidestraße 39, B-4711 Walhorn, Tel. 0032 (0) 87 631 690, ›› www.atelier-is.be, atelier-is@skynet.be. Die vielseitige Künstlerin ist zusätzlich zu ihrer eigenen Kunst auf die Restauration von Ölgemälden, Bilderrahmen und Skulpturen spezialisiert, beherrscht die Kunst der Vergoldung und rahmt je nach Kundenwünschen Bilder ein. Ihr ist es dabei wichtig, dass nicht nur sehr wohlhabende Kunden, sondern sich auch Menschen ihre Dienste leisten können, die nicht so ein hohes Einkommen haben.

Am prasselnden Holzfeuer in ihrem gemütlichen Atelier sitzend, hatten wir ein überaus interessantes Gespräch. Frau Sauren liebt es, in Ostbelgien zu leben. Dies betrifft die Landschaft, die Natur, die Menschen in der Nachbarschaft und die ruhige und geerdete Lebensweise auf dem Land, die hier noch sehr verbreitet ist. Sie kann richtig spüren, wie gestresste Besucher aus der Stadt nach einigen Stunden anfangen, sich zu entspannen, wenn sie die Atmosphäre vor Ort in sich aufnehmen können. Trotz der ländlichen Gegend empfindet Frau Sauren den Lebensraum hier als offen und inspirierend. Die Einflüsse der Natur, aber auch der verschiedenen, hier vorhandenen Kulturen, geben ihr Raum für ihre eigene Kreativität.

Auch in ihrer Familie sind, wie bei so vielen Menschen in unserer Region, alle drei Nationen vertreten, deutsch, niederländisch und belgisch. Sie kennt noch die Situation, als die Grenzübergänge geschlossen waren und ist sehr froh über das Zusammenwachsen von Europa unter Beibehaltung der kulturellen Vielfalt.

Mit ihrer Arbeit möchte Frau Sauren eine qualitativ hochwertige Kunst schaffen und fördern, die unabhängig von der finanziellen Verwertbarkeit ist.

> Es gehe ihr vor allem um die inneren Werte der Arbeit. Sie möchte einen Raum für Menschen schaffen, in dem sie sich unabhängig vom Geldbeutel wohlfühlen und Natur und Kunst auf sich wirken lassen können.
>
> In der Regel können Sie das Atelier jeden ersten Sonntag im Monat von 14-17 Uhr besuchen. Nach Voranmeldung z. B. für Wandergruppen können Sie auch weitere Termine mit Frau Sauren vereinbaren.

Vom *Atelier S.* aus folgen wir etwa 200 m der *Heidestraße* in südöstliche Richtung, bis wir ein Holzschild sehen, auf dem *Kreuzweg* steht und welches nach links weist. Zusätzlich weisen uns nun für eine längere Strecke Markierungen mit einem roten Rechteck den Weg. Wir wandern nun auf einem schmalen Pfad an Hecken und Bäumen entlang, bis wir nach wenigen Metern einen weiteren roten Balken finden, der uns nach links weist. Wir gehen linker Hand an einem Kinderspielplatz vorbei und überqueren, 320 m vom *Atelier S.* entfernt, die schmale *Sandstraße*. Auf der gegenüberliegenden Seite beginnt der Hauptteil eines Kreuzwegs. Wir sehen auf der linken Seite christliche Statuen und wandern weitere 300 m auf einem sehr schmalen Pfad an weiteren, oft blumengeschmückten christlichen Stationen vorbei, bis wir rechter Hand auf eine Kapelle treffen. Wer möchte, kann in diesem kleinen Waldstück weitere Stationen des Kreuzwegs besichtigen.

Direkt an der Kapelle sehen wir ein weiteres Holzschild mit rotem Rechteck, auf dem *Zu den sieben Weihern* steht und welches uns leicht nach links auf einen Waldweg weist. Diesem Schild folgen wir nun, bis wir nach weiteren 1,8 km eine Autobahnbrücke erreichen. Auf dieser Strecke wandern wir zunächst 950 m durch einen Wald, anschließend befinden sich nur noch linker Hand Bäume und auf der rechten Seite sehen wir Wiesen und Bauernhäuser.

Nach weiteren 300 m endet der Wald auch auf unserer linken Seite und wir wandern durch eine spärlich bebaute kleine Siedlung. Die schmale Straße, auf der wir uns nun befinden, heißt zunächst *Rothausstraße* und biegt nach 180 m nach rechts ab. Wir halten uns aber geradeaus und der Name des Weges ändert sich hier zu *An der Windmühle*. Nach weiteren 400 m erreichen wir eine Autobahnbrücke. Wir können nun eine schmale, nicht besonders gesicherte Treppe hinaufsteigen oder der Straße wenige Meter nach rechts folgen. In beiden Fällen biegen wir dahinter links ab und biegen direkt hinter der Autobahnbrücke rechts in einen schmalen, asphaltierten Weg ein, der *Gostert* heißt. Diesem folgen wir an Wiesen und einem Waldstück entlang und sehen gelegentlich ländliche Bebauung. Nach 850 m macht der Weg *Gostert* eine sehr scharfe Biegung nach links.

Wer die Wanderung zügig beenden will, folgt einfach weiter dem asphaltierten Weg. Rechts und links ist nun etwas mehr Bebauung als zuvor und bald sehen Sie auf der rechten Seite (Gostert, Nr. 102) das Schloss der Künstler Apolo und Rafael Ramirez.

Kurz dahinter stoßen Sie auf die *Göhlstraße*, in die Sie nach links abbiegen. Rechts werden Sie einige interessante, sehr moderne, futuristisch anmutende Gebäude sehen und links von Ihnen verläuft die Göhl. Nach 200 m haben Sie unseren Ausgangspunkt, die *Auberge Zur Geul*, erreicht.

Dort, wo der Weg diese scharfe Biegung nach links macht, führt nach rechts ein Weg zu einem Reiterhof. Leider ist derzeit die Gastronomie dieses Hofes nicht geöffnet. Geradeaus werden Sie einen sehr schmalen Pfad entdecken, der zwischen Bäumen und Hecken in nordöstliche Richtung führt. Zunächst wandern Sie an einem kleinen Rinnsal entlang und später verläuft links von Ihnen die Göhl. Diese überqueren Sie auf einer schmalen Brücke und wandern weiter durch ein Waldstück. Am Ende des Waldstücks halten Sie sich links.

900 m vom Beginn des Pfades entfernt stoßen Sie auf die *Buschhausenstraße*. Hier biegen Sie nach links ab. Zunächst führt diese schmale, kaum befahrene Straße durch Wald, bis nach 240 m die Bebauung beginnt. Hier sind neben einigen dörflichen auch sehr gesicherte, fast futuristisch anmutende Gebäude zu sehen. Wir wandern nun weitere 500 m durch ein bebautes Gebiet und stoßen dann auf den Weg *An der Follmühle*. Hier biegen wir nach links ab und wandern etwa 250 m bergab. Geradeaus beginnt nun die Straße *Gostert*. Nach wenigen Metern auf der linken Seite (Gostert, Nr. 102) befindet sich in einem Schloss das *Ramirez-Máro-Institut* bzw. die gleichnamige Galerie der beiden Künstler Apolo und Rafael Ramirez.

Auszüge aus einem Interview mit dem Künstler *Rafael Ramirez*

An einem sonnigen Herbsttag hatte ich die Gelegenheit, das pittoreske Schloss zu besuchen und den sehr beschäftigten Künstler zu interviewen.

In seiner Arbeit ist es Rafael Ramirez wichtig, einer Leinwand einen lebendigen Geist einzuhauchen: Es geht ihm um das Lebendige und um das Geistige.

Wenn der Künstler es schafft, eine zuvor tote weiße Leinwand durch seine Malerei zum Leben zu erwecken, wird die Arbeit zur Kunst. Je besser es dem Künstler gelingt, sensibel, präzise und nachfühlbar Lebensthemen zu transportieren, desto mehr Tiefe wird er in seiner Kunst erreichen. Das heißt, Gefühle, Gedanken und eigene und fremde Erfahrungen werden so ausgedrückt, dass das Werk den Betrachter emotional erreicht. So verändert sich bei tiefer gehender Kunst auch das Bewusstsein des Betrachters und erhöht somit seine Erlebnisfähigkeit und in der Folge seine Lebendigkeit. Dies gilt insbesondere auch für die schmerzhafte Thematik des Holocaust, mit der der Künstler sich intensiv beschäftigt hat.

Da Achtsamkeit für die verschiedenen Aspekte des Lebens, die in der Kunst ausgedrückt werden, immer auch mit Spiritualität zu tun hat, steht sie als übergeordnetes Thema hinter allem Schaffen. Das wird individuell sehr unterschiedlich verfolgt und ausgedrückt und ist nicht immer leicht in Worte zu fassen.

Das Interview war natürlich viel umfangreicher, als ich es in diesem Rahmen zusammenfassen kann. Nutzen Sie selbst einen Tag der offenen Tür der *Kunstroute Weser-Göhl*, um diesen sympathischen Künstler kennenzulernen. Weitere Informationen finden Sie unter Wanderung 5.

Im Schloss der Künstler

Wenn Sie das Atelier wieder verlassen, biegen Sie nach rechts ab und nach wenigen Metern nach links in die *Göhlstraße* ein. Links von Ihnen fließt nun die Göhl und rechts ist wieder Bebauung. Nach 180 m haben Sie das Ziel, die *Auberge Zur Geul*, erreicht.

Das Restaurant *Auberge Zur Geul* befindet sich in einem 350 Jahre alten Blausteinhaus, welches schon zu Napoleons Zeiten eine Poststation gewesen sein soll. Es hat, neben stilvollen Räumen, einen sehr stimmungsvollen Innenhof. Die Gastronomie ist für etwas gehobenere Ansprüche ausgelegt, raffiniert, aus frischen Produkten und dennoch einfach gestaltet. Die Öffnungszeiten entnehmen Sie bitte der Webseite ❱❱ www.fintz-zurgeul.com. Das Restaurant ist auch telefonisch unter Tel. 0032(0)87 340904 zu erreichen. In diesem Haus befindet sich auch eine Ferienwohnung, die Sie unter obigen Kontaktdaten mieten können.

Streifzüge durch die Euregio

WANDERUNG 7:
EXKURSION ZU DEN ZYKLOPENSTEINEN UND ZUR QUELLE DER GÖHL

GPS-Daten zu Wanderung 7:
Exkursion zu den Zyklopensteinen und zur Quelle der Göhl
http://download.m-m-sports.com/extras/streifzuege_euregio/W7.zip

Start- und Ziel: Waldcafé *KuKuK*, Eupener Straße 420, 52076 Aachen

Länge: 4,5 km

Gehzeit: 1,5 Stunden

Es handelt sich hier um zwei miteinander verknüpfte Wanderungen. Wer möchte, kann auch nur die vor Ort markierte, 1,5 km lange Wanderung der *Grenzrouten* machen.

Hunde können an der Leine mitgeführt werden. Sehr leichte Wanderung bei normalem Wetter ohne schwierige Stellen.

Wir starten unsere Wanderung am Waldcafé *KuKuK*, überqueren die *Eupener Straße*, gehen etwa 100 m südlich in Richtung Belgien und biegen dann nach links in einen zunächst breiten Weg ein. Linker Hand hängt an einem Baum ein gelbes Schild mit der Aufschrift *Zu den Zyklopensteinen*, rechter Hand sehen Sie an einem Pfosten sowohl eine Markierung der *Grenzrouten*, auf der steht *Rundweg Köpfchen* und eine 1 (die Grenzroute 1 führt nach Raeren zum Töpfereimuseum).

Zusätzlich zeigt ein Schild an, dass es hier zum Knotenpunkt 57 des Aachener Knotenpunktsystems geht. Wir kommen zunächst an einem weißen Gebäude und dahinter an einer großen, asphaltierten Fläche rechts von uns vorbei und treffen schon kurz dahinter auf einen schönen, schmalen Pfad, der am Waldrand an Wiesen entlangführt und eine Biegung nach rechts macht. Nachdem Sie 400 m auf diesem Pfad gewandert sind, beginnt auf beiden

Seiten des Weges der Wald und wenn Sie auf einem weiteren Pfad ein wenig nach links hineingehen, können Sie schon die riesigen Zyklopensteine sehen.

Auf einer Fläche von ungefähr einem Hektar verteilen sich etwas 50 Gesteinsblöcke, die vor allem aus verkieseltem Sand bestehen. Das Ausgangsmaterial war unverfestigter Sand aus der Oberkreide, der sogenannte *Aachener Sand*. Er wurde in einem Flachmeer vor 85 bis 84 Millionen Jahren abgelagert. Der im Aachener Wald weit verbreitete Sand wurde früher z. B. im nahe gelegenen *Flög* bei Hauset, aber auch in vielen weiteren Sandgruben, abgebaut.

Vor Ort werden Sie eine Informationstafel mit weiteren Erklärungen über die Entstehungsgeschichte vorfinden. Auch in der Einleitung dieses Buches wird im Rahmen der geologischen Geschichte unseres Wandergebietes hierauf eingegangen.

Wenn Sie dem Pfad entlang der Zyklopensteine geradeaus folgen, werden Sie immer wieder die Markierungen des Knotenpunktsystems (der nächste Knotenpunkt ist 58, dem dann der Knotenpunkt 59 folgt, von dem aus linker Hand schon der Startpunkt *KuKuK* am Grenzübergang Köpfchen zu sehen ist) und die der *Grenzrouten* sehen. Wenn Sie ab hier diesen Symbolen folgen, haben Sie nach etwa 1,5 km schon wieder den Startpunkt erreicht.

Da uns während unseren Wanderungen immer wieder die *Göhl* begleitet und wir sogar erleben können, wie die Göhl in der Nähe des kleinen Ortes **Itteren** nördlich von Maastricht in die Maas fließt (Wanderung 29), sollten wir uns die nahe gelegene Quelle der Göhl ansehen.

Die Göhl, auch *Geul* (niederländisch) oder *Gueule* (französisch) geschrieben, ist 58 km lang. Aufgrund des ehemaligen Bergbaus in Belgien und von weiteren Abwässern war sie früher stark mit Schwermetallen, Bakterien, Nitraten und Phosphaten belastet. Dort, wo wir ihr auf unseren weiteren Wanderungen begegnen, erscheint sie mir in einem nicht mehr erkennbar belasteten Zustand.

Wir wandern auf dem Pfad, auf dem wir ursprünglich gekommen sind, geradeaus weiter, biegen also nicht nach links zu den Zyklopensteinen ab, die wir uns später noch genauer ansehen werden. Ein 2 m breiter Waldweg führt uns weiter geradeaus durch zunächst vorwiegend Laubwald, wobei uns auch häufig Adlerfarn am Wegrand begleitet, später auch durch Nadelwald. Nach weiteren 300 m treffen wir auf einen breiteren Waldweg. Hier beginnt unsere zweite Wanderrunde. Wir biegen nach rechts ab und wandern nach einer leichten Linkskurve 630 m auf dem Weg geradeaus weiter, dann biegen wir in einem spitzen Winkel nach links in einen weiteren Waldweg ein. Nach etwa 600 m sehen wir auf der linken Seite an einer Rechtskurve einen kleinen Tümpel, an dem auch eine Bank steht. Hier entspringt die Göhl. Zuvor sind wir an einer kleinen Jagdhütte vorbeigewandert, vor der ein Holztisch mit Bänken stand.

Hier entspringt die Göhl.

Nach weiteren 130 m biegen wir in einen weiteren Wanderweg nach links ab. An dieser Stelle sind häufig die Geräusche der nahen Autobahn zu hören, denn wir befinden uns hier in der Nähe des Rasthofs *Lichtenbusch*. Ab hier wandern wir wieder auf einem breiten Wanderweg, der nach 220 m eine leichte Biegung nach links macht und nach weiteren 460 m eine weitere leichte Biegung nach links. Ab hier aufpassen, denn in den nächsten 140 m werden Sie einen Pfad erkennen, von dem aus Sie in westliche Richtung schon die ersten Exemplare der Zyklopensteine im Hintergrund sehen können. In diesen Pfad biegen wir ein und können uns nun die einzelnen Steine in Ruhe anschauen. Auf einer großen Tafel werden Sie auch weitere Erläuterungen über ihre Entstehung finden.

Etwa 120 m, nachdem wir in den Pfad mit den Zyklopensteinen eingebogen sind, führt ein schmaler Weg nach rechts, also nach Nordosten. Hier sind wieder die Symbole der *Grenzrouten* und des Knotenpunktsystems zu sehen, denen wir nun entspannt folgen können. Unser nächster Knotenpunkt ist der Punkt 58.

Wir wandern nun an einem alten Landgraben mit wunderschönen, alten Grenzbuchen entlang und überqueren dabei die belgisch-deutsche Grenze nach Deutschland hin. Der ehemalige *Landgraben* hat eine sehr wechselhafte Geschichte, die bis ins 14. Jahrhundert zurückreicht; er diente der Befestigung der Aachener Reichsgrenze. Nach dem Einmarsch der Franzosen im Jahr 1794 wurde das Aachener Reich aufgelöst und der Landgraben, der zuvor regelmäßig kontrolliert wurde, wurde nun sich selbst überlassen. Nicht nur bei den Zyklopensteinen, sondern an vielen anderen Stellen des Aachener Waldes und der deutsch-belgischen und der deutsch-niederländischen Grenze sind Reste dieser ehemaligen Befestigungsanlage zu sehen.

Nach 270 m müssen wir uns ganz leicht nach links halten. An dieser Stelle werden wir links einen Pfosten sehen, an dem die Ziffer 58 und ein kleiner Pfeil zu sehen ist, der nach links weist. Nun folgen wir wieder einem breiteren Waldweg, wobei mir unterwegs ein weggeschwemmter Bauwagen auffällt, wahrscheinlich noch eine Folge der extremen Regenmenge der letzten Wochen. Hier sind auch viele Kiefern zu sehen, zwischen deren Stämme während meiner Wanderung das abendliche Dämmerlicht in den Wald fiel.

Bald wandern wir wieder durch Laubwald, bleiben aber auf dem markierten Weg, der weiter auf den Knotenpunkt 58 hinführt. Schließlich erreichen wir 580 m von den Zyklopensteinen entfernt einen asphaltierten Weg. Hier befindet sich der Knotenpunkt 58 und es wird durch eine Markierung auf unser Ziel, Knotenpunkt 59, hingewiesen. Wir biegen hier nach links ab und wandern auf diesem nur von Fahrrädern befahrenen Weg noch weitere 0,6 km, bis wir die *Eupener Straße* und Knotenpunkt 59 erreichen. Nachdem wir die Straße überquert haben und links abgebogen sind, erreichen wir nach weiteren 220 m das Waldcafé *KuKuK* und damit unseren Startpunkt.

Streifzüge durch die Euregio

WANDERUNG 8: ZWISCHEN GÖHL UND VIJLENERBOS

GPS-Daten zu Wanderung 8:
Zwischen Göhl und Vijenerbos
http://download.m-m-sports.com/extras/streifzuege_euregio/W8.zip

Start- und Zielpunkt: Parkplatz beim Eiscafé *Wingerbergerhoeve*, Camering 22, 6294 NB Vijlen; hier gibt es an einem Stand nicht nur sehr leckeres Eis, sondern auch Früchte und Gemüse, sogar Spargel nach Jahreszeit.

Länge: 8,7 km

Gehzeit: 2,5-3 Stunden

Sehr abwechslungsreiche Wanderung, Wiesen, Feldwege, Hohlwege, kleine Strecken auf asphaltierten Wegen durch dörfliche Landschaft. Streckenweise entlang der Göhl. Es können sich Rinder auf der Strecke befinden. Soweit mir bekannt, dürfen Hunde mitgeführt werden, halten Sie aber genügend Abstand zu den Rindern.

Teilweise steinige Wege mit gelegentlich matschigen Stellen, gelegentliche Steigungen.

Wir parken auf dem oben genannten Parkplatz, der sich rechts vom Eisstand befindet (wenn man mit dem Gesicht zum Verkaufsstand steht) und sehen kurz hinter unserem Parkplatz, ohne dass wir eine Straße überqueren, die gelb-rote Markierung unseres von den Wanderungen 1-4 schon bekannten Fernwanderwegs GR 128. Diese führt uns auf einem schmalen Pfad zwischen Laubbäumen in Richtung Süden. Rechts dieses Weges befindet sich die Göhl, die wir aber vom Weg aus nicht mehr sehen können.

Bald erblicken wir links von uns Kuhweiden und können bald einen schönen Weitblick über die Landschaft genießen. Rechter Hand gehen wir an einer Hecke entlang. Schließlich erreichen wir eine große Wiese, über die zwei Pfade verlaufen. Wir halten uns rechts und wandern über die wunderschöne

Wiese, die, als wir im Frühsommer dort waren, voller Blumen stand, in Richtung einer alten Wassermühle, die *Volmolen* genannt wird. Diese ist heutzutage ein Denkmal und sie kann auch von innen besichtigt werden. Bis zur Mühle sind wir etwa 500 m gewandert. Am Beginn der Wiese bestätigt uns wieder das gelb-rote Zeichen den richtigen Weg. Weitere Informationen zur Wassermühle finden Sie bei 》 www.natuurmonumenten.nl.

Auf dem Weg zur Wassermühle

Am Ende der Wiese befindet sich ein Drehkreuz und wir gehen über einen engen, gepflasterten Weg weiter zur Mühle und sehen schon bald rechter Hand ein großes Mühlrad. Wir überqueren eine kleine Brücke und wandern auf einem gepflasterten Weg an der Mühle vorbei. Nachdem wir ein weiteres Stück zwischen Hecken entlanggegangen sind, führt uns der Weg über eine weitere Brücke über die Göhl. Wir erreichen nun eine Kreuzung asphaltierter Wege. Ab hier folgen wir nicht mehr dem Zeichen des Fernwanderwegs, sondern biegen in den ersten Weg links, den *Plaatweg*, ein. Vom Beginn der Wanderung bis hier sind wir 660 m gegangen. Der Weg führt zu einem Campingplatz und ist sehr wenig befahren. Etwa 470 m von der

Kreuzung entfernt biegt ein sehr kleiner, zwischen Hecken liegender, unauffälliger Pfad nach links ab.

Am Ende des Pfades führt uns wieder eine Brücke über die Göhl. Wir biegen hinter der Brücke nach rechts ab und laufen über ein weites Wiesengelände. Nun wandern wir durch eine wunderschöne, parkähnliche Landschaft an der Göhl entlang, die sich rechts von uns ein Bett durch das Wiesengelände gegraben hat.

Nachdem wir in die Wiesenstrecke eingebogen sind, sehen wir auf der linken Seite einen natürlichen geologischen Aufschluss und eine Tafel davor mit Erklärungen, welche Gesteinsschichten sich hier befinden und wann sie entstanden sind. Es handelt sich um das geologische Monument *Heimantsgrove*. Wer Lust hat, kann hier verweilen und sich mit der geologischen Entstehung dieses Wandergebiets beschäftigen. Nachdem wir uns hier umgesehen haben, führen wir unseren Weg durch die Wiesen entlang des Wassers fort. Nach weiteren etwa 200 m erreichen wir ein Eisentor, bei dem ein Durchgang für Wanderer frei ist.

Hinter dem Tor beginnt ein schmaler Feldweg, der schließlich zu einem Schotterweg wird. Wir wandern nun vorwiegend zwischen Hecken, vereinzelten Bäumen und an Wiesen entlang. 1,15 km, nachdem wir ursprünglich in den Wiesenweg eingebogen sind, biegen wir mit dem schmalen, befestigten und später teilweise asphaltierten Weg nach links in östliche Richtung ab. Der Weg heißt *Cottessen* und ab einem Campingplatz *Cottessenerstraat* und führt leicht bergauf. Wir erreichen 700 m nach der Abbiegung den Campingplatz *Cottessenerhoeve*, wo wir eine aktuellere Wanderkarte kauften und wo sich in einem umgebauten Bauernhaus eine sehr ansprechende Gastronomie befindet. Die Adresse ist: *Camping Cottessenerhoeve* Limburg, Cottessen 6, NL-6294 NE Vijlen, Niederlande, Tel. 0031 (0) 43 455 1352,)) www.cottessenerhoeve.nl. Auch auf dieser Strecke kann man viele wunderschönen Ausblicke über die Landschaft zu genießen.

Auf unserem weiteren Weg werden uns blau angestrichene Pfähle am Wegrand den Weg weisen. Leider sind sie manchmal nicht gut zu sehen oder stehen schon ein paar Meter weit im Weg, in den man einbiegen muss.

Hinter dem Campingplatz führt der Weg zwischen Bäumen leicht bergauf und 400 m hinter dem Campingplatz muss man links in einen Hohlweg einbiegen. Der blaue Pfahl auf der linken Seite steht erst ein paar Meter hinter der Abbiegung.

Nun folgen wir diesem Weg, der immer steiler, aber auch interessanter wird und viele Dachsbauten beherbergt und erreichen, ohne irgendwo abzubiegen, einen Feldweg mit einer sehr weiten Aussicht über Wiesen, Waldstücke und Dörfer in Richtung des Ortes **Epen**. Die Hecken rechts von uns sind sehr hoch und rechts und links von uns sind im Sommer viele Blumen zu sehen. 550 m, nachdem wir in den Hohlweg eingebogen sind, erreichen wir die Straße *Epenerbaan*. Hier biegen wir links ab.

Leider müssen wir jetzt knappe 100 m an der Straße entlanggehen. Versuchen Sie, diese an einer möglichst übersichtlichen Stelle zu überqueren. Leider ist am Wochenende und bei schönem Wetter hier viel Verkehr, nicht nur Fahrräder und Autos, sondern auch Motorräder sind hier ziemlich flott unterwegs. Unsere blauen Pfähle, die uns bis hierhin begleitet haben, führen uns an der linken Straßenseite über längere Zeit an der Straße entlang, was sehr unangenehm ist, weshalb wir hier diese Wegführung verlassen.

Nachdem Sie die Straße überquert haben und nach links abgebogen sind, werden Sie nach etwa 100 m rechts den Beginn eines Hohlwegs entdecken, der ziemlich steil bergauf führt. Hier biegen Sie ein, biegen nirgends ab, sondern gehen geradeaus bergauf.

Dieser Weg ist 230 m lang und endet am Rande der Straße *Zevenwegenweg*, wo sich ganz in der Nähe auch ein Parkplatz befindet. Wir stehen nun an einer Kreuzung mehrerer Waldwege. Ab hier finden wir wieder die gelbroten Markierungen des Fernwanderwegs GR 128 und diese weisen uns auf einen breiten Weg links von uns, vor dem sich, als wir dort waren, eine Schranke befand.

Wir wandern nun auf diesem Waldweg zunächst zwischen Fichten auf einem herrlich federnden Waldboden, wo es auch herrlich gut duftete, vorwiegend geradeaus. Nach etwa 420 m biegt ein schmaler Weg leicht nach rechts ab (wirkt wie eine Weggabelung). Hier halten wir uns links. Achten

Sie immer auch auf das Zeichen des Fernwanderwegs, welches immer wieder auftaucht, solange Sie den richtigen Weg nicht verlassen haben. Lassen Sie sich von kreuzenden Pfaden nicht irritieren, sondern folgen Sie dem Zeichen des Fernwanderwegs.

An einer weiteren Gabelung des Wegs werden Sie (falls sie im Winter nicht abgebaut wurde) auf der rechten Seite eine Bank entdecken. Auch hier halten Sie sich links und folgen dem Zeichen, welches Sie bald rechts vom Weg auf einem kurzen Pfahl sehen werden. Hier wächst weniger Fichten-, sondern mehr Laubwald. Bald dahinter kreuzt ein weiterer Weg, Sie gehen aber geradeaus weiter und auch hier finden Sie bald auf der rechten Wegseite das Symbol.

1,3 km, nachdem Sie die Wegkreuzung mit dem Parkplatz verlassen haben, überqueren Sie einen asphaltierten Weg. Direkt auf der gegenüberliegenden Straßenseite beginnt ein steiniger, bergab führender Pfad. Er ist nur wenige Meter lang und führt Sie zum Restaurant *Buitenlust*, Camering 11, NL-6294 NB Vijlen,)) www.buitenlust.nu, welches Sie von hinten erreichen. Sie verlassen nun auch den Fernwanderweg, der Sie hinter dem Restaurant nach rechts weiterführen möchte (siehe Wanderung 2).

Das Restaurant liegt an der Straße *Epenerbaan*, die Sie vor 1,56 km überquert haben. Von hier aus hat man wieder eine weite Aussicht ins Tal.

Nun wandern wir wenige Meter auf der *Epenerbaan* (wenn man mit dem Gesicht zum Restaurant steht, dann nach rechts), biegen dann wieder nach rechts in den *Belletterweg* und schon kurz danach noch einmal nach rechts in den Weg *Camering* ein.

Schon kurz, nachdem Sie in den *Belletterweg* eingebogen sind, sehen Sie auf der rechten Seite einen Schotterweg, der zunächst an einer Hecke entlangführt und von dem aus Sie weiterhin einen wunderbaren Fernblick haben. Rechts des Weges sehen Sie an einer Hecke wieder den blauen Pfahl, was bedeutet, dass wir uns wieder auf dem Wanderweg befinden, den wir an der *Epenerbaan* verlassen hatten, bevor wir den Hohlweg in den Wald genommen haben.

Wir wandern an Wiesen, Hecken und Obstbäumen vorbei, bis wir an eine Häusergruppe gelangen, von denen einige auch als Ferienhäuser (Vakantieappartementen Atelier Camering, Camering 1, NL-6294 Vijlen, 》 www.geuldal.com) zu mieten sind. Der Ort wirkt selbst bei Ausflugswetter extrem ruhig, idyllisch in die Natur eingebettet.

Weiter weist uns unser blau gestrichener Pfahl den Weg, der auf dieser Strecke in der Regel gut zu sehen ist. Der Weg führt zunächst 360 m geradeaus und dann auf den *Lingbergerweg* nach rechts. Wir wandern auf diesem Weg weitere 400 m und biegen dann scharf nach links ab. Der Weg, der uns durch die Häusergruppe führt, heißt zunächst weiter *Camering* und nach einer scharfen Biegung nach rechts *Lingbergerweg*. Ab der Biegung geht es geradeaus an weiteren ländlichen Gebäuden vorbei, bis wir nach 410 m an eine kleine Kreuzung kommen, an der wir links abbiegen. Auch hier werden Sie rechter Hand den blauen Pfahl entdecken.

Sie erwarten blumengeschmückte Häuser und ein wunderbarer Fernblick. Nun wandern wir auf einem steinigen Feldweg, von dem aus wir immer wieder eine grandiose weite Aussicht über die Landschaft genießen können. Auch auf dieser Teilstrecke begleitet uns der nun häufig sehr auffällig am Wegrand stehende blaue Pfahl. Schließlich ist der Weg nicht mehr asphaltiert und er wird immer schmaler, steiniger und ist manchmal sehr feucht. Wir wandern an Hecken und Wiesen entlang und immer wieder haben wir einen schönen Fernblick.

Am Ende dieses Weges geht es in einer Art Hohlweg bergab und wir erreichen hinter einem sehr nassen Teilstück ein Drehkreuz, welches uns auf die wunderschöne Wiese führt, über die wir zu Beginn unserer Wanderung gegangen sind.

Wir überqueren die Wiese und die schon vom Hinweg bekannte kleine Brücke über die Göhl, die auf der rechten Seite mit „unserem" Blau angemalt ist.

Nun wandern wir dieselbe Strecke zurück, von der aus wir gekommen sind: Wir gehen etwa 70 m lang auf dem schon bekannten schmalen Pfad geradeaus und biegen dann nach rechts in den *Plaatweg* ein. An der Kreuzung geht es nach rechts über die Brücke. Wir wandern an der Wassermühle vorbei, überqueren die Blumenwiese, halten uns links und gehen dann auf dem uns schon bekannten Pfad zwischen Hecken und Bäumen bis zu unserem Ausgangspunkt.

Auf dieser Strecke gibt es viele Einkehrmöglichkeiten. Interessant ist das Restaurant *Wingbergermolen*, in dem man auf gemütlichen Terrassen am Wasser der Göhl sitzen kann. Die Adresse ist: Terporterweg 4, NL-6285 NH Epen, Niederlande, Tel. 0031 (0) 43 455 9110, 》 www.wingbergermolen.nl.

Auch das etwas entfernter liegende Restaurant und Hotel *Inkelshoes*, Terzieterweg 12, NL-6285 NE Epen, Niederlande, Tel. 0031 (0) 43 455 1742, 》 www.hotel-inkelshoes.nl ist zu empfehlen. Von ruhigen Terrassen aus hat man einen sehr schönen Ausblick über die grüne Landschaft.

Als wir dort ankamen, brach für uns überraschend ein heftiges Gewitter los, welches ich noch von der Terrasse aus fotografieren konnte, bevor ich mich in Sicherheit brachte.

Rundwanderungen auf dem Fernwanderweg GR 128

Streifzüge durch die Euregio

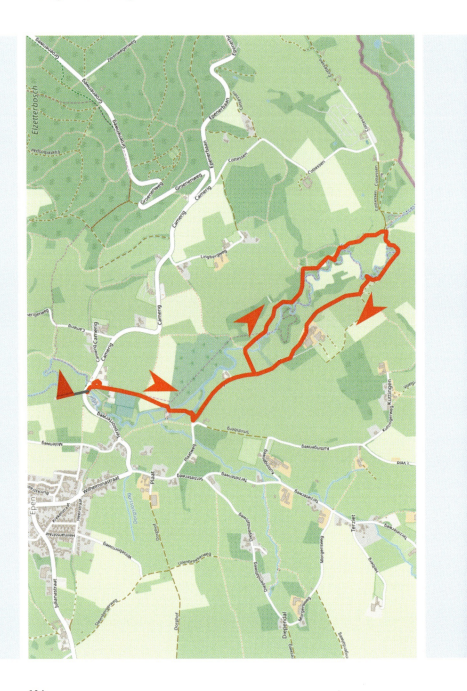

WANDERUNG 9: LEICHTE WANDERUNG DURCH DAS GÖHLTAL

GPS-Daten zu Wanderung 9:
Leichte Wanderung durch das Göhltal
http://download.m-m-sports.com/extras/streifzuege_euregio/W9.zip

Start und Ziel: Parkplatz beim Eiscafé *Wingbergerhoeve*, Camering 22, NL-6294 NB Vijlen

Länge: 5 km

Gehzeit: 1,45 Stunden

Eine sehr einfache Wanderung, gut für heiße Tage geeignet, man geht vorwiegend über Wiesen entlang der Göhl. Bei trockenem Wetter keine besondere Trittsicherheit oder Schuhwerk erforderlich. Auf einem Teil der Strecke können sich Rinder auf dem Weg befinden. Soweit mir bekannt, dürfen Hunde mitgeführt werden, halten Sie allerdings genügend Abstand zu den Rindern.

Die ersten 1,3 km dieser Wanderung decken sich mit der Wanderung 9: Wir parken auf dem oben genannten Parkplatz und folgen wieder den gelbroten Zeichen unseres Fernwanderwegs auf einem schmalen Pfad zwischen Laubbäumen in Richtung Süden. Sie finden den Pfad auf derselben Straßenseite, auf der sich der Parkplatz befindet, rechts vom dort befindlichen Verkaufsstand (wenn Sie mit dem Gesicht zum Verkaufsstand stehen) etwas hinter dem Parkplatz. Linker Hand haben Sie bald einen schönen, weiten Blick über Wiesen hinweg bis zum Wald, den wir in Wanderung 9 durchwandert haben.

Am Ende dieses Pfades gehen Sie durch ein Drehtor und erreichen eine Wiese, die wir auf dem Weg zur historischen Wassermühle *Volmolen* überqueren. Vom Parkplatz bis zu der Wassermühle sind es 500 m. Die letzten beiden Male, als wir diese Wiese überquert hatten, im Mai 2018 (Wanderungen 9 und 11), stand die Wiese voller wunderschöner Blumen. Als wir nun Ende August 2018 nach der wochenlangen Trockenheit in diesem Sommer dort waren, überquerten wir nur kurzes Gras.

Nach der Überquerung der Wiese erreichen wir einen schmalen, gepflasterten Weg, der uns über eine kleine Brücke an der Mühle vorbeiführt.

Eine Informationstafel erklärt uns, dass in den Jahren um 1807, als die Tuchindustrie in der Region bis hin nach Eupen und Monschau noch aktiv war, dies hier eine Walkmühle war. Zuerst wurden die Schafe geschert. Die Wolle wurde entfettet und gekämmt, gesponnen und dann auf Wandwebstühlen gewebt. Beim Walken wird der Stoff verdichtet und gepresst. Später wurden die Wolltuchstoffe noch gereinigt, geschoren und gefärbt.

Im Jahre 1870 wurde die Mühle nach zwei Bränden zu einer Kornmühle umgebaut. Die Mühle arbeitete so bis 1973, als sie ein weiterer Brand zerstörte. 1977 wurde die Mühle wieder restauriert und ist jeden Samstag von 10-16 Uhr zu besichtigen.

Der gepflasterte Weg führt uns weiter über eine kleine Brücke über die Göhl und dahinter biegen wir nach links ab in den *Plaatweg*. Ab hier folgen wir nicht mehr dem Zeichen des Fernwanderwegs. Von Beginn der Wanderung bis hier sind es 660 m. Nun folgen wir dem asphaltierten Sträßchen für weitere 470 m, dann führt ein ganz schmaler Pfad nach links zwischen Hecken hinunter zur Göhl, die wir auch schon von unserem Weg aus im Tal haben sehen können. Am Ende dieses Pfades überqueren wir auf einer kleinen Brücke die Göhl und biegen nach rechts ab.

Nun wandern wir über ein parkähnliches Gelände. Wir gehen über Wiesen und sehen rechts von uns immer wieder die Göhl, die sich durch das Tal windet. Sonnige und schattige Wegabschnitte wechseln sich ab und das Wasser der Göhl sorgt auch an einem heißen Tag wie dem, als wir diese Wanderung unternahmen, für ein angenehmes Mikroklima. Zwischen den verschiedenen Wiesenabschnitten befinden sich immer wieder kleine Drehkreuze.

Links des Weges erkennen Sie bald das geologische Monument *Heimantsgrove*. Man kann dort wunderbar die verschiedenen Gesteinsschichten in dieser Gegend sehen. Auf einem Schild wird erklärt, in welchem Erdzeitalter und wie die Schichten entstanden sind. Wer sich für solche Themen interessiert, sollte unbedingt die besonders beeindruckende Wanderung 27 durch die Mergelgrube bei Maastricht machen.

Weiter wandern wir über Wiesen, unter vereinzelten Bäumen und am Wasser entlang, bis wir an ein weiteres Tor gelangen. Dahinter beginnt ein Schotterweg, der an einem Fachwerkhaus vorbeiführt, in dem sich Ferienwohnungen befinden. Das Haus nennt sich *Bervesj Huis* und kann unter der Tel.-Nr. 0031 (0) 43 455 9075 gebucht werden. Kurz hinter dem Haus sehen wir auf der rechten Seite eine kleine Brücke über die Göhl.

Seitdem wir die Göhl das letzte Mal überquert haben bis hierhin, sind wir 1,17 km gewandert. Wir überqueren die Brücke und biegen nach 170 m auf einem sehr schmalen Pfad nach rechts ab. Als wir dort im Hochsommer unterwegs waren, blühten hier hochgewachsene rote Blumen. Wir wandern hier streckenweise direkt am Wasser entlang. Am Ufer stehen neben verschiedenen Büschen auch Weiden. Immer wieder sieht man kleine, verborgene Strände, die zum Verweilen einladen.

Nach einem weiteren Drehkreuz wandern wir über eine weitere große Wiese. Auf der rechten Seite sehen wir bald ein Schild, auf dem steht *Prive `t Zinkviooltje* und darunter sinngemäß, dass man hier aber durchgehen darf. Das Schild ist teilweise von Büschen verdeckt, sodass man nicht alles lesen kann.

Zunächst waren wir verunsichert und wollten uns schon einen anderen Weg suchen. Als wir dann doch weitergingen, sahen wir auf der linken Seite Campingwagen und auch ein Gebäude mit Gastronomie.

Es handelt sich hierbei, wie wir später feststellten, um eine Ferienanlage. Weitere Informationen hierzu erhalten Sie unter: ›› www.tergracht.nl. Die Adresse ist: Tergracht, Plaatweg 6, NL-6285 NK Epen, Tel. 0031 (0)43 455 27 62. Die Anlage liegt wunderbar ins Göhltal eingebettet, umgeben von Wiesen, Rinderweiden und Apfelbäumen. Weitere aktive Landwirtschaft gibt es hier auch, wie wir auf dem weiteren Weg feststellten, wo wir die Bauern bei der Arbeit beobachten konnten.

Futter für die Kühe: Die Bauern laden die Silage auf.

Hinter der Ferienanlage erreichen wir den *Plaatweg*, auf den wir automatisch stoßen, wenn wir die Wiese überqueren. Nun biegen wir nach rechts ab und wandern auf einem schmalen, asphaltierten Weg immer geradeaus. Wir sehen Felder, Apfelplantagen und Rinderweiden und können häufig im Hintergrund den Fluss erkennen.

Rinderfamilien auf einer Apfelwiese

1,45 km, nachdem wir die letzte Brücke über die Göhl überquert haben, erreichen wir die Stelle, an der wir auf dem Hinweg nach links, von uns aus gesehen, nun nach rechts abgebogen waren. Der weitere Weg ist uns nun schon bekannt. Wir erreichen nach weiteren 430 m die Kreuzung, an der sich rechter Hand der Weg zur Mühle und die bekannte Brücke befinden. Wir kommen wieder an der Mühle vorbei, überqueren die schon bekannte Wiese und erreichen den schmalen Pfad zwischen den Bäumen, der uns zu unserem Ausgangspunkt zurückführt.

Am Parkplatz befindet sich der schon von Wanderung 2 und 9 bekannte Stand, an dem man sehr leckeres Eis mit Früchten kaufen kann, weiterhin gibt es dort regionale Produkte, insbesondere Obst, und man bekommt dort sogar sehr guten Kaffee bzw. Espresso. Nach den Menschenschlangen zu urteilen, die man fast immer vor der Eistheke sehen kann, scheint der Ort sehr bekannt und beliebt zu sein. Hier haben wir mit einem Eis mit frischen Früchten und einem Kaffee, den, wie wir dachten, letzten heißen Tag des Sommers 2018 – Gewitter und starke Abkühlung war im Wetterbericht angesagt – und auch die letzte Wanderung für diesen Wanderführer ausklingen lassen.

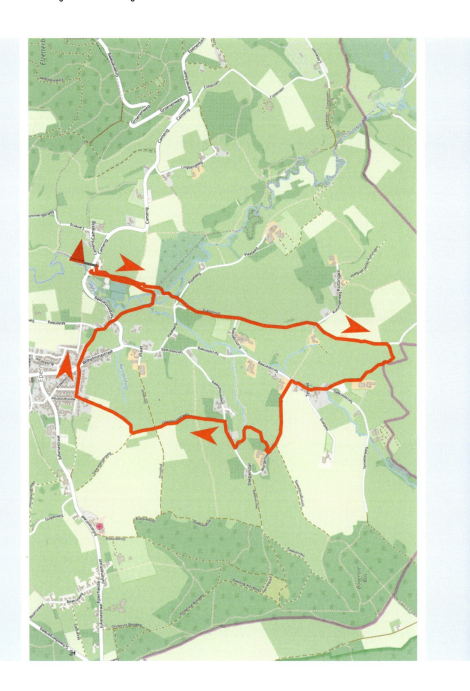

WANDERUNG 10: RUND UM EPEN

GPS-Daten zu Wanderung 10:
Rund um Epen
http://download.m-m-sports.com/extras/streifzuege_euregio/W10.zip

Start und Ziel: Parkplatz beim Eiscafe *Wingbergerhoeve*, Camering 22, NL-6294 NB Vijlen

Länge: 6,7 km

Gehzeit: 2 Stunden

Höhenwege mit enormer Aussicht, idyllische Dörfer, Wiesen, Feldwege und Bäche. Abgesehen von einigen rutschigen und steinigen Stellen sehr leicht zu gehende, häufig asphaltierte Strecke.

Hunde an der Leine sind erlaubt.

Diese Wanderung beginnt wie die Wanderungen 9 und 10. Wir finden wieder wenige Meter hinter dem Parkplatz den schmalen Pfad, der uns zunächst zwischen Bäumen hindurch, dann an Hecken und Rinderweiden entlang, zu einer großen Wiese führt. Auf dieser Wiese halten wir uns rechts, wobei uns auch das gelb-rote Zeichen des Fernwanderwegs GR 128 diesen Weg weist. Wir überqueren die im Sommer blumenreiche Wiese in die Richtung der Wassermühle *Volmolen*, deren Gebäude schon bald sichtbar sind. Am Ende der Wiese befindet sich ein Drehkreuz, welches uns zu einem schmalen, gepflasterten Pfad weiter zur Mühle leitet und schon bald sehen wir rechter Hand ein großes Mühlrad. Bis hier sind wir etwa 500 m gewandert.

Wir überqueren auf der Höhe der Mühle, die auch besichtigt werden kann, eine kleine Brücke, wandern auf einem asphaltierten Weg an der Mühle vorbei, wandern ein kleines Stück zwischen Hecken und überqueren eine weitere Brücke über die Göhl. Dahinter erreichen wir eine kleine Kreuzung asphaltierter Wege. Nun biegen wir nicht wie in den Wanderungen 9 und

10 nach ganz links in den *Plaatweg* ein, sondern wählen den zweiten Weg von links, der leicht bergauf führt und *Smidsberg* heißt. Ab hier begleitet uns wieder eine Wegmarkierung, und zwar ein blau gestrichener Pfahl, der aber manchmal wegen der Vegetation nicht leicht zu entdecken ist.

Bis hier sind wir insgesamt 690 m gegangen. Nach einem kurzen, asphaltierten Stück wandern wir auf einem Schotterweg, der vorwiegend geradeaus führt und von Hecken und Wiesen gesäumt ist. Nachdem wir 380 m auf diesem Weg gegangen sind, erreichen wir eine kleine Kreuzung und sehen rechter Hand einen kleinen Campingplatz. Hier führt ein Weg nach rechts ab, der *Kuttingerweg* heißt und bald wieder an den Ausgangspunkt zurückführt (dann immer rechts halten). Wir wandern aber an dieser Stelle weiter geradeaus. Unser Weg nennt sich nun *Kuttingerweg* und ist nun asphaltiert.

Auf beiden Seiten dieses Höhenweges haben wir nun eine extrem weite Aussicht. Wir wandern weitere 580 m geradeaus, bis wir eine Weggabelung erreichen. Nun verlassen wir den *Kuttingerweg* und biegen nach rechts in den Weg *Het Veld* ein. Bald werden Sie etwas überwachsen rechts neben dem Weg wieder unseren blau gestrichenen Pfahl entdecken. Auch von diesem Weg aus können Sie einen extrem Weitblick ins Tal genießen. Nachdem wir 690 m auf dem Weg *Het Veld* gewandert sind, entdecken wir rechter Hand ein Drehkreuz, neben dem deutlich sichtbar unser blauer Pfahl positioniert ist.

Am Tor ist ein humorvoll gestaltetes Schild angebracht, welches darauf hinweist, dass für Hunde auf der dahinter zu überquerenden Wiese Leinenpflicht besteht. Nun wandern wir in mehreren Etappen, die durch Drehkreuze unterbrochen werden, auf einem schmalen Pfad über die Wiese in nordöstliche Richtung bergab, wobei wir gelegentlich auch an friedlich grasenden Rindern vorbeikommen. Immer wieder können wir weit über die grüne Landschaft schauen. Nach einer Weile sind Gebäude zu sehen, auf die der Weg zu führt.

Schließlich erreichen wir ein weiteres Drehkreuz, welches mit der uns schon vertrauten blauen Farbe markiert ist. Hinter diesem beginnt ein schmaler Pfad, welcher hinter dem Gebäude nach rechts zu weiteren Wegabschnitten führt. Bald wandern wir am *Terzieterbach* entlang, der sich rechts von uns befindet und mal mehr oder weniger gut zu sehen ist. Wir gehen an Hecken und unter Bäumen entlang, bis wir einige Häuser sehen. Dort wandern wir weiter und erreichen die schmale Straße *Terzieterweg*, in die wir nach rechts einbiegen. Auch diese Straße ist sehr ruhig und führt an einigen alten Fachwerkhäusern und einer Kapelle vorbei. Schon bald verlassen wir den *Terzieterweg* wieder und biegen nach links in den *Morgensweg* ein. Vom Beginn der Wanderung über die Wiesen bis zu dieser Abbiegung sind wir 900 m gegangen. Am Beginn des *Morgenswegs* finden wir wieder unseren blauen Pfahl.

Nun wandern wir zwischen Wiesen und Hecken immer geradeaus auf einem asphaltierten Weg, an dessen Rand häufig Wildblumen zu finden sind und von dem aus sich immer wieder schöne Aussichten ergeben.

Immer wieder haben wir einen weiten Blick. Im Hintergrund sind Gewitterwolken zu sehen und wir hatten es nun sehr eilig.

Nachdem wir 500 m auf dem *Morgensweg* gegangen sind, entdecken wir rechter Hand kurz vor einem Gebäude ein Schild, auf dem steht *Bronnengebied Diependal* und rechts davon befindet sich ein gelbes Schild mit der

Aufschrift *Voetpad Moeglijk Begaanbaar*. Dazwischen führt ein schmaler Pfad nach rechts. Hier biegen wir ein und folgen dem häufig von Stacheldraht gesäumten Pfad, der zwischen Wiesen und Hecken hindurchführt, und nach etwa 240 m eine Biegung nach links macht (hier bitte nicht nach rechts abbiegen).

Auch hier hatten wir noch keinen Schutz vor dem kommenden Gewitter gefunden.

Nachdem wir insgesamt 410 m auf diesem Pfad gewandert sind, also den *Morgensweg* verlassen haben, erreichen wir den schmalen, asphaltierten Weg *Diependalsweg* auf der Höhe eines Brunnens, den *Fröschebron*. Hier biegen wir nach rechts ab. Wir sehen Kirschbäume, Rinderweiden und schöne Fachwerkhäuser. Manche Anwohner haben in ihren Vorgärten wunderschöne Blumen gepflanzt.

Nach 300 m auf dem *Diependalsweg* entdecken wir auf der linken Seite ein Drehkreuz, davor ein paar Stufen und wieder unseren blauen Pfosten. Hier müssen wir nach links rein und auf einem Pfad eine Rinderweide überqueren.

Dahinter erreichen wir einen Feldweg. Wir wandern 640 m immer geradeaus. Bei Unsicherheiten weist uns wieder unser blauer Pfahl den Weg. An einer Kreuzung der Feldwege sehen wir linker Hand ein Christuskreuz und kurz dahinter einen gelben, roten und wieder unseren blauen Pfahl. Dort wandern wir entlang. Der Weg führt zwischen Feldern hindurch und bietet wieder eine weite Aussicht.

Der Weg heißt *Witsebornsweg* und führt direkt in den Ort **Epen**. Wir stoßen, kurz nachdem wir die ersten Häuser passiert haben, auf die Straße *Heerstraat* und biegen hier rechts ab. Vom Verlassen des *Diependalswegs* bis hierhin sind wir 1,1 km gewandert.

Nachdem wir 210 m zwischen hübschen Einfamilienhäusern auf der *Heerstraat* gewandert sind, überqueren wir die *Wilhelminastraat*. Wir befinden uns hier im Zentrum des Ortes und, wer möchte, kann hier eine kleine Pause machen und sich alles ansehen. Nachdem wir die *Wilhelminastraat* überquert haben, sehen wir vor uns einen Pfad, der *Bovenpad* heißt. Es handelt sich um eine Art asphaltierten Hohlweg, der zwischen Laubbäumen hindurchführt. Am Eingang sind linker Hand ein gelber und unser blauer Pfahl zu sehen.

Der Hohlweg führt uns nach 260 m auf einen asphaltierten Weg, den *Molenweg*, in den wir nach rechts einbiegen und der uns an einigen Fachwerkhäusern vorbeiführt. Am Ende des Weges ist linker Hand das Restaurant des Hotels *De Smidse* zu sehen, auf dessen Terrasse die Gäste genießerisch in der Sonne saßen, als wir es passierten. Weitere Informationen: Hotel Herberg & Appartementen de Smidse, Molenweg 9, NL-6285 NJ Epen, » www.smidse.nl.

Auf Höhe des Restaurants überqueren wir den *Terpoorterweg* und gehen nun über eine riesige Wiese. Im Hintergrund ist die Wassermühle *Volmolen* zu erkennen, die wir schon vom Hinweg und auch den Wanderungen 2, 9 und 10 her kennen. Nach einer Weile sehen wir linker Hand den uns schon bekannten *Terzierbach*, den wir auf einer kleinen Brücke ohne Geländer überqueren. Schließlich erreichen wir die Mühle von hinten und ein kleiner Pfad führt über die Wiese nach links zu ihr hin.

Nach überstandenem Gewitter auf dem Weg zur Mühle

Wir überqueren noch eine kleine Brücke und wandern über einen kleinen Pflasterweg über den Innenhof der Mühle zurück auf den Weg, von dem aus wir die Wanderung begonnen haben. Nachdem wir den *Terporterweg* überquert haben, bis hier sind wir 330 m gegangen. Nun biegen wir links ab, überqueren auf Höhe der Mühle über eine kleine Brücke die Göhl, erreichen wieder die vom Hinweg her bekannte Wiese, die wir überqueren und wandern auf dem hinter der Wiese beginnenden Pfad bis zu unserem Parkplatz. Bei Unsicherheiten können Sie sich auf diesem Stück wieder an dem gelb-roten Symbol des Fernwanderwegs orientieren, diesmal in nordöstliche Richtung. Nach maximal 500 m haben Sie wieder den Parkplatz mit dem Eiscafé erreicht.

Rundwanderungen auf dem Fernwanderweg GR 128

Streifzüge durch die Euregio

WANDERUNG 11: TEUVEN – WALDRUNDE

GPS-Daten zu Wanderung 11:
Teuven – Waldrunde
http://download.m-m-sports.com/extras/streifzuege_euregio/W11.zip

Start und Ziel: *Café Modern* in Teuven, Teuven-Dorp 61, 3793 B-Voeren, Belgien, Tel. 0032 (0) 4 381 30 53, ›› www.cafemodern.be. Weitere Informationen in Wanderung 3 und 4.

Länge: 5,5 km

Gehzeit: 1,5-2 Stunden

Asphaltierte Dorfstraßen, Feld- und Waldwege, teils sehr schmal und gelegentlich steil auf- bzw. abwärts führend, viele Hohlwege, geologisch interessant, gelegentlich steinige Strecken, teils am Bach entlang und Überquerung kleiner Brücken. Rutschfeste Schuhe und Trittsicherheit erforderlich. Landschaftlich sehr reizvoll. Der erste Teil der Wanderung ist Teil des Fernwanderwegs GR 128 und von Wanderung 3.

Ein Hund kann mitgeführt werden.

Knotenpunkte: 85 – 84 – 83 – 89 – 88 – 86 – 85

Wir starten auf dem Parkplatz neben dem Café *Modern* und wandern auf der Straße *Teuven-Dorp* nach Südosten in Richtung des Ortes **Sinnich** und Knotenpunkt 84 des *Wandernetzwerks Voerstreek*. Nach 580 m biegen wir nach links in die *Kasteelstraat* ein. Rechts von uns sehen wir nun Wiesen und linker Hand befindet sich das Nonnenkloster „van Sinnich", von dem aber kaum mehr als ein Tor zu sehen ist. Nach weiteren 400 m erreichen wir den Wald. Auf einem Pfosten linker Hand weist uns eine Markierung in Richtung Knotenpunkt 84 nach links in einen Hohlweg.

Schon nach kurzer Zeit erreichen wir eine Abbiegung und hiermit auch Knotenpunkt 84. Der Weg geradeaus führt nach schon 2,1 km wieder zurück ins Dorf. Wir biegen hier aber rechts ab, folgen weiter dem steinigen und steilen Weg und erreichen 600 m vom Waldrand entfernt den Knotenpunkt 83. An dieser Stelle kreuzt ein breiter Wanderweg, in den wir nach links in Richtung Knotenpunkt 89 einbiegen.

Auf dem Hohlweg

Nun haben wir die steile Strecke überwunden und sehen rechts und links von uns Wiesen, die in dem extrem trockenen Sommer 2018, als wir hier unterwegs waren, sehr verdorrt wirkten. Rechter Hand kommen wir an einem alten Fachwerkhaus vorbei, dem *Driesenhof*, in dem man Ferienwohnungen mieten kann. Nach weiteren 400 m säumen wieder Bäume, vor allem Buchen, unseren Weg, deren Schatten wir an unserem heißen Wandertag dankbar genossen. Kurz nachdem wir nach weiteren 750 m einen asphaltierten Weg erreicht haben, sehen wir schon auf der linken Seite die Markierung von Knotenpunkt 89. Hier biegen wir nach links in einen weiteren Waldweg in Richtung Knotenpunkt 88 ein.

Nach einer Weile wird dieser Weg zu einem schmalen, bergab führenden Pfad und wir wandern im Schatten von Laubbäumen, unter denen teilweise hoher Farn steht. Nachdem unser Pfad immer mehr zu einem Hohlweg geworden ist, erreichen wir 900 m von unserem letzten Knotenpunkt entfernt den Bach *Gulp*. An dieser Stelle macht der Pfad eine Biegung nach rechts und führt zunächst steil aufwärts am Rande des hier noch kleinen Bächleins entlang. Der Weg führt weiter steil auf- und abwärts und man muss darauf achten, nicht über die hier befindlichen Wurzeln zu stolpern. Bei unserer Wanderung war der Weg staubig und sehr trocken. Bei Nässe sind hier rutschfeste Schuhe gefragt. Wir überqueren hier auch einige schmale Holzbrücken. Diese Strecke, auf der man etwas achtsam gehen sollte, ist nur 170 m lang.

Ab hier hat man es geschafft.

Nachdem wir die Gulp verlassen haben, wandern wir auf einem Feldweg weiter, von dem aus wir einen weiten Blick über Wiesen hinweg haben. Auch hier ist das Ausmaß der Trockenheit erkennbar.

Nachdem wir linker Hand den Eingang einer Wasserstation von *Aquafin* passiert haben, die strengstens gesichert ist, erreichen wir einen asphaltierten Weg und wenige Häuser des Ortes **Nurop**. Hier befindet sich der Knotenpunkt 88.

Wer die nächste Wanderung – siehe Wanderung 12 – anschließen will, kann hier geradeaus in Richtung Knotenpunkt 87 und 71 wandern.

Vom Knotenpunkt 89 bis hierhin sind wir 1,6 km gegangen. Nun biegen wir nach links ab und wandern auf der Dorfstraße, die *Nurop* heißt, in Richtung unseres Zielorts **Teuven**. Entlang der Straße sind nur wenige Häuser zu sehen. Nachdem wir nach 630 m eine Straße überquert haben, die rechter Hand *Varn Straat* und linker Hand *Hoofstraat* heißt, nennt sich unsere Straße *Teuven-Dorp* und es bleiben noch etwa 370 m, bis wir die *Sint-Pieterskerk* auf unserer linken Seite erreicht haben. An dieser Stelle führt rechter Hand ein Weg ab und dort befindet sich Knotenpunkt 86.

Wer die große Runde oder die Wanderung 12 gewandert ist, erreicht ab hier wieder den Ort. Wir bleiben auf dem Bürgersteig, gehen an der Kirche vorbei, wobei der Weg eine Kurve nach links macht. Nur etwa 110 m von dieser Kurve entfernt sehen wir schon rechter Hand den idyllischen Ortskern von **Teuven**. Auf der linken Seite der Dorfstraße ist schon unser Ziel, das Café *Modern*, zu sehen, hinter dem sich unser Parkplatz befindet. Hier haben wir auch Knotenpunkt 85 erreicht.

Nun können wir in einem der vielen, im Ortskern befindlichen, netten Cafés oder Restaurants unsere Wanderung ausklingen lassen.

Streifzüge durch die Euregio

WANDERUNG 12: TEUVEN – DE PLANK – TEUVEN

GPS-Daten zu Wanderung 12:
Teuven – De Plank – Teuven
http://download.m-m-sports.com/extras/streifzuege_euregio/W12.zip

Start und Ziel: Café *Modern* in Teuven, Teuven-Dorp 61, B-3793 Voeren, Belgien, Tel. 0032 (0) 4 381 30 53, ›› www.cafemodern.be. Weitere Informationen in Wanderung 3 und 4.

Länge: 6,4 km

Gehzeit: 2 Stunden

Sehr leicht zu gehende Wanderung, keine schwierigen Stellen, vorwiegend Höhenwege mit wunderbarer Fernsicht, teilweise asphaltierte Wege, sehr wenig Schatten. Hunde dürfen an der Leine mitgeführt werden.

Knotenpunkte: 85 – 86 – 88 – 87 – 71 – 72 – 73 – 86 – 85

Wir starten auf dem Parkplatz unmittelbar neben dem Café *Modern* und wandern am Café vorbei in nordwestliche Richtung.

Nach 120 m erreichen wir eine Kreuzung zwischen der Straße *Teuven-Dorp*, auf der wir uns befinden, und der Straße *Gieveld*, die nach rechts abbiegt. Hier befindet sich auch der Knotenpunkt 85. Hier biegen wir links ab und folgen der Straße *Teuven-Dorp* für weitere 130 m und haben vor der Kirche Sint Pieter, die sich rechts von uns befindet, den Knotenpunkt 86 erreicht. Die Straße macht an dieser Stelle eine scharfe Rechtskurve. Nun folgen wir der Dorfstraße für einen Kilometer in Richtung Knotenpunkt 88. Nach 400 m überqueren wir die *Hoofstraat* und unser Weg heißt ab hier *Nurop*. Es handelt sich hier um eine wenig befahrene und bebaute Dorfstraße, die allerdings von sehr flott fahrenden Fahrradfahrern gern benutzt wird.

Am Knotenpunkt 88, den wir 630 m nach Überquerung der *Hoofstraat* erreichen, biegen wir nach links ab und erreichen nach nur wenigen Metern Knotenpunkt 87. Nun geht es auf einem Höhenweg immer geradeaus an Wiesen und einer Apfelplantage vorbei in Richtung Knotenpunkt 71. Gelegentlich sehen wir schön restaurierte Fachwerkhäuser, deren Gärten an dem schönen Sommertag, an dem wir unterwegs waren, voller Sommerblumen standen.

Bei schönem Wetter hat man hier eine kilometerweite Fernsicht über Wiesen und Wälder hinweg und sieht im Tal auch die Kirche von Teuven.

Nach 1,4 km erreichen wir die Straße N 648, die wir überqueren. Wir haben nun Knotenpunkt 71 erreicht. An etwas Bebauung geht es nun 300 m geradeaus in Richtung Knotenpunkt 72 in den Ort **De Plank**. Der Pfosten, der den Knotenpunkt 72 anzeigt, steht auf der rechten Straßenseite und ist leicht zu übersehen. Sie biegen hier nach links in einen schmalen, asphaltierten Weg ein in Richtung Knotenpunkt 73. Nach einigen wenigen Häusern endet die Bebauung und es geht auf einem Feldweg, über eine Wiese und am Rande eines Maisfeldes auf einem noch schmaleren Pfad weiter. Der Weg führt vorwiegend geradeaus.

Nach 800 m erreichen Sie an einem Waldrand und einem sehr kleinen, asphaltierten Weg den Knotenpunkt 73. Hier steht an einer schönen, schattigen Stelle eine Bank, die wir erst einmal für eine Rast nutzten, da wir an einem heißen Julitag bisher in der vollen Sonne unterwegs waren. Nach der Rast biegen wir, von unserem letzten Weg aus gesehen, nach links ab. Nun weisen uns nicht nur das Knotenpunktsystem, sondern auch die rot-weißen Streifen des Fernwanderwegs den weiteren Weg in Richtung Knotenpunkt 86. Wir wandern 260 m am Waldrand entlang, der sich rechts von uns befindet, und gehen dann nach rechts auf einem Waldweg in den Wald hinein. Ein Pfosten auf der rechten Seite mit den entsprechenden Symbolen weist uns deutlich den richtigen Weg. Nun wandern wir unter Laubbäumen, deren Schatten wir sehr genießen.

Nach 300 m überqueren wir wieder die Straße N 648 und wandern geradeaus durch den Wald weiter. 320 m nach Überquerung der Straße macht unser Weg eine scharfe Biegung nach links. Wir gehen hier zunächst noch auf einem schmalen Pfad am Waldrand entlang, der später an Wiesen und Maisfeldern entlangführt.

Wieder können wir eine wunderbare Fernsicht über Wiesen und Wälder genießen. Der Weg wird breiter und rechts und links des Weges sind vermehrt Sommerblumen zu sehen. Es ist ein wunderschöner, sandiger Weg, auf dem aber auch gelegentlich Feuersteine (Silex) zu sehen ist.

Ungefähr 800 m, nachdem wir den Wald verlassen haben, biegt unser Weg scharf nach rechts ab und nach weiteren 110 m scharf nach links. Dies sollte uns aber nicht irritieren, da wir auf dem Hauptweg Richtung Knotenpunkt 86 bleiben. Schließlich erreichen wir 2,5 km nach dem Knotenpunkt 73 wieder unseren Ausgangsort **Teuven** und sehen schon von Weitem den Kirchturm. Auf dem Weg dorthin kommen wir an mehreren Bauernhäusern vorbei. In einer Hütte kann man regionale frische Butter und Käse in Selbstbedienung kaufen, was wir nur aufgrund der großen Hitze nicht gemacht haben.

Wir laufen auf die Kirche Sint Pieter zu, haben dort Knotenpunkt 86 erreicht und biegen nun nach rechts ab in Richtung Knotenpunkt 85. Dort sehen wir schon bald auf der linken Seite der Dorfstraße unser Ziel, das Café *Modern*, aber auch einige andere interessante und einladende Cafés und Restaurants.

Nach unserer Aufzeichnung dieser Wanderung genossen wir auf der schattigen Terrasse des Cafés unser Eis, Espresso und sogar noch eine typisch belgische „Fritte" und ließen so den Tag ausklingen.

Rundwanderungen auf dem Fernwanderweg GR 128

KOMBINATION WANDERUNG 11 UND WANDERUNG 12

GPS-Daten zu Kombination Wanderung 11 und 12

http://download.m-m-sports.com/extras/streifzuege_euregio/W11_12.zip

Start und Ziel: Café *Modern*, siehe Wanderung 11 und 12

Länge: 9,5 km

Gehzeit: 3,5 Stunden

Folgen Sie hier bitte der Beschreibung von Wanderung 11 von Knotenpunkt 85 bis zum Knotenpunkt 88 und dann der Wanderung 12 von Knotenpunkt 88 bis Knotenpunkt 86 und 85. Hunde dürfen an der Leine mitgeführt werden.

Knotenpunkte: 85 – 84 – 83 – 89 – 88 – 87 – 71 – 72 – 73 – 86 – 85

Streifzüge durch die Euregio

WANDERUNG 13: SINT-MARTENS-VOEREN – VEURS – SINT-PIETERS-VOEREN – SINT-MARTENS-VOEREN

GPS-Daten zu Wanderung 13: Sint-Martens-Voeren – Veurs – Sint-Pieters-Voeren – Sint-Martens-Voeren
http://download.m-m-sports.com/extras/streifzuege_euregio/W13.zip

Start und Ziel: *Sint-Martinuskerk*, Komberg 33, B-3790 Voeren, Belgien

Länge: 8 km

Gehzeit: 3 Stunden

Wald, Hohl- und Höhenwege, die Wege sind manchmal sehr steinig und feucht, idyllische Dorfstraßen, häufig wunderbare Fernsicht.

Hunde können mitgeführt werden. Gute Schuhe und Trittsicherheit sind erforderlich.

Knotenpunkte: 54 – 67 – 66 – 65 – 64 – 63 – 62 – 60 – 55 – 47 – 91 – 48 – 54

Es gibt viele Verlängerungsmöglichkeiten. Ein Vorschlag: 54 – 67 – 66 – 65 – 64 – 63 – 61 – 59 – 56 – 55 – 47 – 91 – 48 – 54. In diesem Fall beträgt die Länge der Wanderung 12,3 km. Hinzu kommen Waldwege mit Steigungen.

Normalerweise ist diese Gegend sehr einsam. Man trifft Wanderer und Touristen, aber in einem eher geringen Ausmaß. Dass, wie unten beschrieben, an einem belgischen Feiertag praktisch alles ausgebucht war, habe ich ansonsten in der Gemeinde Voeren nie erlebt.

Wir starten unsere Wanderung in dem Ort **Sint-Martens-Voeren**. Von der *Sint Martenstraat*, die in den Ort hineinführt, biegen wir bei Anfahrt mit dem Auto nach rechts in die *Kerkstraat* ein. Wir sehen schon nach wenigen

Metern auf der linken Seite die *Sint-Martinuskerk*, biegen aber nicht nach links in die Straße *Komberg* ein, sondern nach rechts in die Straße *Kwinten*. 220 m nach der Abbiegung in die Straße *Kwinten* sehen Sie auf der rechten Seite einen kleinen Parkplatz. Hier ist der Knotenpunkt 54, wie Sie an der Markierung an einem kleinen Pfahl sehen können und hier beginnt unsere Wanderung.

Zunächst führt uns ein schattiger Hohlweg leicht bergauf, bis wir nach 703 m eine kleine Straße erreichen, von der aus man einen weiten Blick ins Tal hat. Linker Hand heißt sie *Kwinten*, rechter Hand *Ulvend*. Wir betreten aber die Straße nicht, sondern biegen direkt wieder nach rechts in einen weiteren Pfad ein, der zwischen Bäumen und Büschen hindurchführt. Nach etwa 300 m erreichen wir eine Wiese, über die uns unser Pfad führt, wobei uns hier wieder eine beeindruckende Fernsicht begleitet. Nachdem wir ein weiteres Stück Weg am Waldrand entlanggegangen sind, erreichen wir insgesamt 1,6 km vom Ausgangspunkt entfernt wieder einen schmalen, asphaltierten Weg. Auf einem Straßenschild steht *Eiken*. Linker Hand sehen Sie ein kleines Haus, welches zu großen Teilen aus Feuerstein erbaut ist (siehe auch Wanderung 3).

An dieser Stelle sehen wir rechter Hand einen auffälligen Pfosten, auf dem der Knotenpunkt 67 markiert ist, an dem wir uns nun befinden und der uns den weiteren Weg in Richtung Knotenpunkt 66 weist. Eine dort befindliche Informationstafel gibt uns Informationen über den *Broekbos*, den Wald, den wir nun weiter durchwandern.

Nachdem wir bisher vorwiegend bergauf gewandert sind, führt ein zunächst bequem zu gehender Waldweg immer steiler bergab, wobei er immer schmaler und steiniger wird und man sich schon etwas konzentrieren muss, um nicht zu stolpern. Nach 500 m endet dieses Teilstück am Knotenpunkt 66.

Wir haben nun die Dorfstraße *Krindal* erreicht und biegen hier nach links ab. Nun kommen wir an wunderschönen, mit Blumen geschmückten, traditionellen Häusern vorbei. Im weitläufigen Garten eines der Häuser war eine öffentlich zugängliche Kunstausstellung zu bewundern, die wir uns auch angesehen haben. Die Objekte waren interessant und originell. Wer sich für derartige Aktionen interessiert, kann sich unter 》 www.shopsheim.be weiter informieren.

Eine Ausstellung im Garten

An der Dorfstraße

Nachdem wir die Häuser hinter uns gelassen haben, kommen wir linker Hand an Weinfeldern vorbei. Nun müssen wir 410 m, nachdem wir in die Dorfstraße eingebogen sind, diese auch schon wieder verlassen und biegen kurz vor einem sich rechter Hand befindlichen Haus nach rechts in einen Feldweg ein.

Leider hatten wir an unserem Wandertag Pech mit für diesen Sommer ungewöhnlich trüben Lichtverhältnissen. Bei schönem Wetter beginnt nun ein wunderschöner Weg, der teils an Wiesen entlangführt, teils am Waldrand. Fotos hiervon finden Sie auch bei Wanderung 3. Die Strecke ist abwechslungsreich und beschert uns immer wieder eine schöne Aussicht. Am Wegrand befindet sich eine Informationstafel, die uns darüber aufklärt, dass wir uns nun im *Veursvallei* befinden, also im Tal des Flusses *Veurs*, der dieser Gemeinde ihren Namen gab. Wir erreichen nach 930 m den *Tunnel van Veurs*, einen Eisenbahntunnel. Hier befindet sich auch Knotenpunkt 65 und wir wenden uns hinter dem Tunnel nach rechts in Richtung Knotenpunkt 64.

Schon bald kommen wir an einer interessant gestalteten, hölzernen Sitzgruppe vorbei, in deren Zentrum sich eine Karte befindet, welche auf ein grenzübergreifendes Wasserschutzprojekt hinweist. Bei Interesse kann man sich unter)) www.aquadra.eu weiter informieren.

Bald wird unser Weg zu einer schmalen, asphaltierten Straße, die an traditionellen Fachwerkhäusern vorbeiführt. Rechter Hand sehen wir in einem Fachwerkhaus das Hotel *De Veurzerbron*, Veurs 29, B-3790 Voeren, Belgien, Tel. 0032 (0) 4 381 10 40,)) www.veurzerbron.be, wo man auch einkehren kann. Auf mehreren einladenden Innenterrassen wird eine reichhaltige Auswahl an Speisen und Getränken angeboten. Weil wir noch eine längere Strecke zu gehen hatten, sind wir hier nicht eingekehrt, was wir später bereuten. Nachdem wir an dem einladenden Ort vorbeigewandert sind, führt uns der Weg an Wiesen und Hecken entlang. Gelegentlich sieht man weitere schöne, kleine Fachwerkhäuser.

Manche Häuser sind hinter hohen Hecken versteckt. Wir wandern an den kurz hintereinanderliegenden Knotenpunkten 64, 63 und 62 an einzelnen Häusern, Weiden, Obstwiesen und Rapsfeldern vorbei in Richtung Knotenpunkt 60. Wir erreichen wieder einen Höhenweg mit wunderschöner Fernsicht.

Durch die vielen sonnigen Tage des Sommers 2018 waren wir allerdings viel bessere Lichtverhältnisse gewöhnt, was den Genuss der Aussichten etwas schmälerte. Dafür war es aber nicht mehr so heiß wie bei früheren Wanderungen. Bald können wir im Tal den Ort **Sint-Pieters-Voeren** sehen. Nachdem wir die *Sint-Pieterstraat* erreicht haben (die Zeichen des Knotenpunktsystems zeigen uns auch hier zuverlässig den Weg), biegen wir nach rechts ab. Wir bleiben nur 140 m auf dieser Straße und schon weist uns die Markierung des Knotenpunktsystems den Weg nach links. Vor der Abbiegung sehen wir rechter Hand die sehr kleine, aber gemütlich aussehende *Casterij De Commanderie*, Sint-Pieterstraat 15, B-3792 Voeren, Belgien, Tel. 0032 (0) 4 381 01 93, 〉〉 www.commanderie.be, welche aber geschlossen hatte, als wir dort waren.

Nach links weisen uns mehrere Schilder zu einer Fischzucht, die wir nach weiteren 170 m erreichten. Die sehr schöne, in einem Park mit mehreren Seen liegende Anlage verfügt über ein weitläufiges Restaurant und Café. Von hier aus ist das *Schloss de Commanderie* (B-3792 Voeren, Belgien) zu sehen. Weitere Informationen zu dem Schloss finden Sie unter 〉〉 www.trois-frontieres.be.

Voller Vorfreude betraten wir die Anlage, auf der es auch ein kleines Fischgeschäft gibt. Erstaunlicherweise war auf den vielen Terrassen kein Tisch frei und es wurde auch in absehbarer Zeit kein Tisch angeboten, sodass wir mittlerweile hungrig und enttäuscht weiterzogen. Dennoch möchte ich Ihnen Informationen zu dieser beeindruckenden Gastronomie nicht vorenthalten. Sie heißt *Commanderie 7 – Pisciculture de la Commanderie – Viskwekerij De Commanderie*, Commanderie 7, B-3792 Voeren, Belgien, Tel. 0032 (0) 4 381 14 30, 〉〉 www.commanderie7.com. Nach unserer Erfahrung zu urteilen, ist es auf jeden Fall sinnvoll, vorher anzurufen, wenn man dort einkehren möchte.

Nach weiteren 220 m erreichen wir die Dorfstraße *Veld* und biegen hier rechts ab. An dieser Stelle befindet sich Knotenpunkt 60 und wir wandern weiter Richtung Knotenpunkt 55. Wir kommen an einem großen landwirtschaftlichen Betrieb vorbei, auf dessen Weiden viele Milchkühe zu sehen sind. Bald sehen wir rechter Hand das Hotelrestaurant *De Cantarel*, Berg 17, B-3790 Voeren, ⟫ www.decantarel.be, welches mit seinen Gartenterrassen auch sehr einladend aussah. Auch dieses Restaurant war absolut ausgebucht. Unser weiterer Weg führte uns idyllische Dorfstraßen und einen weiteren Feld- und Hohlweg entlang und schließlich unter dem Eisenbahnviadukt von **Sint-Martens-Voeren** hindurch in den gleichnamigen Ort.

Ich zitiere hier sinngemäß, was auf einer Informationstafel hinter dem Viadukt geschrieben steht: Das Viadukt ist 18-23 m hoch und überspannt das Tal des Flüsschens Voer. Es verdankt seine Existenz der Besetzung Belgiens durch die Deutschen im Ersten Weltkrieg. Nachdem die Deutschen am 4. August 1914 in Belgien einmarschierten, wurde diese neue Eisenbahnlinie aus wirtschaftlichen Gründen angelegt.

Nur 100 m hinter dem Viadukt erreichen wir den Ortskern und Knotenpunkt 91. Wir halten uns rechts und können nun dem Knotenpunkt 48 und kurz danach Knotenpunkt 54 folgen oder wir biegen erst nach rechts ab und dann direkt wieder nach links in die *Kerkstraat* ein, dann wieder nach rechts in die Straße *Kwinten* und haben nach 400 m unseren Ausgangspunkt und Ziel – Knotenpunkt 54 – in der Nähe der *Sint-Martinuskerk* erreicht.

Da wir leider unsere Gelüste nach Kaffee und Kuchen oder Eisbecher immer noch nicht hatten befriedigen können, fuhren wir mit unserem Auto 3,9 km nach *`s-Gravenvoeren*, welches wir in sechs Minuten erreicht hatten. Dort gibt es neben anderen interessanten Einkehrmöglichkeiten das schon wiederholt erwähnte, wunderschöne Café mit Innenhof *De Swaen*, Kinkenberg 7, B-3798 Voeren. Obwohl an diesem belgischen Feiertag (15.8.18) auch dieses Café sehr gut besucht war, bekamen wir mit Blick auf eine Kapelle gegenüber und das Flüsschen Voer noch einen schönen Tisch und zu unserer Freude kam auch noch die so vermisste Sonne heraus. Mit unserem Espresso und zwei wunderbaren Eisbechern mit frischen Früchten ließen wir den Tag entspannt ausklingen.

WANDERUNG 14:
BESUCHERZENTRUM UND NATURKUNDLICHES MUSEUM VOERSTREEK UND ZWEI KLEINE WANDERUNGEN BEI 'S-GRAVENVOEREN

Das Besucherzentrum befindet sich im Zentrum von *'s-Gravenvoeren*, direkt gegenüber der *Sint-Lambertuskerk*. Die Adresse ist: Pley 13, B-3798 's-Gravenvoeren, Tel. 0032 (0) 4 381 07 36. Mit wenigen Ausnahmen ist das Zentrum täglich bis 17 Uhr geöffnet.

Weitere Informationen über: info@voerstreek.be und ❱❱ www.voerstreek.be.

Im Besucherzentrum werden Wanderer gerne beraten, es gibt Karten und Informationsmaterial zu kaufen, aber auch regionale Produkte, wie z. B. Apfelwein oder Honig.

Eine besondere Attraktion ist das *Wandernetzwerk Voergebiet* und die dazugehörige Wanderkarte. 124 km Wanderrouten wurden vor allem durch den auf Eigeninitiative beruhenden Verein **Tourisme Voerstreek** durch ein Knotenpunktsystem verbunden, welches es dem Wanderer äußerst leicht macht, eigene Wanderungen zu kreieren. Verlaufen ist praktisch unmöglich. Die Karte ist im Besucherzentrum zu erhalten. Mit dem Kauf der Karte unterstützen Sie den Verein und den Erhalt des Wandernetzwerkes. Ich habe diese sehr übersichtliche Karte bei allen Wanderungen für dieses Buch in der Gemeinde Voeren genutzt und möchte Sie Ihnen sehr gerne empfehlen.

Besonders interessant ist das **Museum** im Besucherzentrum des Vereins. Der Besuch ist kostenlos, eine kleine Spende für den Verein ist aber willkommen.

Die Räumlichkeiten machen einen sehr freundlichen Eindruck. Das Museum ist klein, aber sehr übersichtlich gestaltet und die Informationen sind sehr fundiert und trotzdem klar und einfach dargestellt. Sehr hilfreich ist eine große Übersichtskarte über das Gebiet der Euregio. Eine weitere, sehr gute Idee sind verschiebbare geologische Tafeln, auf denen die Landschaft der Euregio in verschiedenen Erdzeitaltern dargestellt wird. Vor 85 Millionen Jahren hatte ein Meer den Großteil der heutigen Euregio bedeckt. Sowohl

Aachen als auch Maastricht, aber auch der größte Teil der Gemeinde Voeren lag im Wasser.

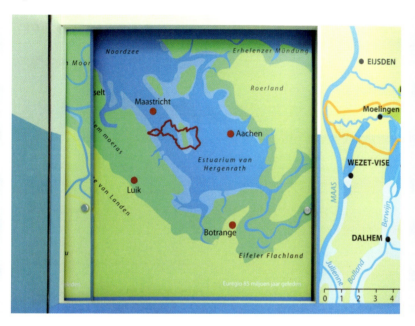

Unser Wandergebiet vor 85 Millionen Jahren (Foto im Naturkundemuseum des Tourisme Voerstreek)

Bei seinem Rückzug in den folgenden Jahrmillionen und in der Folge der später folgenden Eiszeiten mit seinen starken Eiswinden hinterließ das Meer verschiedene Schichten der für die Gegend charakteristischen Ablagerungen. Diese sind in Gefäßen zu sehen und zu ertasten, wie Lehm, Mergel, Silex, Vaalser Grünsand und Maasgrind. Es wird mittels weiterer Tafeln und Modellen erklärt, wie sich diese Ablagerungen im Zusammenspiel mit zusätzlichen Einflüssen auf die Entstehung der heutigen Landschaft ausgewirkt haben.

Weitere Bereiche des Museums zeigen die hier heimischen Pflanzen und Tiere, historisch wichtige Gebäude und die für diese Gegend typische Bauweise der Fachwerkhäuser. Die Art der Darstellung ist vielfältig und häufig interaktiv, sodass sie auch für Kinder interessant ist.

Streifzüge durch die Euregio

Ein weiterer Schwerpunkt der Ausstellung bezieht sich auf die Produktion der regionalen Produkte. Obst- und Weinanbau ist aufgrund des milden Klimas und der Bodenverhältnisse hier sehr verbreitet. Ich habe mir direkt mal eine Flasche des regionalen Apfel-Birnen-Weins gekauft.

Leider ist es an dieser Stelle nicht möglich, alles zu beschreiben. Daher sehen Sie selbst: Ein Besuch lohnt sich!

ZWEI KLEINE RUNDEN UM 'S-GRAVENVOEREN

GPS-Daten zu Wanderung 14.1

http://download.m-m-sports.com/extras/streifzuege_euregio/W14_1.zip

Start und Ziel: *Touristeninformation und Museum Voerstreek,* s. o.

Aufgrund der Wetterverhältnisse – es bestand wie so oft zu Beginn des Sommers 2018 Gewitterwarnung – haben wir uns entschieden, statt einer längeren zwei kürzere Wanderungen zu machen, sodass wir im Notfall – immer den Himmel und die Unwetter-App auf meinem Smartphone im Blick – rechtzeitig Schutz suchen konnten.

Erste Wanderung: 3 km

Gehzeit: 1 Stunde

Vorwiegend leichte Wanderung, der Hund an der Leine darf mitgeführt werden.

Knotenpunkte: 24 – 18 – 16 – 17 – 25 – 24. Viele Hohlwege, schattige Wege, Dachsbauten, an manchem Stellen geologisch interessant.

Wir starten am *Touristeninformationzentrum Voerstreek* gegenüber der Kirche. Vor dem Zentrum ist eine große Wanderkarte zu sehen, an der man sich orientieren kann. Wir wandern wenige Meter in östliche Richtung und biegen dann nach links in die Straße *Klinkenberg* ein. Rechts neben der Einbiegung ist ein kleiner Supermarkt, der „Supermarkt Voeren", und links das *Eetcafé Der Pley* zu sehen. Nach knapp 100 m sehen Sie eine alte Kapelle und daneben das sehr nette, schon oft erwähnte Restaurant *De Swaen*. Hier werden Sie auch die Zeichen unseres Knotenpunktsystems sehen. Wir biegen nach links in die Dorfstraße *Konijngsberg* ein und folgen Knotenpunkt 18.

Nun wandern wir zunächst an einigen Häusern entlang, bis wir rechter Hand einen kleinen Friedhof erreichen. Dort wandern wir weiter geradeaus, wobei wir nun rechter Hand eine Mauer haben und links einen mit vielen Büschen zugewachsenen Zaun. Am Ende dieses Stücks führt eine gut gesicherte Treppe einige Stufen bergab. Wir sind hier immer noch unterwegs zu Knotenpunkt 18, wohin uns regelmäßig Schilder auf Pfosten leiten. Wir wandern nun eine Art Sandweg leicht bergauf, wobei wir an beiden Seiten Bäume und Büsche sehen, bis wir auf einen kreuzenden Weg treffen, an dem sich eine Pferdeweide befindet.

Hier befindet sich der Knotenpunkt 18 und schon kurz dahinter Knotenpunkt 16, an dem wir links abbiegen. Nun wandern wir auf einem Schotterweg an teilweise sehr imposanten Gebäuden vorbei, deren Bewohner wohl äußerst wohlhabend zu sein scheinen, bis wir den *Moelingerweg* erreichen, den wir überqueren. Wir gehen wenige Meter nach rechts und biegen nach links in einen Weg ein, der *Hoffert* heißt. Auch unser weiterer Weg führt uns zwischen Hecken und Bäumen, bis wir Knotenpunkt 17 erreichen. Hier biegen wir scharf links ab in Richtung Knotenpunkt 25.

Nun wandern wir auf einem schmalen Pfad, der wieder von Hecken und Bäumen gesäumt ist. Häufig wird er auch zu einem Hohlweg. An vielen Stellen sind hier Dachs- und Fuchsbauten zu finden. Nachdem wir 880 m auf diesem Pfad gewandert sind, überqueren wir die *Boomstraat* und haben Knotenpunkt 25 erreicht. Dort führt der Weg geradeaus hinter einer Mauer und an einer rot-weißen Schranke vorbei auf die Straße *Mennekesput*. Nach 140 m führt er uns nach links Richtung Knotenpunkt 24. 440 m nach Überquerung der *Boomstraat* haben wir die Straße *Pley* und damit das Zentrum von `s-Gravenvoeren erreicht, in dem sich gegenüber der weithin sichtbaren Kirche auch unser Ziel, das Besucherzentrum, befindet.

Bevor wir unsere Wanderung fortsetzten, machten wir erst einmal in unserem Lieblingsrestaurant *De Swaen* eine Kaffeepause und genossen mit frischen Erdbeeren garnierte Eisbecher.

Gestärkt machten wir uns nun auf zum zweiten Teil der Wanderung.

Streifzüge durch die Euregio

WANDERUNG 14.2

GPS-Daten zu Wanderung 14.2

http://download.m-m-sports.com/extras/streifzuege_euregio/W14_2.zip

Start und Ziel: *Besucherzentrum* in 's-Gravenvoeren (s. o.)

Länge: 3,3 km

Gehzeit: 1,5 Stunden

Knotenpunkte: 24 – 28 – 27 – 29 – 31 – 28 – 24

Hochebene, Getreidefelder, Obstanbau, wunderbare weite Fernsicht. Hunde an der Leine dürfen mitgeführt werden.

Wenn Sie vom Naturzentrum auf der Straße *Pley* ins Zentrum von **'s-Gravenvoeren** kommen, dann wandern Sie in östliche Richtung (in Richtung Aachen), wobei die Straße bald *Bovendorp* heißt.

Wenn Sie vom Restaurant *De Swaen* kommen, biegen Sie nach links auf die Straße *Bovendorp* ab. Schon nach wenigen Metern biegen wir wieder nach rechts ab. Wir haben diese Stelle zunächst übersehen. Achten Sie auf das Zeichen von Knotenpunkt 28 an einer Hausmauer. Die Stelle befindet sich direkt gegenüber einem Haus, an dessen großem Tor *The Golden Horse* steht. Zunächst wandern wir auch hier wieder auf einem Feldweg, der von beiden Seiten mit Büschen und Bäumen bewachsen ist.

Auch hier sind an einigen Stellen die verschiedenen, im Museum beschriebenen Erdschichten und sogar Dachsbauten zu sehen. Wir erreichen einen asphaltierten Fahrradweg und an dieser Stelle auch den Knotenpunkt 28. Wir überqueren den Weg und wandern auf einem grasbewachsenen Pfad inmitten von riesigen Wiesen in Richtung Knotenpunkt 27. Ab hier haben wir einen wunderbaren Fernblick. Am Rande des Weges sind häufig

Sommerblumen zu sehen. Auch dieser Weg wird streckenweise auf beiden Seiten durch Büsche gesäumt. An einer Abbiegung (links halten) weisen uns wieder die Markierungen mit den Knotenpunkten zuverlässig den Weg. Wir passieren Knotenpunkt 27 und wandern an großen Getreidefeldern, später einer kleinen Kuhweide und Obstwiesen vorbei.

Schließlich erreichen wir Knotenpunkt 29 und direkt dahinter Knotenpunkt 31. Hier befindet sich eine Kapelle. An Knotenpunkt 31 biegen wir nach links ab. Nun befinden wir uns auf dem schmalen, asphaltierten Weg, den wir soeben überquert hatten. Wir wandern an Getreide- und Maisfeldern vorbei. Bald sehen wir linker Hand eine Apfelplantage, auf der aber auch einige Kirschbäume mit reifen Früchten zu sehen sind.

Rechter Hand entdecken wir einen *Speelboomgard*, einen *Baumspielplatz* für Kinder, den man durch ein Drehkreuz betreten darf.

Schließlich erreichen wir 1 km, nachdem wir auf den asphaltierten Weg eingebogen sind, wieder Knotenpunkt 28, von woher wir gekommen waren. Wir biegen nun nach rechts in Richtung Knotenpunkt 24 in den Feldweg ein, erreichen nach 0,4 km wieder die Dorfmitte bei Knotenpunkt 24 und haben gegenüber der Kirche wieder unser Ziel, das Naturzentrum, erreicht.

Streifzüge durch die Euregio

WANDERUNG 15: RUNDE UM 'S-GRAVENVOEREN

GPS-Daten zu Wanderung 15:
Runde um `S-Gravenvoeren
http://download.m-m-sports.com/extras/streifzuege_euregio/W15.zip

Start und Ziel: *Touristeninformation Voerstreek*, siehe auch Wanderung 14.

Länge: 6,1 km

Gehzeit: 2 Stunden

Sowohl schattige Wege, Hohlwege als auch offene Feldwege, teilweise sehr schmale, sehr steinige Pfade, daher sind gutes Schuhwerk und etwas Trittsicherheit erforderlich.

Der letzte Teil des Weges deckt sich mit der kürzeren Wanderung 14, „Wanderung 1".

Ein Hund darf mitgeführt werden.

Knotenpunkte: 22 – 21 – 20 – 18 – 16 – 17 – 25 – 24 – 22

Wir beginnen wieder am schon von Wanderung 14 bekannten *Touristeninformationszentrum* gegenüber der Kirche und wandern wenige Meter in östliche Richtung, bis wir die Straße *Klinkenberg* erreichen, in die wir nach links einbiegen. Wir sehen wieder rechts von uns den niedlichen „Supermarkt Voeren" und links das *Eetcafé De Pley*. Nach wenigen Metern kommen wir an einem kleinen Kanal vorbei und nach knapp 100 m an der uns schon bekannten Kapelle und dem Restaurant *De Swaen*. Wir biegen hier aber nicht, wie bei unserer letzten Wanderung, am schon hier erreichten Knotenpunkt 22 nach links ab, sondern wandern geradeaus rechts am Restaurant vorbei in Richtung Knotenpunkt 21.

Der Weg führt uns auf einer engen, asphaltierten Dorfstraße leicht bergauf an kleinen Häusern und Bauernhöfen vorbei, wobei uns ein altes Fachwerkhaus besonders auffällt.

Bald wird der Weg zu einem Feldweg, der an Feldern, Hecken und Wiesen entlangführt und phasenweise zu einem beeindruckenden Hohlweg wird, der an vielen Stellen einen deutlichen Blick auf die verschiedenen Erdschichten erlaubt.

Immer wieder finden wir Dachs- oder Fuchsbauten.

Bald wird der Weg zu einem Höhenweg, der uns eine weite Aussicht über die Landschaft beschert. An dem heißen, sonnigen Sommertag, als wir hier unterwegs waren, sahen wir viele Sommerblumen, die den Feldweg säumen.

Wir wandern an Raps- und Kartoffelfeldern vorbei und genießen weiter die enorme Fernsicht, wobei ich sogar den Sint Pietersberg von Maastricht am Horizont zu erkennen glaubte. Nachdem wir eine Weile an den Feldern vorbeigewandert sind, erreichen wir ein Waldstück und unser Weg wird wieder zu einem Hohlweg. Hier erreichen wir – nachdem wir praktisch immer geradeaus gewandert sind und sich nur das jeweilige Panorama verändert hat – Knotenpunkt 21 und schon wenige Meter dahinter Knotenpunkt 20. Bis hierhin sind wir etwa 2,10 km gewandert. Der Knotenpunkt 20 ist an einem Pfosten deutlich markiert und hier weist ein kleiner Pfeil nach links in Richtung unseres nächsten Knotenpunkts 18. Wir biegen hier also nach links ab und wandern auf einem sehr schmalen und steinigen Pfad weiter.

Wir wandern wieder an Hecken und Bäumen entlang, wobei wir hier den Schatten genießen. Bald ist der Weg etwas leichter zu begehen und er wird zu einem breiten Feldweg, der an Wiesen entlangführt. Als wir rechter Hand eine Pferdeweide sehen, haben wir Knotenpunkt 18 erreicht. Wir sind ab Knotenpunkt 20 bis hier 1,9 km gewandert.

Rundwanderungen auf dem Fernwanderweg GR 128

Auch die Pferde suchen Schutz vor der Sonne.

Ab hier kennen Sie den Weg, falls Sie den ersten Teil von Wanderung 15 gegangen sind: Sie halten sich rechts und erreichen nach wenigen Metern Knotenpunkt 16. Hier biegen Sie nach links ab und erreichen nach 200 m den *Moelingerweg* von `s-Gravenvoeren. Sie überqueren die Straße, gehen wenige Meter nach rechts und biegen nach links in den Weg *Hoffert* ein. Nun wandern wir weiter zwischen Wiesen und Hecken, bis wir Knotenpunkt 17 erreicht haben. Hier sehen wir scharf links einen schmalen Pfad, an dessen Beginn auf der rechten Seite eine Markierung zu sehen ist, die auf Knotenpunkt 25 hinweist. Als wir dort entlangwanderten, war die Vegetation rechts und links von uns weit höher als unsere Körpergröße. Wir sahen hier auch viele Brombeersträucher und zwischen Brennnesseln schöne Sommerblumen.

Nachdem wir 880 m auf diesem Weg gewandert sind, erreichen wir die *Boomstraat*, die wir überqueren, und haben Knotenpunkt 25 erreicht. Wir wandern geradeaus an einem Gebäude und einer Schranke vorbei auf die Straße *Mennekesput*. Nachdem wir etwa 100 m auf der Straße gewandert sind, führt uns der Weg scharf nach links auf eine weitere Straße in Richtung Knotenpunkt 24. 440 m nach Überqueren der *Boomstraat* haben wir die Straße *Pley* und damit das Zentrum von `**s-Gravenvoeren** erreicht. Gegenüber der Kirche befindet sich unser Start und Ziel, das Touristeninformationszentrum von 's-Gravenvoeren.

Auch diese Wanderung wollten wir im Restaurant *De Swaen* abschließen. Wir überquerten also die Straße *Pley* und gingen die Straße *Klinkenberg* hoch, bis wir das Restaurant erreichten. Da es so heiß und sonnig war, setzten wir uns diesmal in den Schatten des blumengeschmückten Innenhofs und genossen wieder Kaffee und die frischen Erdbeeren mit Eis, die wir schon beim letzten Besuch zu schätzen gelernt hatten.

Rundwanderungen auf dem Fernwanderweg GR 128

3 Streckenwanderungen ab Eijsden

Wanderung 16: Von Eijsden über den Sint Pietersberg nach Maastricht

Wanderung 17: Von Eijsden über Fort Eben-Email nach Maastricht

Wanderung 18: Eijsden-Beemden – vom Jachthafen Portofino in den Ort Eijsden bei Eis und Schnee

Streifzüge durch die Euregio

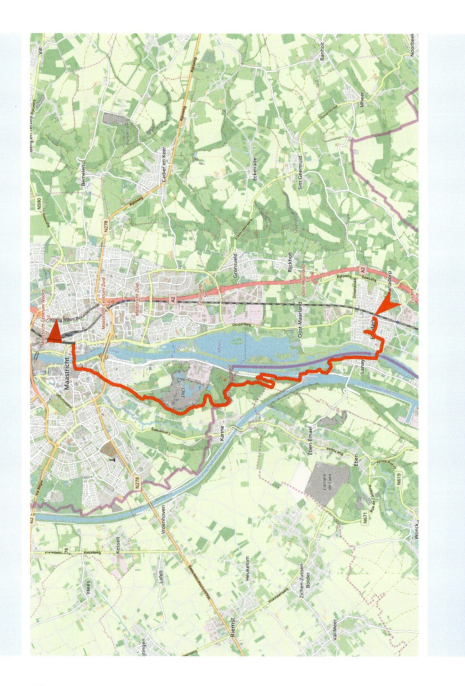

WANDERUNG 16:
VON EIJSDEN ÜBER DEN SINT PIETERSBERG NACH MAASTRICHT

> GPS-Daten zu Wanderung 16:
> Von Eijsden über den Sint Pietersberg nach Maastricht
> http://download.m-m-sports.com/extras/streifzuege_euregio/W16.zip

Start: Haltestelle *De Bron* der Buslinie 5 in der *Emmastraat* in Eijsden

Alternativ mit dem Auto: Museum und Ursulinenkonvent, Breuerstraat 27, NL-6245 EH Eijsden ❱❱ www.ursulinenconvent.com. Dort befindet sich auch ein kleiner Parkplatz.

Ziel: Bahnhof/Busbahnhof Maastricht, Stationsplein 29, NL-6221 BT Maastricht

Länge: 15,3 km

Ungefähre Gehzeit: 4-5 Stunden

Dies ist eine meiner Lieblingswanderungen. Sie ist insbesondere im Sommer wunderschön, sehr abwechslungsreich, leicht zu gehen, nur an wenigen Stellen sind rutschfeste Schuhe erforderlich. Von der Mitnahme eines Hundes würde ich abraten.

Gut mit einem anschließenden Bummel durch Maastricht kombinierbar.

Anreise mit dem Bus der Linie 350 Aachen-Maastricht der niederländischen Gesellschaft *Arriva* (❱❱ www.arriva.nl) bis zur Bushaltestelle *Wilhelminasingel* in Maastricht (eine Haltestelle vor dem nahe gelegenen Bahnhof), dann dort umsteigen in die Linie 5 nach *Eijsden* bis Haltestelle *De Bron*. Die Anreise in einem klimatisierten, geräumigen Bus ist sehr angenehm. Die Tageskarte kostete 2018 von Deutschland aus 8,50 Euro.

Zu Beginn der Wanderung überqueren wir die Maas mit einer kleinen Fähre.

Abfahrtzeiten der Fähre Eijsden-Lanaye:
April: täglich von 10 bis 18 Uhr
Mai bis September: täglich von 10 bis 20 Uhr
Oktober: täglich von 10 bis 18 Uhr.

Die Überfahrt kostet einen Euro pro Fahrt.

Schon auf der Busfahrt von Aachen über Vaals und Gulpen nach Maastricht kann man die wunderschöne grüne Landschaft von Südlimburg in den Niederlanden bewundern. Ich habe es nur sehr selten erlebt, dass der Bus überfüllt war und an den häufigen heißen Tagen unseres Wandersommers 2018 war der Bus angenehm klimatisiert.

An der Bushaltestelle *De Bron* in **Eijsden** angekommen, sehen wir schon wenige Meter von der Haltestelle entfernt die Straße *Breusterhof*, der Sie folgen. Sie macht bald einen Knick nach links und trifft auf die *Breusterstraat*. Hier biegen wir rechts ab und gehen in westliche Richtung auf der *Breusterstraat* geradeaus, kommen an mehreren Geschäften und Supermärkten vorbei, überqueren die *Kennedylaan*, und sehen bald rechter Hand einen Park und einen breiten Weg nach rechts, der direkt zu einem Ursulinenkonvent mit Touristeninformationszentrum, Museum und einem netten Café führt.

Da Eijsden ein kleiner Ort ist, können Sie hier auch bedenkenlos bummeln und auf verschiedenen Wegen dorthin wandern, ohne sich zu verlaufen. An vielen Stellen sind Hinweisschilder auf das Informationszentrum zu finden (auf den Schildern steht „VVV"). Die Adresse des *Ursulinenkonvents* ist: Breusterstraat 27, NL-6245 EH Eijsden, Niederlande. Auf unserer Wanderung an einem heißen Julitag haben wir hier erst einmal haltgemacht und in dem zu dem Kloster gehörenden Café unseren Espresso und Cappuccino getrunken. Im Informationszentrum kann man stöbern und handgemachte Produkte, regionale Wanderkarten und weiteres Informationsmaterial erwerben. Es herrscht dort eine angenehme Atmosphäre, sodass wir uns gerne vor einer Wanderung dort stärken.

Auf dem weiteren Weg gehen wir zurück bis zur *Breusterstraat*, biegen dort rechts ab und bleiben auf dieser Straße, bis wir die *Schoolstraat* erreichen, die, von links kommend, auf die *Breusterstraat* führt. Hier biegen wir nach links auf die *Schoolstraat* ab, bleiben 300 m auf dieser Straße und biegen dann nach rechts in die *Diepstraat* ein. Dies ist eine ruhige Straße mit Kopfsteinpflaster, schönen, kleinen Häusern, einigen Cafés und Restaurants.

Nachdem wir 1,4 km die *Diepstraat* entlanggegangen sind, treffen wir auf die Maas und müssen nur noch wenige Meter nach rechts abbiegen, bis wir die Anlegestelle unserer Fähre sehen. Das kleine Boot fährt regelmäßig über die Maas zwischen dem niederländischen **Eijsden** und dem belgischen Ort **Lanaye** hin und her.

Das Übersetzen über das tiefblaue Wasser vermittelt Urlaubsgefühle. Auf verschiedenen, baumbestandenen, kleinen Inseln ist ein reges Treiben unterschiedlichster Wasservögel zu beobachten.

Am anderen Ufer angekommen, führt uns ein kurzer Weg nach rechts auf einen Pfad, der uns entlang der sich nun rechts befindlichen Maas führt. Dies ist ein wunderschöner, oft grasbewachsener Weg, auf dem wir die Sicht auf eine Vielfalt an Sommerblumen und das blaue Wasser der Maas genießen können.

Auch duftet es auf dieser Strecke angenehm sowohl nach Blumen als auch nach Wasser. Trotz des wunderschönen Sommertages war es einsam, als wir hier unterwegs waren, nur gelegentlich sah man einen Angler.

Am Ende dieses Teilstücks, etwa 1,2 km, nachdem wir die Fähre verlassen haben, erreichen wir hinter einem kleinen Parkplatz einen schmalen Weg, der nach links durch Bäume und Büsche hindurchführt. Ihm folgen wir und lassen uns auf dem weiteren Weg zunächst durch ein gelbes Rechteck leiten, welches wir, an verschiedenen Stellen angebracht, als Markierung finden.

Dieser Weg ist 500 m lang und führt uns auf sandigem Untergrund über einen Hügel, hinter dem uns ein überraschender und grandioser Ausblick erwartet. Vor uns liegt ein weiterer Arm der Maas und der Albertkanal, verbunden mit großen Schleusen. Dort schwimmen große Lastkähne und im Hintergrund erscheint der *Sint Pietersberg* von Maastricht.

Blicken wir nach rechts, entdecken wir eine weite Seenlandschaft.

Dieser Hügel lädt zum Verweilen ein, zumal es hier auch eine Sitzgelegenheit mit Aussicht über die ganze Szenerie gibt und es bei unserer Wanderung auch hier viele Sommerblumen und auch Schmetterlinge zu bewundern gab.

Schließlich setzen wir unseren Weg fort und folgen dem Pfad, auf dem uns weiterhin das an verschiedenen Stellen angebrachte gelbe Rechteck den Weg weist. Wir überqueren eine kleine, kaum befahrene Straße und biegen nach rechts ab. Entlang des Wassers, das nun links von uns fließt, gehen wir weiter in die Richtung der Schleusen. Man kann beobachten, wie hier große Lastkähne hindurchgeschleust werden. Die riesige Anlage ist beeindruckend.

Wir überqueren nach links das zu den Schleusen gehörende Gelände und biegen dann nach rechts ab. Nun führt unser Weg 1,1 km am Wasser entlang, welches rechts neben uns fließt. Hin und wieder kommen wir an Schiffen vorbei, die dort ankern.

Die *Schleusenanlage von Lanaye* ist mit der vierten Schleuse erst im November 2015 komplett fertiggestellt worden. Die anderen drei Schleusenkammern, die aus dem Jahr 1960 stammen, können nur wesentlich leichtere Schiffe passieren lassen. Die neue Kammer erlaubt den Durchgang von Schiffen bis zu 9.000 Tonnen Gewicht. Es ist eines der teuersten Bauprojekte Belgiens gewesen. Es wird ein Höhenunterschied von 13,7 m überbrückt. Bis zur Fertigstellung der vierten Schleuse galt diese Stelle zwischen der Maas und dem Albertkanal als Engpass der Binnenschifffahrt im Beneluxraum.

Der *Albertkanal* ist 129,5 km lang und verbindet die belgischen Städte Lüttich und Antwerpen. Er soll den Maasanliegern innerhalb des belgischen Gebiets einen Zugang zur Nordsee ermöglichen. Durch sechs Schleusenanlagen, eine davon die Schleusen von Lanaye, wird ein Höhenunterschied von insgesamt 56 m überwunden. Der Baubeginn des Kanals war 1930, er wurde aber erst nach dem Zweiten Weltkrieg intensiv genutzt.

Schließlich erreichen wir eine unscheinbare Treppe, die vor einem Haus nach links hochführt. Kurz davor sehen wir auf einem Pfahl wieder das gelbe Rechteck mit einem kleinen Pfeil, der auch nach links deutet. Wir steigen diese Treppe hoch und gehen dann ein kleines Stück weiter nach rechts, bis uns das gelbe Rechteck nach links in einen Waldweg weist. Ab hier wandern wir über den *Sint Pietersberg*, unter dem sich die berühmten Grotten von St. Pieter befinden.

Wir folgen dem Weg für 800 m. Er führt zunächst scharf nach links und dann macht er eine scharfe Biegung nach rechts. Auf der Strecke und auch etwas abseits des Hauptweges sind zwischen den Bäumen schon zu den Grotten gehörende, beeindruckende Felsformationen zu sehen. Schließlich verlassen wir das Wäldchen und ein Feldweg, der durch Wiesen führt, erwartet uns. Hier biegen wir rechts ab und uns erwartet nach einer Rechtskurve ein wundervoller Ausblick über den Fluss und die dahinterliegende Landschaft.

Bald führt uns der Weg – uns begleiten immer noch die Markierungen mit dem gelben Rechteck – durch einen kleinen Wald, der immer wieder durch das Laub der Bäume einen Blick auf das Wasser freigibt.

Am Ende dieser Strecke wandern wir wieder an Wiesen entlang und wir sehen auf der rechten Seite ein altes Kastell, welches derzeit renoviert wird. Auf einem Schild steht *Kastel en Hoeve Caestert*.

Das Kastell hat eine sehr lang zurückreichende Geschichte und ist am 1. April 2013 einem Brand zum Opfer gefallen. Der Name *Caestert* (*Castra*) deutet auf einen römischen Ursprung hin, was auch durch Ausgrabungen von Archäologen nahegelegt wird. Bekannt ist, dass die Burg nach einer wechselhaften Geschichte schließlich im 18. Jahrhundert fertiggestellt wurde. Auch spielte sie in den Jahren 1831 und 1832 beim Unabhängigkeitskrieg Belgiens von den Niederlanden eine Rolle. Ab circa 1966 begann der Verfall mit dem Sturz des Turmes von der Burg. Am 1. April 2013 zerstörte ein Großbrand einen weiteren Teil der Gebäude. Seit 2016 wird die Burg von der wallonischen Regierung renoviert und man hat vor, hier ein Besucherzentrum einzurichten.

An dieser Stelle biegt ein Weg nach links ab. Wer wieder nach Eijsden zurück möchte, kann von hier aus über den belgischen Ort **Kanne** zurückwandern.

Wir gehen weiter geradeaus, wobei uns auch die Wegmarkierungen mit dem gelben Rechteck zunächst noch treu bleiben. An den markierten Stellen werden Sie aber auch ein rotes Dreieck entdeckt haben. Das gelbe Rechteck gehört zu einem Wanderweg, der bald nach links in Richtung des belgischen Ortes Kanne abbiegt. Wir folgen ab jetzt über eine lange Wegstrecke dem roten Dreieck.

Bald sehen wir links von uns eine Sitzgruppe aus hölzernen Bänken und mit einem Tisch, die an dieser schönen Stelle zu einer Rast einladen. Wir wandern weiter auf einem breiten Wanderweg an Bäumen, Wiesen und Feldern entlang. Bei Abzweigungen folgen wir nun dem roten Dreieck und bleiben auf dem Hauptweg. Nach einer Weile sehen wir auf der linken Seite einen auffälligen Grenzstein.

Hier endet die belgische Wallonie und beginnen die Niederlande. Der Weg führt zu einem Gatter mit einem Holztor. Er gabelt sich an dieser Stelle. Das Gatter befindet sich auf dem Teil des Weges, der nach rechts weist. Vor dem Tor sind auf der rechten Seite Markierungen verschiedener Wanderwege angebracht, darunter auch wieder unser rotes Dreieck.

Das Tor lässt sich öffnen und wir wandern nun durch einen eingezäunten Bereich. Wir befinden uns auf einem breiten Weg, der durch Wiesen und an Büschen entlangführt. Die Wiesen laden zum Verweilen ein. Es ist durchaus auch möglich, über das Gras zu laufen und wieder auf den Hauptweg zu stoßen, den ich ja als GPS-Datei aufgezeichnet habe. Die weite Aussicht über Wiesen und Felder nach links hinunter ins Tal und auch auf Grotten ist eindrucksvoll.

Blick in die Grotte

Auf dieser Strecke kreuzen viele kleinere Wege. Wir orientieren uns am Hauptweg. Bei Unsicherheiten folgen wir dem roten Dreieck. Auch der auffällige Turm des ENCI-Werks, welchen wir im Hintergrund sehen und auf den wir auf diesem Teilstück zulaufen, kann als Orientierung dienen. Der Weg ist bei schönem Wetter sehr sonnig, da hier nur vereinzelte Laubbäume stehen und die Büsche, die häufig am Wegrand wachsen, eher niedrig sind.

Seit ungefähr 100 Jahren wurde in der *ENCI-Grube* von Maastricht Kalkstein abgebaut. Im Laufe der Jahre bildeten sich hier Kalksteinklippen, Seen und eine ganz besondere Vegetation. Aber auch seltene Tiere, wie z. B. der Uhu, seltene Kröten und Schmetterlinge, haben hier ein Refugium. Die Mergelgewinnung endete 2018, also nachdem ich den Wanderführer geschrieben habe. Dieser berühmten Grube, in der man verschiedene Erdschichten und damit die Zeitgeschichte der Erde verfolgen kann, habe ich Wanderung 27 gewidmet.

Linker Hand genießen wir bald wieder einen weiten Blick ins Tal und können dort sogar Weinberge entdecken. Nach einer kurzen weiteren Strecke – wir bleiben auf unserem Hauptweg – wachsen bald mehr Laubbäume, deren Schatten wir an heißen Tagen dankbar genießen. Die meisten anderen Markierungen der Wanderwege haben uns nun verlassen und uns begleitet nur noch das rote Rechteck, dem wir weiter folgen. Gelegentlich sehen wir auch das rot-weiße Symbol von auch hier entlangführenden Fernwanderwegen (GR 5 und später GR 128). Rechts des Waldes befindet sich nach einer Weile die geologisch hochinteressante Mergelgrube, die ich in Wanderung 28 beschrieben habe. Neben unserem Hauptweg zweigen einige Nebenwege ab, die zu Stellen führen, von denen aus man je nach Dichte der Vegetation einen Blick in die Grube erhaschen kann.

Bald führt uns die Route – wir bleiben weiter dem Hauptweg treu – durch eine Vegetation mit etwas weniger Bäumen. Linker Hand ist eine Wiese zu sehen. Hier graste, als wir dort waren, eine große Schafsherde mit vielen verspielten Lämmern. Viele suchten im Schatten Zuflucht vor der starken Sonneneinstrahlung.

Kurz hinter der Wiese kann man einen Blick in einen Teil der riesigen Mergelgrube werfen, in der Seen zu sehen sind, große Gesteinsformationen, Gras- und Buschlandschaften und Ziegen, die hier auf sehr steilem Gelände klettern. Der Hauptweg biegt hier bald nach rechts ab. Diesmal folgen wir dem Hauptweg aber nicht, sondern wandern weiter geradeaus – gefühlt eher nach links – auf einen schmaleren Pfad (unser rotes Dreieck weist uns auch hier zuverlässig unseren Weg), der uns auf eine sehr große Wiese führt, auf der vereinzelte Bäume stehen.

Der Pfad führt uns am linken Rand der wunderschönen Wiese, die parkähnlich bewachsen ist, entlang. Von hier aus können wir uns an einem wunderbaren Blick über Maastricht erfreuen. Im Sommer sind auf diesem Gelände häufig Gruppen von Studenten zu sehen, die an der nahe gelegenen Universität studieren und hier die Atmosphäre genießen. Im Hintergrund ist schon die Kuppel des Forts St. Peter zu sehen, auf das wir zulaufen.

Das *Fort St. Peter* wurde zu Beginn des 18. Jahrhunderts erbaut und hatte ursprünglich die Funktion, die Maastrichter gegen die Franzosen militärisch zu verteidigen. Man kann unter ›› www.maastrichtunderground.nl sowohl eine Führung durch das Fort als auch durch die unterirdischen Grotten buchen. Weitere Informationen erhalten Sie unter der Tel.-Nr. 0031 (0)43 325 21 21.

Etwas unterhalb des Forts befindet sich ein Restaurant: *Chalet Bergrust*, Luikerweg 71, NL-6212 NH Maastricht, Tel. (0) 43 325 54 21, info@bergrust.com. Dort befindet sich auch ein Informationsschalter, an dem Sie weitere Auskunft erhalten und Tickets für die oben beschriebenen Führungen kaufen können. Von der Terrasse des Restaurants aus hat man einen atemberaubenden Blick über die Stadt. Nachdem wir nun Maastricht erreicht haben, lohnt es sich, einen Bummel durch die Stadt anzuschließen. Ab hier gibt es weitere Gastronomie. Um in das Stadtzentrum zu kommen, wandern wir zunächst geradeaus den *Luikerweg* entlang. An der Kreuzung zum *Mergelweg* gibt es drei sehr nette Einkehrmöglichkeiten.

Um die Bushaltestelle der Buslinie 350 nach Aachen zu erreichen, folgen Sie dem *Luikerweg* in Richtung Innenstadt. Nach einer Kreuzung nennt sich die Straße *Sint-Hubertuslaan*. Sie wandern weiter geradeaus, überqueren dabei die N 278 und gehen auf den Fluss *Jeker* zu. Kurz vor dem Fluss auf der Höhe eines kleinen Parks nennt sich die Straße nun *Henri-Hermanspark*. Wir folgen der Straße weiter geradeaus, bis sie uns über eine kleine Brücke führt, hinter der wir nach rechts in die *St. Pieterstraat* einbiegen.

Ab hier sehen Sie viele kleine Sträßchen, nette Gassen, linker Hand die alte Stadtmauer und viele Einkehrmöglichkeiten. Halten Sie sich weiter nach Norden in Richtung Stadtzentrum. Auch hier lohnt sich ein Bummel z. B. zum sehr schönen Marktplatz. Wir schlendern schließlich Richtung Maas und überqueren die wunderschöne Sankt-Servatius-Brücke (*Sint Servaasbrug*). Hier passieren fast nur Fußgänger und Radfahrer. Am Ende der Brücke, gefühlt fast auf der Brücke, werden Sie einige kleine Restaurants entdecken. Wir kehren zum Abschluss unserer Ausflüge in diese Gegend gerne hier ein und genießen den Blick auf das abendliche Treiben auf der Brücke und auf dem Wasser.

Blick von der Sankt-Servatius-Brücke auf die Maas

Nun ist es nicht mehr weit bis zur Bushaltestelle: Wir gehen geradeaus die *Wycker Brugstraat* entlang, überqueren mehrere kleinere Nebenstraßen und stoßen dann auf eine Kreuzung mit der Straße *Lage Barakken*. Diese überqueren wir und erreichen die *Stationsstraat*. Sie führt auf die Straße *Wilhelminasingel*, auf der Sie schon auf der rechten Seite die Bushaltestelle sehen, die Sie – falls Sie mit dem Bus gekommen sind – von der Anfahrt her kennen. Falls Sie zu der Zeit unterwegs sind, in der die Geschäfte schließen, empfehle ich Ihnen, eine kurze Strecke geradeaus in Richtung Bahnhof und Busbahnhof zu gehen, denn dort startet der Bus. So bekommen Sie auf jeden Fall einen Sitzplatz. Mir ist es aber bis jetzt nur ein einziges Mal passiert, dass der Bus auf der Rückfahrt wirklich voll war.

Von der Sankt-Servatius-Brücke bis zum Bahnhof wandern Sie an vielen kleinen Geschäften und Restaurants entlang. Es gibt hier eine „Frittenbude", vor der in der Regel lange Schlangen von Kunden stehen, sodass zu vermuten ist, dass das Essen hier sehr gut ist. Gerade bei schönem Wetter ist auf dieser etwa 600 m langen Strecke ein fast schon mediterranes Flair zu erleben, das den Besucher nach dem abwechslungsreichen Tag auf dem Heimweg begleitet.

Streifzüge durch die Euregio

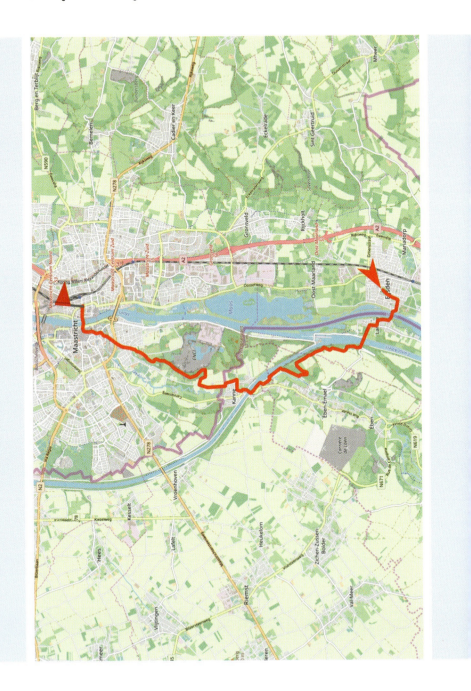

WANDERUNG 17:
VON EIJSDEN ÜBER FORT EBEN-EMAEL NACH MAASTRICHT

GPS-Daten zu Wanderung 17:
Von Eijsden über Fort Eben-Emael nach Maastricht
http://download.m-m-sports.com/extras/streifzuege_euregio/W17.zip

Der **Anfang** der Wanderung entspricht **Wanderung 21**, wir kehren aber nicht zurück nach Eijsden, sondern gehen weiter nach Maastricht. Der Weg zur Fähre über die Maas in Eijsden und der letzte Teil der Wanderung Richtung Maastricht entspricht **Wanderung 16**. Insofern überschneiden sich die Wegbeschreibungen an den entsprechenden Stellen. Auch bei den Fotos können Sie sich an den Beschreibungen der o. g. Wanderungen orientieren.

Start: Haltestelle *De Bron* der Buslinie 5 in der *Emmastraat* in Eijsden

Anreise wie bei Wanderung 16.

Ziel: Bahnhof/Busbahnhof Maastricht. Dort fährt der Bus Linie 350 Aachen-Maastricht der niederländischen Gesellschaft *Arriva*, ❱❱ www.arriva.nl, siehe auch Wanderung 16.

Zu Beginn der Wanderung überqueren Sie mit einer kleinen Fähre die Maas. Abfahrtszeiten siehe Wanderung 17. Auch den Weg bis zur Fähre entnehmen Sie bitte Wanderung 17. Die GPS-Aufzeichnung beginnt im Informations- und Kulturzentrum des Ursulinenkonvents, Breusterstraat 27, NL-6245 EH Eijsden. Hier befinden sich auch Parkplätze.

Länge: 14,4 km

Gehzeit: 4-5 Stunden

Wunderschöne Wanderung, sehr abwechslungsreich, herrliche Aussichten, teilweise schwierige, steile Stellen. Trittsicherheit, gutes Schuhwerk und etwas Kondition sind erforderlich.

Aufgrund einiger, wenn auch gesicherter, steiler Abhänge und der Brücke über den Albertkanal bei Kanne halte ich die Strecke für jüngere Kinder und auch für Hunde für wenig geeignet.

Wir überqueren auf der Fähre die Maas, wobei es immer wieder Freude macht, die dort befindlichen zahlreichen und lebhaften Wasservögel zu beobachten. Im Sommer sind am Ufer des häufig tiefblauen Wassers auch viele blühende Wildblumen zu sehen.

Die Maas, von der Fähre aus fotografiert

Auf der belgischen Maasseite sehen Sie auf einem auffälligen Holzpfahl drei Symbole, die Wanderwege markieren und uns auf verschiedenen Teilstrecken weiter begleiten werden. Wir folgen den an den Symbolen befindlichen Pfeilen, wenden uns nach rechts und folgen einer Dorfstraße, der *Rue de Battes*. Sie führt zunächst 300 m geradeaus und biegt dann scharf nach links ab. Nach weiteren 140 m erreichen wir die *Rue de Village*, in die wir nach rechts einbiegen. Nun sind wir bald im Zentrum des kleinen belgischen Ortes **Lanaye**, hinter dessen Kirche wir nach links abbiegen. Auf einer baumbestandenen Allee verlassen wir den Ort. Von unseren Wegmarkierungen sind nur noch ein rotes Dreieck und eine blaue Markierung übrig, die uns nun auf einem kleinen Pfosten links der Straße den Weg weisen.

Am Ende der Allee erreichen wir eine Brücke, die über den Albertkanal führt. Bei der Überquerung der Brücke können wir schon bis zum St. Petersberg von Maastricht sehen. Hinter der Brücke befindet sich auf der rechten Seite ein kleiner Parkplatz. Wir gehen geradeaus an dem Parkplatz vorbei und entdecken 80 m, nachdem wir die Brücke verlassen haben, auf der rechten Seite hinter einer Informationstafel einige Holzstufen, die in den Wald hineinführen. Am Beginn dieser Stufen finden Sie linker Hand wieder eine Markierung, die ab hier nur noch blau ist. Die Treppen führen auf einem schmalen Pfad an teils abschüssigem, gesichertem Gelände entlang, welches nicht immer leicht zu begehen ist. Hier ist gutes Schuhwerk und Trittsicherheit von Vorteil. Für den geologisch Interessierten sind hier offen gelegte, interessante Erdschichten zu sehen.

Schließlich erreichen wir ein mit Schafsdraht versehenes Holztor, auf dem sich ein Schild mit unserem blauen Symbol befindet. Nachdem wir das Tor geöffnet haben, gelangen wir auf einen weiteren schmalen Pfad, an dessen linker Seite sich riesige Felswände aus Kalkstein befinden, wohingegen wir geradeaus und rechter Hand einen weiten Blick über die Maas und das Hinterland genießen können. Bald erreichen wir ein weiteres Tor, nach dessen Durchschreiten wir an weiteren riesigen Felswänden und Grotteneingängen vorbeiwandern. An einigen Stellen stehen Schilder mit Informationen über diese besondere Gegend.

Am Ende dieses Teilstücks gehen wir über eine kleine Wiese, auf der, als wir wiederholt dort waren, Schafe grasten. Wir konnten beobachten, wie auch hoch oben in den Felsen die Schafe leichtfüßig herumkletterten. Auch an einem weiteren Tor bestätigt uns das blaue Symbol (bitte immer auch auf den etwas unauffälligeren Pfeil an dem Symbol achten), dass wir noch auf dem richtigen Weg sind. Wir wandern auf einem schmalen Pfad hoch über dem Albertkanal, der rechter Hand weit unter uns verläuft. Wir folgen immer dem blauen Symbol, welches uns gelegentlich nach links weist. Der Abhang ist durch einen Zaun gesichert und dadurch ist die Strecke normalerweise ungefährlich. Verlassen Sie hier jedoch nie den markierten Weg, da es nicht gleich sichtbare, sehr steile und gefährliche Stellen gibt.

Vor einem weiteren Tor weist uns der Pfeil an unserer blauen Markierung nach links an einem Zaun entlang. Geradeaus sehen Sie hinter dem Tor einen großen, allein stehenden Felsen. Auch von hier aus haben Sie einen grandiosen Blick über die Flusslandschaft und das Hinterland von Maastricht. Nachdem wir dem Pfeil nach links gefolgt sind, führt uns die blaue Markierung in einigen Kurven durch den Wald, wobei wir wieder Treppen und schwierige Stellen passieren müssen. Allmählich wird der Weg breiter und zu einer Art Hohlweg durch einen niedrigen Laubwald.

Unvermittelt treten wir aus dem Wald heraus und vor uns liegen riesige Felder. Ab hier verlassen wir unsere Wegmarkierungen für eine Weile. Nun wenden wir uns nach rechts und folgen einem breiten Feldweg, der, als wir dort waren, an Raps- und Getreidefeldern entlangführte. Häufig begleiten auch je nach Jahreszeit blühende und angenehm duftende Hecken unseren Weg. Nachdem der Feldweg entlang der Hecken einige Biegungen gemacht hat, sehen wir hier rechter Hand einen ganz kleinen Pfad, der nach rechts in ein urwaldmäßig anmutendes Waldstück führt, welches aber leicht zu durchwandern ist.

Auch hier finden sich viele Kräuter, blühende Büsche, Efeu, Weißdorn, Ahorn und weitere Laubbäume. Fast unvermittelt treffen Sie auf der rechten Seite etwa 5 m vom Weg entfernt auf einen Aussichtspunkt und ein ufoähnliches Gebilde. Dies gehört schon zum *Fort Eben-Emael*. Es handelt sich dabei um eine ehemalige Beobachtungskuppel des Forts.

Das *Fort Eben-Emael* wurde zwischen 1932 und 1939 erbaut und diente der Grenzsicherung von Lüttich. Der Albertkanal unterhalb des Forts, der den Sint Pietersberg mit einem 65 m tiefen Einschnitt durchbricht, dient als einer der Festungsgräben. Das Fort wurde 1940 von der deutschen Wehrmacht eingenommen.

Oberhalb des Forts befinden sich mehrere Kuppeln, die drehbar und mit Kanonen bewaffnet waren. Die früher auch mit Kanonen bestückten Kasematten werden wir auf dem weiteren Weg sehen, hinzu kommen Maschinengewehrbunker. Die unterirdischen Gänge des Forts haben eine Tiefe von bis zu 55 m und eine Ausdehnung von 5,3 km. Um die Soldaten vor Giftgas zu schützen, führte die Luftzufuhr durch spezielle Filter. Die Besatzung des Forts bestand aus 1.200 Soldaten, aber auch aus Ärzten, Krankenschwestern und Köchen, von denen in Friedenszeiten allerdings nur jeweils die Hälfte innerhalb des Forts stationiert war.

Sie können das Fort besichtigen. Die Adresse des Eingangs ist: Rue du Fort 40, B-4690 Eben-Emael. Weitere Informationen unter 》 www.fort-eben-emael.be.

Von hier aus haben Sie einen weiten Blick über das Tal, hinunter auf die Schleusen des Albertkanals, weit über den Kanal und die Maas bis nach Maastricht und über das Hinterland.

Der hier befindliche steile Abhang ist gesichert. Allerdings wirkt die Barriere auf mich nicht so vertrauenswürdig, dass ich mich beim Fotografieren dagegen lehnen würde. Nachdem wir die Aussicht genossen haben, wandern wir auf dem Wanderweg weiter, der nun etwas breiter wird und uns wieder auf einen Feldweg führt. Bald sehen wir eine blaue Raute links am Wegrand. Diese gehört zu einem weiteren Wanderweg und wird uns, angebracht auf verschiedenen Hintergründen, bis zum belgischen Ort **Kanne** begleiten. Nun befinden sich links von uns Felder, rechts je nach Jahreszeit blühende Bäume und Büsche. Am Wegrand sind häufig Blütenteppiche voller weißer, gelber und hellblauer Blüten zu sehen, deren herrlichen Duft wir genießen können.

Am Ende dieser Strecke sehen wir auf der rechten Seite einen Pfahl, an dem wieder unsere blaue Markierung angebracht ist, welche uns zu einem Eisentor weist, an dessen Seite man vorbeigehen kann. Nachdem wir das Tor passiert haben, sehen wir auf der linken Seite weitere ufoähnliche Gebilde, wahrscheinlich Spähkuppeln. Auch diese gehören zu dem Fort, über das wir gerade wandern.

Nun führt uns der Weg über eine herrliche Wiese, hinter der wir wieder einen Waldweg erreichen.

Auch hier führen uns wieder unsere Markierungen. Auf dem Weg unter Laubbäumen müssen wir wieder Treppen und schwierige Stellen überwinden. Am Ende einer Treppe kommen wir an einem auf der linken Seite befindlichen schwarzen Bunker vorbei, der etwas bedrohlich in der Landschaft steht. Die blaue Markierung weist uns nun den Weg nach links über eine weitere Wiese, der an Bäumen entlangführt. Hier befanden sich, als wir dort waren, große Mengen blaue Vergissmeinnicht am Wegrand, aber auch viele andere, wieder vorwiegend weiße und gelbe Blumen. Am Ende der Wiese stoßen wir auf einen weiteren Bunker. Dahinter weist uns die Markierung nach rechts in ein Waldstück, in dem die Laubbäume nun sehr viel höher sind als zuvor. Auch der Weg ist breiter.

Bunker auf der Strecke

Nachdem wir wieder Treppen passiert haben, erreichen wir einen weiteren, noch bedrohlicher wirkenden Bunker bzw. eine Kasematte mit deutlich sichtbaren Schießscharten. Wir wandern an diesem Bunker vorbei durch ein ähnliches Waldstück wie zuvor und müssen wieder Treppen überwinden. Nachdem wir diese Treppen hinuntergestiegen sind, sehen wir auf der linken Seite einen weiteren Bunker und stoßen auf einen asphaltierten Weg. Das blaue Zeichen weist nun sowohl nach rechts als auch nach links. Bis zu dieser Stelle sind wir vom Beginn des ersten Waldstücks hinter der Brücke nur 2,8 km gewandert, was sich aber zumindest für uns subjektiv viel weiter anfühlte.

Wir biegen rechts ab. Links von uns befindet sich ein Feld, rechts sehen wir ein Gewässer, Bäume und dahinter Felswände. Am Wasser befinden sich einige Angelplätze und es sieht hier teilweise sehr urwaldmäßig aus.

Bald wandern wir unter Bäumen hindurch, die nun auf beiden Seiten des Weges stehen, bis wir nach insgesamt 600 m auf diesem Weg auf den Albertkanal stoßen. Hier biegen wir links ab und wandern am Wasser und an vielen ankernden Booten entlang, von denen viele als Wohnsitz dienen.

Wir kommen am *Grandcafé Bit of Orange* und dem *Jachthaven Kanne* vorbei. Auch hier weist uns das blaue Symbol den Weg. Die Adresse des Restaurants ist *Grandcafé Bit of Orange*, Trekweg Opcanne, B-3770 Riemst, Belgien, Tel. 0032 (0) 12 45 79 16. Leider war das wunderschön am Wasser gelegene Restaurant geschlossen, als wir dort waren. Sicherlich ein schöner Ort, um eine Rast einzulegen, es empfiehlt sich aber, vorher anzurufen.

Unser Weg heißt *Trekweg Opcanne* und führt uns nach einer Weile an kleinen Häusern und blumengeschmückten Gärten vorbei. Schließlich erreichen wir, dem blauen Zeichen folgend, eine große Brücke über den Albertkanal, die wir überqueren. Hier gibt es sehr viele, gut gesicherte Treppen. Ich denke allerdings, dass diese Treppen für Hunde schwer zu bewältigen sind, zumal man zwischen den Stufen nach unten blicken kann. Auch für jemanden mit Höhenangst wird es eine kleine Überwindung kosten, die Brücke zu überqueren. **Hinter der Treppe trennen sich die Wege von dieser Wanderung und Wanderung 22, die nun am Albertkanal entlang zurück nach Eijsden führt.**

Blick auf die Brücke über den Albertkanal in Richtung Kanne

Wir wenden uns nun nach links und folgen dem kleinen Flüsschen *Jeker*, bis wir die *Brugstraat* erreichen und auf einer kleinen Brücke rechter Hand die Jeker überqueren. Der *Brugstraat* folgen Sie, bis Sie auf die *Onderstraat* stoßen, die rechter Hand *Bovenstraat* heißt. In die *Onderstraat* biegen Sie nach links ab. Sie befinden sich nun auf einer Art Radweg, auf dem aber auch Autos fahren dürfen. Bald werden Sie die Grenze in Richtung Niederlande erreichen und der Weg, der nur an einigen Häusern, ansonsten aber Feldern entlangführt, nennt sich nun *Mergelweg*. Wir wandern etwa 800 m, von der durch einen Grenzstein markierten Grenze aus gesehen 700 m, auf diesem Weg und entdecken dann einen breiten Feldweg, der nach rechts abgeht. Diesem Weg folgen wir und gehen auf ein kleines Wäldchen zu. Der Weg macht zunächst eine kleine Biegung nach rechts und später nach links. Wir wandern an großen Wiesen entlang und haben einen weiten Ausblick über das Tal bis zur Brücke von Kanne. Nach links ist der Ausgang einer Grotte zu sehen, an der wir aber vorbeiwandern.

Am Ende dieser Strecke erreichen wir einen breiten Waldweg. Wir sind nun 500 m von der Straße entfernt. Hier biegen wir links ab.

Ab hier entspricht der weitere Weg dem zweiten Teil von Wanderung 16.

Der Weg führt nun durch einen Laubwald und uns begleitet als Wegmarkierung ein rotes Dreieck.

Wald kurz vor Maastricht

Auch das rot-weiße Symbol der hier entlangführenden Fernwanderwege (GR 5 und später GR 128) ist ab hier zu sehen. Rechts von uns befindet sich die geologisch hochinteressante Mergelgrube, die wir auf Wanderung 28 besichtigen werden. Aufgrund der Vegetation ist sie aber zumeist nicht zu sehen. Neben unserem Hauptweg weichen allerdings an verschiedenen Stellen rechter Hand Nebenwege ab, von denen aus man einen Blick in die Mergelgrube erhaschen kann.

Bald führt uns der Hauptweg durch eine Vegetation mit etwas weniger Bäumen und linker Hand ist eine Wiese zu sehen. Kurz hinter der Wiese ist rechter Hand ein Blick in die riesige Mergelgrube möglich, in der Seen zu sehen sind, große Gesteinsformationen, Gras- und Buschlandschaften und man kann häufig hier auch auf dem steilen Gelände kletternde Ziegen beobachten.

Der Hauptweg biegt hier bald nach rechts ab. Wir folgen ihm aber nicht, sondern wandern weiter geradeaus – gefühlt eher nach links – auf einen schmaleren Pfad. Die Markierungen mit dem roten Dreieck weisen uns auch hier zuverlässig unseren Weg. Der Pfad führt uns auf eine sehr große, wunderschöne Wiese, auf der vereinzelte Bäume und Büsche stehen. Wir wandern am linken Rand der Wiese weiter und können einen wunderbaren Blick über Maastricht genießen. Am Ende der Wiese ist schon die Kuppel des *Forts St. Peter* zu sehen, auf welches wir zulaufen.

Wer möchte, kann sich das Fort noch etwas näher ansehen, wobei man entweder zunächst Treppen hinuntersteigen oder ein etwas abschüssiges Gelände hinunterkraxeln muss. Etwas unterhalb des Forts befindet sich das Restaurant *Chalet Bergrust*, von dessen großen Terrassen aus man eine weite Aussicht hat. Weitere Informationen über das Restaurant und das Fort entnehmen Sie bitte Wanderung 16.

Um zur Bushaltestelle in Richtung Aachen zu kommen, folgen Sie dem *Luikerweg* in Richtung Innenstadt. Nach einer Kreuzung nennt sich die Straße *Sint-Hubertuslaan*. Sie wandern weiter geradeaus, überqueren dabei die N 278 und gehen auf den Fluss Jeker zu. Auf der Höhe eines Parks nennt sich die Straße nun *Henri-Hermanspark*.

Wir folgen der Straße weiter geradeaus, bis sie uns über eine kleine Brücke führt, hinter der wir nach rechts in die *St. Pieterstraat* einbiegen. Ab hier gibt es viele kleine Gässchen, linker Hand die alte Stadtmauer und viele Einkehrmöglichkeiten. Halten Sie sich nach Norden in Richtung Stadtzentrum. Ein Bummel durch die Innenstadt lohnt sich. Um zu unserer Bushaltestelle zu gelangen, schlendern wir Richtung Maas und überqueren die Sankt-Servatius-Brücke. Von dort geht es weiter auf der *Wyker Brugstraat*.

Wir überqueren mehrere kleine Nebenstraßen und stoßen dann auf eine große Kreuzung mit der Straße *Lage Barakken*. Diese überqueren wir und erreichen die *Stationsstraat*. Sie führt auf die Straße *Wilhelminasingel*, auf der

Sie auch schon auf der rechten Seite die Bushaltestelle in Richtung Aachen sehen. Falls Sie zu der Zeit unterwegs sind, in der die Geschäfte schließen, empfehle ich Ihnen, eine kurze Strecke geradeaus in Richtung Bahnhof und Busbahnhof zu gehen, denn dort startet der Bus Linie 350 nach Aachen. So bekommen Sie auf jeden Fall einen Sitzplatz.

Bei schönem Wetter ist auch die Strecke von der Brücke bis zum Bahnhof wunderschön. Es gibt viele Straßencafés und Restaurants und bei schönem Wetter herrscht hier eine sehr angenehme Atmosphäre.

Maastricht in der Abenddämmerung

WANDERUNG 18: EIJSDEN-BEEMDEN – VOM JACHTHAFEN PORTOFINO BIS IN DEN ORT EIJSDEN BEI EIS UND SCHNEE

GPS-Daten zu Wanderung 18: Eijsden-Beemden – Vom Jachthafen Portofino bis in den Ort Eijsden bei Eis und Schnee
http://download.m-m-sports.com/extras/streifzuege_euregio/W18.zip

Start: *Portofino Grand Café* am Jachthafen *Portofino*, Kasteellaan 5, NL-6245 SB, Eijsden, Niederlande. Die Adresse des Jachthafens ist Jachthaven Portofino, Kasteellaan 7, NL-6245 SB Eijsden, Tel. 0031 (0) 43 409 4517,)) www.jachthaven-portofino.nl.

Mit dem Auto: Unmittelbar hinter dem Café befindet sich ein großer Parkplatz.

Mit dem Bus: Sie fahren von Maastricht aus mit der Linie 5, Richtung Eijsden, Haltestelle *Catharinenstraat*. Sie gehen von der Bushaltestelle aus die *Catharinenstraat* entlang am *Grand Café* und am Parkplatz vorbei bis zu einem Tor, welches Sie zum Naturhotspot *Eijsden-Beemden* führt.

Ziel: *Brasserie La Meuse*, Diepstraat 44, NL-6245 BL Eijsden, Tel. 0031 (0) 43 409 0405. 190 m von der Brasserie entfernt befindet sich noch auf der *Diepstraat* die Bushaltestelle der Linie 5, die Sie zurück zum Jachthafen oder nach Maastricht führt.

Länge: 5 km (wenn Sie mögen, können Sie die Wanderung um die Seen herum verlängern)

Gehzeit: 2 Stunden

Da wir an diesem schönen Wintertag sehr viel fotografiert haben, sind wir drei Stunden unterwegs gewesen.

Sehr leicht zu gehende Wege. Hunde sind nicht erlaubt. Sie werden diesen Ort auch bei Wanderung 20 beschrieben finden. Ich möchte Ihnen diese besondere Natur auch im Winter nahebringen.

Nachdem Sie mit dem Bus der Linie 5 von Maastricht aus zur Haltestelle *Oost-Maarland, Catharinenstraat* gefahren sind, folgen Sie der direkt von der Bushaltestelle ausgehenden, schmalen Straße, der *Kasteellaan*. Rechts von uns befindet sich der Jachthafen und wir sehen bald das *Grand Café Portofino*. 450 m von der Bushaltestelle entfernt erreichen wir eine Informationstafel und ein kleines Tor, durch das wir in unser eigentliches Wandergebiet eintreten. Innerhalb dieses Gebiets, genannt *Eijsden-Beemden*, können Sie frei herumlaufen und dürfen auch die Wege verlassen. Allerdings sollte man sich den dort frei laufenden Galloway-Rindern und Konik-Pferden nicht näher als 25 m nähern und natürlich auch ansonsten die Tiere nicht verschrecken.

Eijsden-Beemden

Es handelt sich hier um ein 61 ha großes Naturschutzgebiet, welches aus Wiesen, Kiesgruben, kleinen Wäldchen und Obstgärten besteht. Das Gebiet ist für Wanderer frei zugänglich. Damit das Gebiet nicht zu sehr zuwuchert, wurden dort Konik-Pferde und Galloway-Rinder angesiedelt. Mittlerweile hat sich dort für Mensch und Tier, insbesondere Wasservögel, ein Naturparadies entwickelt.

Das Konik-Pferd ist eine ursprünglich aus dem mittel- und osteuropäischen Raum stammende, sehr robuste Ponyrasse. Mittlerweile leben die Pferde in verschiedenen Naturschutzgebieten, wie z. B. dem polnischen Bialowieza-Nationalpark. Die große, sich in den Niederlanden aufhaltende Population lebt unter nahezu wilden Bedingungen.

Das Galloway-Rind stammt aus dem Kreis Galloway im Südwesten Schottlands. Auch hier handelt es sich um eine Robustrasse, die für die ganzjährige Freilandhaltung geeignet ist.

Ich beschreibe den Weg so, wie wir ihn gewandert sind. Da Sie sich auf dem Gelände frei bewegen können, steht es Ihnen frei, sich andere Wege zu suchen.

Wir gehen auf einem schmalen Pfad über eine Wiese und biegen nach 120 m rechts ab. Schon nach weiteren 120 m können wir wunderschöne Ausblicke über das Wasser genießen. Wir wandern 170 m auf einem engen Landstreifen zwischen zwei großen Nebengewässern der Maas, halten uns rechts und wandern dann geradeaus am Wasser entlang weiter. Auch hier entdecken wir wunderschöne Ausblicke über die winterliche Landschaft.

Nach weiteren 500 m haben wir das Ende dieser kleinen Halbinsel erreicht.

Wir biegen nun scharf nach links ab und sehen schon bald eine kleine Holzbrücke, die wir überqueren. Auch hier ist auf beiden Seiten Wasser zu sehen.

Nach weiteren 420 m erreichen wir die Maas, sodass wir einen weiten Blick über den Fluss bis zum St. Pietersberg in Maastricht genießen können. Nun wandern wir 300 m in südliche Richtung entlang des Sees links von uns und dann 170 m geradeaus auf einen weiteren See zu. Hier ruhte eine Rinderherde, der wir ausweichen mussten.

Auf dem See konnten wir beobachten, wie sich dort Schlittschuhfahrer aller Altersgruppen vergnügten.

Unser weiterer Weg führte uns am Ufer der Maas entlang, die sich rechts von uns befand, wohingegen links weitere Seen zu bewundern waren.

Das Sonnenlicht zauberte wunderschöne Lichtreflexe auf den verschiedenen Wasser- und Eisflächen, auch war trotz der Kälte ein reges Treiben der Wasservögel zu beobachten.

Schließlich kamen wir an einer Herde friedlich grasender Pferde vorbei.

Am Ufer der Maas waren kleine Boote zu sehen, die an einer Landzunge vertäut waren.

Wir durchqueren ein Tor und verlassen hiermit das Gelände, in dem Mensch und Tier frei „streunen" dürfen. Nachdem wir noch ein kurzes Stück weiter geradeaus gewandert sind, ist schon der Anlegeplatz einer kleinen Fähre über die Maas zu sehen, die allerdings nur im Sommer fährt, und die wir auf vielen weiteren Wanderungen nutzen.

Die Maas kurz vor Sonnenuntergang zu betrachten, ist trotz der eisigen Kälte wunderschön.

Vom Ende des Sees mit den Schlittschuhfahrern bis zur Anlegestelle sind wir etwa 2 km am Maasufer entlanggewandert.

Wir biegen nach links in die *Diepstraat* ein und erreichen nach 80 m unsere Brasserie, in der wir uns mit unserem üblichen Cappuccino und Espresso und einem warmen Apfelstrudel aufwärmen.

Es war äußerst kalt und windig, dabei strahlender Sonnenschein. Die Tierwelt war nicht so lebhaft wie im Sommer, aber dennoch aktiv. Ein ganz faszinierender Tag.

4 Rundwanderungen bei Eijsden

Wanderung 19: Eijsden – Lanaye – Eijsden

Wanderung 20: Wildpferdeparadies bei Eijsden-Beemden

Wanderung 21: Eijsden – Fort Eben-Emael – Eijsden

Wanderung 22: Eijsden – Sint Pietersberg – Kanne – Albertkanal – Eijsden

Wanderung 23: Kombination W 22 und W 23: Eijsden – Fort Eben-Emael – Kanne – Sint Pietersberg – Eijsden

Wanderung 24: Kleiner Ausflug nach Kanne und Umgebung

Wanderung 25: Fun Valley und Kanufahrt

4 RUNDWANDERUNGEN BEI EIJSDEN

Die folgenden Rundwanderungen überschneiden sich teilweise mit den beiden Streckenwanderungen aus Kapitel 4 und auch die Wanderungen 19 bis 25 überschneiden sich teilweise. Sie unterscheiden sich darin, ob es sich um Rund- oder Streckenwanderungen handelt und in der Länge. Man kann in einer kurzen Runde die Gegend genießen, wie bei der nur 4 km langen, aber wunderschönen Wanderung 23 oder sich der Herausforderung der längsten Wanderung in diesem Buch, Wanderung 20, mit fast 20 km Länge stellen. Meine persönlichen Favoriten sind Wanderung 20, bei der man nach Herzenslust streunen, die Natur genießen und sich entspannen kann, Wanderung 17, 18, aber auch 22, die extrem abwechslungsreich sind. Da es sich bei Wanderung 22 und 23 um Variationen der vorherigen Wanderungen handelt, habe ich sie nur kurz skizziert und natürlich die GPS-Daten aufgezeichnet, aber auf eine ausführlichere Beschreibung und weitere Fotos verzichtet.

Durch die Überschneidungen bleibt es nicht aus, dass sich auch manche Textpassagen oder Informationen wiederholen, z. B. die Adressen von Cafés, Webseiten, Wegbeschreibungen oder Busverbindungen. Ich stelle mir vor, dass es für den Leser weniger unangenehm ist, diese Wiederholungen zu lesen, als immer wieder zurückblättern zu müssen, um diese Informationen in den vorherigen Wanderungen zu suchen.

Und nun wünsche ich Ihnen viel Spaß bei der Erkundung des hochinteressanten und wunderschönen Gebietes südlich von Maastricht.

Rundwanderungen bei Eijsden

Streifzüge durch die Euregio

WANDERUNG 19: EIJSDEN – LANAYE – EIJSDEN

GPS-Daten zu Wanderung 19:
Eijsden – Lanaye – Eijsden
http://download.m-m-sports.com/extras/streifzuege_euregio/W19.zip

Start und Ziel: *Ursulinenconvent*, Breusterstraat 27, NL-6245 EH Eijsden, Tel. 0031 (0) 43 737 0202. Hier befindet sich ein Kulturzentrum, eine Touristeninformation und ein Museum. Vor dem Zentrum befinden sich Parkplätze. Weitere Informationen unter ›› www.ursulinenconvent.com.

Länge: 6,8 km

Gehzeit: 2,5 Stunden

Anfahrt:
Mit dem Bus: Mit der Buslinie 350 von Aachen aus nach Maastricht, Haltestelle *Wilhelminasingel*. Von dort umsteigen und mit der Linie 5 in Richtung Eijsden bis zur Haltestelle *De Bron* in Eijsden fahren. Weitere Informationen zur Busverbindung erhalten Sie unter ›› www.arriva.nl.
Wenige Meter von der Haltestelle *De Bron* entfernt befindet sich die Straße *Breusterhof*, die bald mit einer scharfen Kurve nach links auf die *Breusterstraat* trifft. Hier biegen Sie rechts ab und kommen an mehreren Geschäften und Supermärkten vorbei. Nachdem Sie die *Kennedylaan* überquert haben, sehen Sie bald rechts von sich einen Park und kurz dahinter einen breiten Weg nach rechts, der direkt zum Konvent und Café/Infopoint führt. Unterwegs weist Ihnen zusätzlich zu meiner Beschreibung ein Hinweisschild: „VVV" für *Servicepunt Eijsden* den Weg.
Mit dem Auto bietet es sich an, an der o. g. Adresse zu parken.

Die Fahrtzeiten der Fähre Eijsden-Lanaye:
April: täglich von 10 bis 18 Uhr.
Mai bis September: täglich von 10 bis 20 Uhr
Oktober: täglich von 10 bis 18 Uhr.

Sehr einfache und schöne Wanderung mit viel Gelegenheit zur Vogelbeobachtung, Entspannung, Sonnenbaden, sehr urig, viele Sommerblumen und Wasservögel, kleine Tour durch den belgischen Ort **Lanaye**. Hunde sind auf einem Teil der Strecke meines Wissens nicht erlaubt.

Auf unserer Wanderung an einem heißen Augusttag 2017 haben wir nach der Anreise mit dem klimatisierten Bus erst einmal in einem, dem Ursulinenkonvent angegliederten Café und Informationszentrum haltgemacht und unseren Espresso und Cappuccino getrunken. Im Informationszentrum kann man stöbern, sich beraten lassen und Wanderkarten und weiteres Informationsmaterial erwerben. Es herrscht dort eine angenehme Atmosphäre, sodass wir uns gerne vor einer Wanderung dort stärken.

Wir starten unsere Wanderung, indem wir auf die *Breusterstraat* gehen, dort rechts abbiegen und auf dieser Straße bleiben, bis wir auf die *Schoolstraat* treffen, die, von links kommend, auf die *Breusterstraat* trifft. Wir bleiben 300 m auf der *Schoolstraat* und biegen dann nach rechts in die *Diepstraat* ein. Hier entdecken Sie an einer Straße mit Kopfsteinpflaster und kleinen Häuschen einige nette Cafés. Nach 150 m erreichen wir die Maas. Wir biegen rechts ab und sehen bald links von uns die Anlegestelle der kleinen Fähre, die uns später nach **Lanaye** bringen wird.

Da wir aber zunächst einen kleinen Spaziergang auf einer nahe gelegenen, wild bewachsenen Landzunge unternehmen wollen, deren Ufer eine enorme Vielfalt an Wasservögeln beheimatet, wandern wir geradeaus weiter. Ungefähr 300 m, nachdem wir die Maas erreicht haben, sehen wir ein Schild, welches uns über die *Eijsdener Beemden* aufklärt (siehe auch Wanderung 19). Dort befindet sich ein kleines Tor, durch das wir hindurchgehen. Wir wandern nun 300 m auf einem Grasweg am Wasser entlang, halten uns links und betreten die Landzunge. Bis hierhin befanden wir uns in den Niederlanden, die Landzunge war bis 2017 belgisches Territorium. Ab 2018 wurden die Landesgrenzen etwas verändert, deren ganz genauen Verlauf ich aber nicht kenne.

Rundwanderungen bei Eijsden

Von der Landzunge aus fotografiert

Nun wandern wir auf einem schmalen Pfad 900 m geradeaus, bis wir das Ende der Landzunge erreichen. Beide Seiten des Weges machten einen fast urwaldmäßigen Eindruck und neben kleinen Bäumen, Lianen und Sträuchern sahen wir angenehm duftende, wilde Sommerblumen, als wir im Sommer 2017 dort waren. Wir konnten hier eine Schwanenfamilie beobachten, die sich auch durch ein vorbeifahrendes Kanu nicht hat beunruhigen lassen. Ein Haubentaucherpärchen wechselte sich auf einem Nest beim Brüten ab und beim Heranzoomen mit der Kamera waren sogar die Eier im Nest zu erkennen. Immer wieder verließ einer der Vögel das Nest und suchte in der Nähe nach Futter. Auch einige kleinere Boote waren zu sehen.

Am Ende der Landzunge genossen zwei Menschen den einsamen, mit Gras bewachsenen Strand, die offensichtlich mit einem Kanu dorthin gekommen waren. Auf demselben Pfad mit einigen Abzweigungen hin zu beiden Ufern schlenderten wir nun zurück, wobei es immer wieder Interessantes zu sehen gab, insbesondere, was die Vogelwelt betraf. Die Vielfalt und die Düfte der blühenden Pflanzen waren beeindruckend.

Wir wandern auf dem Grasweg zurück in Richtung Eijsden, durch das nun schon bekannte Tor hindurch, bis wir die Anlegestelle der Fähre zum Ort Lanaye erreichen. Da wir uns noch das belgische Dorf ansehen möchten, setzen wir mit der Fähre über, wobei wir mit dem Boot die Landesgrenze nach Belgien überqueren, die durch die Maas führt.

In **Lanaye** können Sie bis zur *Rue Derrières les Haies* zur Orientierung auch Schildern mit grünen und gelben Balken folgen. Dort trennen sich die Wege. Der gelbe Balken führt nach Kanne, einem belgischen Ort, der grüne Balken führt wieder zurück zur Anlegestelle. Als wir dort waren, war er jedoch an manchen Stellen abmontiert (vielleicht wird der Weg neu angelegt), sodass ich weiter unten den Weg sehr genau beschrieben habe.

In Lanaye angekommen, gehen wir von der Anlegestelle nach rechts in die *Rue de Battes*. Nach 300 m macht der Weg einen scharfen Knick nach links. 140 m hinter dem Knick stoßen wir auf die *Rue du Village*, in die wir nun nach rechts einbiegen. Wir folgen der „Rue du Village", bis wir nach 270 m den *Place du Roi Albert* erreichen. Hinter dem Platz halten wir uns links und biegen nach wenigen Metern nach rechts in einen Weg ein, der *Rue Derrières les Haies* heißt.

Im dörflichen Lanaye

Links von uns befinden sich vorwiegend Felder und wir sahen noch eine einzelne Sonnenblume. Nach 330 m treffen wir auf ein anderes Teilstück der *Rue du Village*, die wir überqueren, und gehen auf der *Rue de Maison Blanche* weiter. Nach 300 m erreichen wir ein kleines Waldstück und einen kleinen Parkplatz und wenn wir hier nach rechts weitergehen, erreichen wir die Maas.

Es ist lohnend, sich in dieser Gegend weiter auf eigene Faust umzusehen. Wenn Sie auf der Höhe des kleinen Waldstücks nach links abbiegen und einen sandigen Hügel hinaufsteigen, werden Sie mit einem wunderbaren Ausblick belohnt. Linker Hand haben Sie eine wunderbare Aussicht auf die Stelle, an der der Albertkanal und die Maas aufeinandertreffen, auf die Schleusen von Lanaye und die imposanten Felsen des Sint Pietersbergs. Der Blick nach rechts überrascht Sie mit einer grünen Seenlandschaft. Auf dieser Anhöhe finden Sie im Sommer viele Blumen und Schmetterlinge (Fotos hierzu in Wanderung 17). Auch eine Sitzgelegenheit gibt es hier (ein großer, bearbeiteter Steinblock), sodass man dort rasten und alles auf sich wirken lassen kann.

Nun zu unserem weiteren Weg: Hinter dem Parkplatz biegen Sie auf einem schmalen Pfad nach rechts ab und sehen wieder die Maas. Hier halten Sie sich wieder rechts, sodass Sie auf dem weiteren Weg die Maas links von sich haben. Auf einem kurzen Teilstück ist der Weg asphaltiert, aber meist wandern Sie über Gras. Auch hier ist die Vielfalt der Blumen beeindruckend, Seerosen sind hier zu bewundern, aber auch Sommerflieder und viele blühende Wasserpflanzen. Auch von hier aus ist ein lebhaftes Treiben der Wasservögel zu beobachten, die auf einigen nicht begehbaren Inseln in der Maas ungestört leben können.

Schließlich erreichen wir nach 1,30 km wieder unseren Fähranleger. Wir lassen uns von der Fähre wieder nach Eijsden übersetzen, wandern zunächst wieder auf der *Diepstraat* durch die idyllische Kleinstadt, biegen in die uns nun schon bekannte *Schoolstraat* ein und erreichen die *Breusterstraat*. Bald sehen wir linker Hand wieder unseren Startpunkt.

Blick über die Maas auf den Ort Eijsden

Streifzüge durch die Euregio

WANDERUNG 20: WILDPFERDEPARADIES BEI EIJSDEN-BEEMDEN

GPS-Daten zu Wanderung 20:
Wildpferdeparadies bei Eijsden-Beemden
http://download.m-m-sports.com/extras/streifzuege_euregio/W20.zip

Start und Ziel: *Portofino Grand Café*, Kasteellaan 5, NL-6245 SB, Eijsden, Niederlande.

Mit dem Auto: Unmittelbar hinter dem Café befindet sich ein Parkplatz.

Mit dem Bus: Sie nehmen von Maastricht aus die Linie 5, Haltestelle *Catharinenstraat*, Eijsden.

(Weitere Informationen entnehmen Sie bitte Wanderung 19.)

Sie gehen die *Catharinenstraat* entlang, am *Grand Café* und am Parkplatz vorbei bis zu einem Tor, hinter dem sich das Wandergebiet befindet.

Länge: 4 km

Gehzeit: 2 Stunden

Sie können die Wanderung beliebig verlängern und sich frei auf dem Gelände bewegen.

Sehr leichte Wanderung. Der Wanderer hat viele Variationsmöglichkeiten. Hier kann man sich entspannen und viele Stellen laden zum Verweilen ein. Es gibt einsame Stellen an den zahlreichen Seen, an denen sich gelegentlich ein Angler oder ein Badender findet oder wo ein Boot ankert. Ein kleines Paradies.

Soweit ich das anhand der Schilder beurteilen kann, sind Hunde nicht erlaubt.

Wir gehen am *Grand Café Portofino* und an dem Parkplatz vorbei und stoßen auf ein Tor, welches uns ins Wandergebiet führt. Vor dem Tor befindet sich eine große Karte mit Erklärungen zu diesem Gebiet und mit einem Wandervorschlag, dem Sie natürlich auch folgen können.

Bei unserer Wanderung an einem heißen Sommertag Ende August sind wir direkt hinter dem Tor rechts auf einen schmalen, schattigen Pfad eingebogen. Schon nach 200 m war rechts die Maas und links ein großer See zu sehen. Es gibt dort eine reichhaltige Vegetation und viele Wasservögel. Ein großer Graureiher wartete, auf einem Zweig sitzend, auf seine Beute. Der See war umgeben von Schilf, Gras, Bäumen verschiedenster Art und vielen bunten Sommerblumen. Während wir auf einem Grasweg zwischen den beiden Gewässern entlangwanderten, konnten wir rechter Hand auf der Maas ein buntes Treiben von kleinen Booten und vielen Schwänen beobachten. Dieses Teilstück ist etwa 170 m lang. Danach sind wir rechts abgebogen und auf einem schmalen Pfad am Maasufer entlanggegangen. Auch hier erwartete uns eine dichte Atmosphäre voller Blumendüfte, vielfältigstem Vogelgezwitscher und dem Geruch und dem Plätschern des Wassers.

An einigen Stellen kamen wir an kleinen Booten vorbei, die an versteckten Stellen angelegt hatten und wir entdeckten auch einen Angler. Zwischendurch führt uns der Pfad unter niedrigen, lichten Laubbäumen hindurch. Nach etwa 500 m macht der Pfad eine scharfe Biegung nach links und wir folgen ihm weiterhin 250 m, bis wir an eine kleine Brücke aus Holz gelangen. Nun sind wir von beiden Seiten von Wasser umgeben. In den sauberen Seen sind Fische zu sehen und auch Reiher haben wieder Position bezogen. Auf unserer Wanderung sind wir hinter der Brücke rechts abgebogen und auf einer schmalen Landzunge weitergewandert.

Hierbei haben wir 2017, ohne es zu bemerken, die Grenze nach Belgien überschritten. 2018 haben wir von einem niederländischen Wanderer erfahren, dass dies nun niederländisches Gebiet sei. Der Pfad wird schmaler und führt nun durch hohes Gras, Büsche, Felder voller Blumen und Sträucher. Rechts von uns ist die Maas zu sehen. Ansonsten wird es ab hier sehr einsam. Kein Mensch war hier mehr zu sehen. Immer wieder zweigte ein winziger Pfad nach links ab und wir beschlossen schließlich nach etwa 700 m, einem von ihnen zu folgen. Hier sind nun noch mehr Bäume zu sehen. Die Landschaft wird noch wilder, uriger.

Nach 200 m haben wir die andere Seite der Landzunge erreicht und sehen nun einen weiteren Ausläufer der Maas vor uns. Wir biegen links ab und wandern auf einem sehr schmalen Pfad entlang dieses Ausläufers, der sich nun rechts von uns befindet. An einer Stelle sehen wir, dass hier Biber leben müssen, da sie die Bäume auf ihre typische Art bearbeitet haben. Wir wandern durch diesen „Urwald", bis wir ein kleines Tor erreichen, welches wir öffnen. Das Tor diente dem Schutz der auf der niederländischen Seite weidenden Großtiere. Hinter dem Tor öffnet sich die Landschaft. Bald sehen wir auch einen niederländisch-belgischen Grenzstein. Wir gehen über eine große Wiese und haben links von uns wieder den Teich mit seinen vielen Wasservögeln. Rechts bleibt die Maas in unserem Gesichtsfeld. Es finden sich hier viele Stellen, an denen es sich lohnt, zu verweilen und die Natur auf sich wirken zu lassen. An manchen Stellen badeten Galloway-Rinder.

Rundwanderungen bei Eijsden

Nachdem wir diese dichte Atmosphäre an diesem warmen Sommerabend ausgiebig auf uns haben wirken lassen, schlenderten wir auf einem breiten Grasweg um den Teich herum, wobei uns eine große Pferdeherde begegnete, die sich zwischen vielen Vögeln am Wasser vergnügte.

Ungefähr 150 m, nachdem wir den See verlassen haben und über eine Wiese gingen, erreichten wir das Tor, von dem aus wir unsere Wanderung begonnen haben.

In der Abenddämmerung

Streifzüge durch die Euregio

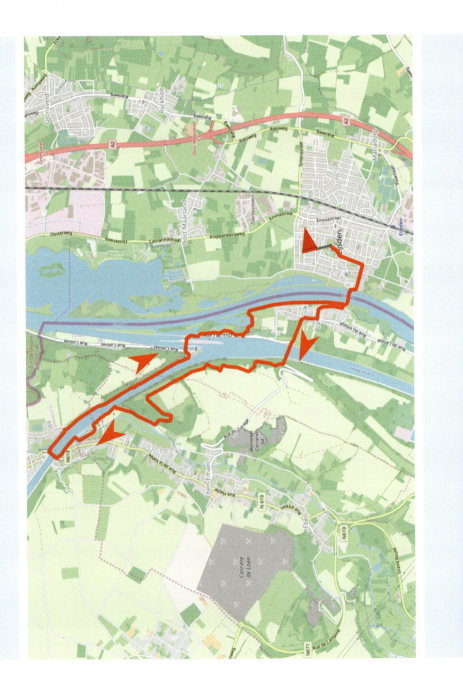

WANDERUNG 21: EIJSDEN – FORT EBEN-EMAEL – EIJSDEN

GPS-Daten zu Wanderung 21:
Eijsden – Fort Eben Emael – Eijsden
http://download.m-m-sports.com/extras/streifzuege_euregio/W21.zip

Start und Ziel: *Ursulinenconvent*, Breusterstraat 27, NL-6245 EH Eijsden, Tel. 0031 (0) 43 737 0202. Hier befindet sich ein Kulturzentrum, eine Touristeninformation und ein Museum. Parkplätze befinden sich auf einem Platz vor dem Zentrum.

Weitere Informationen unter)) www.ursulinenconvent.com.

Anfahrt mit dem Bus: Mit dem Bus der Linie 350 von Aachen aus nach Maastricht-Zentrum. Von dort umsteigen und mit der Linie 5 in Richtung Eijsden bis zur Haltestelle *De Bron* in Eijsden, weitere Informationen unter)) www.arriva.nl.

Wenige Meter von der Haltestelle entfernt befindet sich die Straße *Breusterhof*, die bald nach einer scharfen Kurve nach links auf die *Breusterstraat* trifft. Hier biegen Sie rechts ab und kommen an mehreren Geschäften und Supermärkten vorbei. Nachdem Sie die *Kennedylaan* überquert haben, sehen Sie bald rechts von sich einen Park und kurz dahinter einen breiten Weg nach rechts, der direkt zum Konvent und Café und Infopoint führt.

Falls Sie mit dem Auto unterwegs sind, bietet es sich an, dort zu parken.

Alternativ: *Brasserie La Meuse*, Diepstraat 44, NL-6245 BL Eijsden, Tel. 0031 (0) 43 409 0405. 190 m von der Brasserie entfernt befindet sich noch auf der *Diepstraat* eine Bushaltestelle der Linie 5.

Die Fahrtzeiten der Fähre Eijsden-Lanaye:
April: täglich von 10 bis 18 Uhr.
Mai bis September: täglich von 10 bis 20 Uhr.
Oktober: täglich von 10 bis 18 Uhr.

Bitte vergewissern Sie sich bezüglich der aktuellen Fahrzeiten der Fähre, da diese sich ändern können, unter 》 www.eijsden.nu.

Länge: 12,6 km

Gehzeit: 4-5 Stunden

Auf einer Länge von 3 km ist die Strecke anstrengend, da sich dort viele Treppen und Abhänge im Wald befinden. Gutes Schuhwerk und Trittsicherheit ist erforderlich.

Sehr schöne, abwechslungsreiche, aber teilweise anstrengende Wanderung.

Hunde können an der Leine mitgeführt werden, aufgrund steiler Abhänge halte ich diese Wanderung für Hunde, aber auch für kleine Kinder für nicht so geeignet.

Vom Ursulinenconvent aus, wo wir gerne noch etwas trinken und im zugehörigen Informationsbüro und Shop stöbern, starten wir unsere Wanderung, indem wir auf die *Breusterstraat* gehen, dort rechts abbiegen und auf dieser Straße bleiben, bis wir auf die *Schoolstraat* treffen, die, von links kommend, auf die *Breusterstraat* trifft. Wir bleiben 300 m auf der *Schoolstraat* und biegen dann nach rechts in die *Diepstraat* ein.

Auf dieser Straße mit Kopfsteinpflaster und kleinen Häuschen entdecken Sie einige nette Cafés. Nach 150 m erreichen wir die Maas und biegen auf einem schmalen Weg nach rechts ab. Kurz hinter der Abbiegung sehen wir einen großen Grenzstein, der die niederländisch-belgische Grenze markiert, die sich aber mittig in der Maas befindet, und schon knapp 100 m dahinter liegt die Anlegestelle der kleinen Fahrrad- und Fußgängerfähre, die uns Fußgänger für einen Euro pro Person über die Maas transportiert.

Am Ufer sind sogar schon während unserer ersten Wanderung Anfang Mai 2017 viele blühende Wildblumen zu sehen und wir können ein lebhaftes Treiben der unterschiedlichsten Wasservögel beobachten. Nachdem wir das andere Ufer erreicht haben und an Land gegangen sind, sehen wir auf einem Holzpfahl farbige Markierungen, die Wanderwege bezeichnen und die uns auf jeweils verschiedenen Teilstrecken weiter begleiten werden.

Wir folgen den an den bunten Markierungen befindlichen Pfeilen und wenden uns nach rechts. Nun wandern wir eine schmale Dorfstraße entlang, die *Rue de Battes* heißt, uns zunächst etwa 300 m geradeaus führt und dann einen scharfen Knick nach links macht. Nach weiteren 140 m erreichen wir die *Rue du Village*, in die wir nach rechts einbiegen. Nun sind wir im Zentrum des kleinen und sehr ruhigen Ortes **Lanaye**, hinter dessen Kirche wir nach links abbiegen. Vor der Kirche präsentieren große Karten sehr viel Informationsmaterial für Touristen. Wir wandern nun über eine Allee und verlassen damit den Ort. Von unseren Wegmarkierungen sind nun nur noch ein rotes Dreieck und eine blaue Raute übrig, die uns weiter die Richtung weisen. Auf unserer Allee sind sie auf einem kleinen Pfosten links der Straße zu sehen.

Am Ende der Allee erreichen wir eine Brücke und überqueren auf ihr den Albertkanal. Von der Brücke aus können wir rechter Hand weit bis zu den Schleusen von Lanaye und den Sint Pietersberg von Maastricht sehen. Auch sind hier immer wieder Frachter zu beobachten.

Hinter der Brücke befindet sich auf der rechten Seite ein kleiner Parkplatz. Wir gehen geradeaus am Parkplatz vorbei und ungefähr 80 m, nachdem wir die Brücke verlassen haben, führen uns Stufen rechts in den Wald. Vor dem Beginn der Stufen befindet sich auf der rechten Seite eine Informationstafel und auf der linken Seite entdecken wir nur noch das blaue Symbol als Wegmarkierung.

Die Treppen führen uns auf einen schmalen Pfad an teils abschüssigem Gelände entlang und sind nicht immer leicht zu gehen. Für den geologisch Interessierten gibt es hier interessante Aufschlüsse der verschiedenen hier befindlichen Erdschichten.

Weitere Treppen führen immer weiter bergauf durch Waldgebiet, bis wir auf ein Holztor, mit Schafsdraht versehen, treffen, welches sich öffnen lässt. Auf dem Tor befindet sich wieder ein Schild mit unserem blauen Symbol. Wir öffnen das Tor und gelangen auf einen schmalen Pfad. Uns erwarten nun linker Hand riesige Felswände aus Kalkstein, rechter Hand viele Büsche und geradeaus und nach rechts haben wir einen weiten Blick über den Albertkanal, die Maas und das Hinterland.

Bald erreichen wir ein weiteres Tor, welches wir auch öffnen und wandern an weiteren riesigen Felswänden und Grotteneingängen vorbei. Auch hier stehen an einigen Stellen Schilder mit Informationen über diese besondere Gegend. Gegen Ende dieses Teilstücks sahen wir hoch oben in den Felsen und auf einer Wiese vor uns eine Schafherde, die uns ohne Probleme passieren ließ.

Bald sehen wir wieder ein Tor, welches wir öffnen. Auch hier bestätigt uns das blaue Symbol, dass wir noch auf dem richtigen Weg sind. Nun haben wir die Schafe verlassen und wandern auf einem schmalen Pfad geradeaus hoch über dem Albertkanal, der rechter Hand weit unter uns verläuft. Wir folgen dem blauen Symbol, welches uns gelegentlich nach links weist. Der Abhang ist durch einen Zaun gesichert. Verlassen Sie hier nie den markierten Weg, da es hier extrem steile und gefährliche Stellen gibt. Auch auf dem folgenden Teilstück, welches sich durch ein Waldstück schlängelt, gibt es immer wieder etwas schwieriger zu gehende Stellen. Vor einem weiteren Tor weist uns unser Symbol nach links an einem Zaun entlang.

Geradeaus sehen Sie hinter dem Tor einen großen, allein stehenden Felsen, weit unter uns ist wieder der Albertkanal zu sehen und wir können bei schönem Wetter bis weit ins Hinterland schauen. Wir folgen dem blauen Symbol in einigen Biegungen durch Wald und müssen dabei wieder Treppen und schwierige Stellen überwinden.

Der Weg wird allmählich einfacher zu passieren, auch wird er etwas breiter und führt als eine Art Hohlweg durch niedrigen Laubwald. Unvermittelt treten wir aus dem Wald heraus und stoßen auf riesige Felder, die sich vor uns ausbreiten. Ab hier verlassen wir unsere Wegmarkierung für eine Weile.

Hier erklärt mir ein netter Herr den weiteren Weg.

Nun wenden wir uns nach rechts und folgen einem breiten Feldweg. Als wir dort entlangwanderten, waren hier einige Felder gepflügt, auf anderen stand schon hoher Raps mit beginnender Blüte und wir sind auch an einem Feld voller Gerste vorbeigegangen. Schade, dass die in meiner Kindheit hier üblichen Mohn- und Kornblumen fehlten. An einigen Stellen begleiten auch hohe, blühende Hecken unseren Weg.

Wir folgen dem Feldweg entlang der Hecken, der gegen Ende einige Biegungen macht und sehen schließlich einen kleinen, unscheinbaren Pfad, der nach rechts in den Busch führt.

Im Vergleich zu zuvor ist das nun folgende, urwaldmäßig anmutende Waldstück leichter zu durchwandern.

Hier wachsen viele Kräuter, blühende Büsche, Ahorn, Weißdorn, Efeu und Ähnliches. Fast unvermittelt treffen Sie nach einer Weile auf der rechten Seite etwa 5 m vom Weg entfernt auf einen Aussichtspunkt und ein ufoähnliches Gebilde, eine Beobachtungskuppel. Diese gehört zum *Fort Eben-Emael*, über das ich schon in Wanderung 18 geschrieben habe. Von hier aus können Sie weit ins Tal, hinunter auf die Schleusen des Albertkanals, weit über den Kanal und die Maas bis nach Maastricht und nach rechts fast bis zur belgischen Stadt Visé sehen. Der steile Abhang ist gesichert, allerdings wirkt die Absperrung auf mich nicht so vertrauenswürdig, dass ich mich beim Fotografieren dagegen lehnen würde.

Wir gehen wieder zurück auf unseren Weg, der nun etwas breiter wird, und uns auf einen weiteren Feldweg führt. Bald sehen wir wieder eine blaue Raute links am Wegrand. Diese gehört zu einem weiteren Wanderweg und wird uns nun bis zu dem Ort **Kanne** begleiten. Nun befinden sich links von uns Felder, rechts blühende Bäume und Büsche. Wir können viele Blüten bewundern und ihren starken, herrlichen Duft genießen.

Am Ende dieser Strecke sehen wir auf der rechten Seite einen Pfahl mit unserem blauen Symbol, welches uns zu einem Eisentor weist, an dessen Seite man vorbeigehen kann. Wir passieren das Tor und sehen auf der linken Seite weitere Kuppeln. Auch diese gehören zum Fort, über das wir gerade wandern.

Unser Symbol führt uns nun zu einer blumenbewachsenen Wiese, durch die wir hindurchwandern. Am Ende dieser herrlichen Wiese erreichen wir wieder einen Waldweg, auf dem es teilweise wieder Treppen und rutschige Stellen gibt.

Am Ende einer Treppe kommen wir an einem auf der linken Seite befindlichen schwarzen Bunker vorbei, der etwas bedrohlich in der Landschaft steht. Auch hier weist uns wieder das blaue Zeichen unseren weiteren Weg und zwar nach links über eine weitere Wiese, der an Bäumen entlangführt. Hier befanden sich, als wir dort waren, viele Blumen, insbesondere die blauen Vergissmeinnicht am Wegrand. Am Ende der Wiese stoßen wir auf einen weiteren Bunker. Dahinter weist uns das blaue Symbol nach rechts in ein Waldstück, in dem die Bäume nun sehr viel höher stehen als zuvor. Auch der Weg ist breiter. Auch hier handelt es sich um einen Laubwald. Nachdem wir wieder Treppen passieren mussten, erreichen wir einen noch größeren Bunker bzw. Kasematten mit Schießscharten für Kanonen.

Wir wandern an diesem Bunker vorbei durch ein ähnliches Waldstück wie zuvor und müssen weitere Treppen überwinden. Nachdem wir wieder Treppen hinuntergestiegen sind, sehen wir auf der linken Seite einen weiteren Bunker und stoßen auf einen asphaltierten Weg. Das blaue Zeichen zeigt nun sowohl nach rechts als auch nach links. Bis zu dieser Abbiegung sind wir vom Beginn des ersten Waldstücks aus gerechnet nur 2,73 km gewandert, was sich aber zumindest für uns subjektiv viel weiter anfühlte.

Hier biegen wir rechts ab. Links von uns befindet sich ein Feld, rechts sehen wir ein Gewässer, Bäume und dahinter Felsen. Am Wasser gibt es einige Stellen für Angler und es sieht dort teilweise sehr urwaldmäßig aus.

Bald sind wir von beiden Seiten von Bäumen umgeben, bis wir nach insgesamt 600 m auf diesem Weg auf den Albertkanal stoßen. Hier biegen wir links ab und wandern am Wasser entlang. Wir sehen viele ankernde Boote, von denen manche als Wohnsitz dienen, wie uns ein freundlicher Bewohner erklärte. Vor den Booten wurden in Töpfen reichlich Blumen und Kräuter gezogen, aber auch in der Natur spross z. B. Schnittlauch.

Wir kommen am *Grandcafé Bit of Orange* (weitere Informationen siehe Wanderung 18) und dem *Jachthafen Kanne* vorbei, der durch einen Zaun abgesperrt ist. Nachdem wir der Absperrung gefolgt sind – auch hier weist uns die blaue Markierung den Weg –, wandern wir entlang des Albertkanals weiter. Wir beobachten hier große Lastkähne.

Nach einer Weile säumen die ersten kleinen Häuser mit schönen, blumengeschmückten Gärten unseren Weg, der Trekweg Opcanne heißt, wie uns ein Schild erklärt. Schließlich erreichen wir, der blauen Markierung folgend, eine große Brücke über den Kanal. Wieder müssen wir viele Treppen steigen und zwar hinauf auf die Brücke und auf der anderen Seite wieder hinunter. Wir verlassen ab hier unseren blauen Wegweiser und werden ihn bald ersetzen. Wir haben die Wahl, ein sehr kleines Stück geradeaus in den Ort **Kanne** hinein und dann an Gärten und am Flüsschen Jeker nach rechts entlangzugehen oder direkt rechts abzubiegen und direkt am Kanal wieder in südöstliche Richtung zurück in Richtung Eijsden zu wandern. Die Wege verlaufen parallel und treffen sich nach etwa 500 m. In Kanne gibt es weitere Restaurants, die es zu entdecken lohnt (siehe hierzu Wanderung 25).

Der Weg direkt am Albertkanal entlang heißt Trekweg Caestert. Wir folgten bei unserer Aufzeichnung keinem ins Landesinnere weisenden Pfad, sondern wir wanderten auf einem kleinen, asphaltierten Weg immer am Kanal entlang. Zunächst sind noch einige ankernde Lastkähne zu bewundern. Wir sahen am Ufer des Albertkanals einen einsamen Angler und Pferde auf einer Weide.

Lassen Sie sich für eine Weile nicht von verschiedenen Markierungen verunsichern, sondern wandern Sie geradeaus am Kanal entlang. Kurz vor einer Pferdeweide werden Sie auf der linken Seite des Weges an einem Pfosten die Markierungen mit einem gelben Rechteck und einem roten

Dreieck entdecken. Das sind nun unsere Wegmarkierungen. Auch hier ankern bewohnte Schlepper.

Nach einer Weile wird der Weg etwas eintönig. Wir wandern geradeaus am Kanal entlang, auf beiden Seiten des Kanals befinden sich Bäume, dahinter nicht immer sichtbar die Kalkfelsen. Auf der gegenüberliegenden Seite des Albertkanals entdecken wir zwischen bewachsenen Felsen einen nicht ganz leicht zu erkennenden Bunker des Forts *Eben-Emael*. Im Internet habe ich nachgelesen, dass es sich hier um den *Bunker Kanal von Osten* des Forts handeln soll. Ein großes Schild weist auf eine Telefonnummer hin, unter der man eine Führung buchen kann: 0032 (0) 42862861.

Am Ende dieser Strecke erreichen wir die imposanten *Schleusen von Lanaye* zwischen Maas und Albertkanal. Unser rotes Dreieck weist uns den Weg nach links über eine Brücke, an sich öffnenden und schließenden Schleusentoren vorbei und wer die Muße hat, kann den beeindruckenden Ablauf hier beobachten.

Wir biegen hinter der Schleuse nach rechts in südliche Richtung ab. Wir erlebten hier einen großen Kontrast. Rechts von uns sehen wir die imposanten technischen Bauten der Schleusen und nach links blicken wir über Nebenarme der Maas, an deren Ufern sich Pferdeherden mit ihren Fohlen und Rinder tummelten, von denen wir einige in der Ferne beim Baden beobachten konnten.

Bald weist uns die Markierung mit einem roten Dreieck auf einen Schotter- bzw. Sandweg nach links, dem wir folgen. Eine Markierung mit einem gelben Rechteck ist nun auch wieder zu sehen. Nun folgt ein ausgesprochen schöner Weg voller Blumen und Gräser und von dem aus man über die Nebenarme der Maas sehen kann. Im Hintergrund sind gelegentlich wieder die Pferde zu beobachten. Rechter Hand kann man noch einen Blick auf den Albertkanal werfen und vor uns liegt die Brücke, die wir zu Beginn unserer Wanderung überquert haben. Der Weg führt in Schlangenlinien nach links zunächst vorwiegend bergauf. Ab hier folgen wir nur noch den Markierungen mit einem gelben Rechteck. Es geht bald relativ steil bergab und an einem Gewässer links von uns vorbei, welches aufgrund von Baumbewuchs nicht einfach zu sehen ist. Der Weg wird breiter und ist rechts und links von Büschen und einigen Bäumen gesäumt.

Schließlich erreichen wir einen weiteren Weg. Davor steht auf der rechten Seite ein Pfosten. Nun ergänzt ein grünes Rechteck unser gelbes Rechteck. Beide weisen uns nun den Weg nach links, dem wir zunächst folgen. Schon nach wenigen Metern biegen wir rechts ab, zwischen großen Steinen hindurch. Auch hier weist uns das grüne und das gelbe Symbol den Weg. Im Hintergrund ist schon die Maas zu sehen. Wir gehen auf die Maas zu und biegen dann nach rechts ab.

Nun wandern wir an der sich links von uns befindlichen Maas entlang, wobei wir im Hintergrund schon die Häuser und die Kirche von Eijsden sehen können. Der Grasweg ist wunderschön, leicht zu laufen und von bunten Sommerblumen gesäumt. Auf dem Fluss sind viele Wasservögel und gelegentlich kleine Boote zu sehen.

Schließlich erreichen wir ein kleines Café vor unserem Bootsanleger, vor dem sich, als wir dort waren, sehr viele, laut schnatternde Gänse versammelt hatten. Als wir die Wanderung aufgezeichnet haben, warteten wir zunächst vergeblich auf ein Boot und hatten schon Angst, die letzte Fähre verpasst zu haben.

Schließlich kam noch ein Fahrradfahrer, der auch noch übergesetzt werden musste. Es gelang ihm, über eine App mit dem Kapitän der Fähre Kontakt aufzunehmen, der dann doch noch kam, um uns über den Fluss zu fahren. Damit Ihnen nicht dasselbe Missgeschick passiert wie uns, fragen Sie, wenn Sie diese Wanderung machen, sicherheitshalber auf dem Hinweg unbedingt nochmals nach, wann die letzte Fähre fährt und seien Sie rechtzeitig da. Wir hatten uns nur nach den auf dem dort vorhandenen Schild angezeigten Fahrtzeiten gerichtet, was offensichtlich nicht ausreichend war. Die kurze Überfahrt auf der Fähre, auf der wir und der Fahrradfahrer nun die einzigen Gäste waren, war wunderschön und wir genossen die Abendstimmung auf der Maas.

Nach dieser erlebnisreichen, aber doch auch anstrengenden Wanderung waren wir froh, in der nahe gelegenen *Brasserie La Meuse*, Diepstraat 44, NL-6245 BL Eijsden, Tel. 0031 (0) 43 409 1463, einkehren zu können und es von dort aus nur 190 m bis zur Bushaltestelle in derselben Straße zu haben.

Streifzüge durch die Euregio

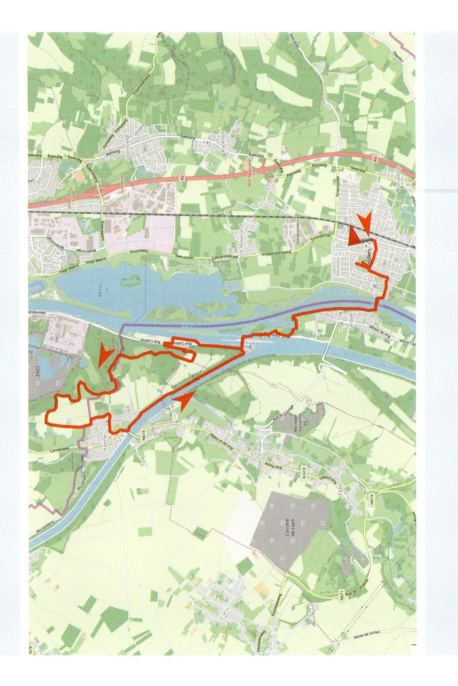

WANDERUNG 22:
EIJSDEN – SINT PIETERSBERG – KANNE – ALBERTKANAL – EIJSDEN

GPS-Daten zu Wanderung 22:
Eijsden – Sint Pietersberg – Kanne – Albertkanal – Eijsden
http://download.m-m-sports.com/extras/streifzuege_euregio/W22.zip

Start und Ziel: Bushaltestelle *De Bron* oder das Ursulinerkloster in Eijsden (weitere Informationen siehe Wanderungen 16, 19 und 21)

Länge: 18 km

Gehzeit: 6 Stunden (Fahrzeiten der Fähre beachten!)

Sehr schöne, leichte und abwechslungsreiche Wanderung, am Albertkanal 2,4 km asphaltierter, schmaler Weg.

Die erste Hälfte der Wanderung entspricht Wanderung 16, die zweite Hälfte deckt sich ab der Brücke im Ort „Kanne" mit Wanderung 21. Daher ist die folgende Beschreibung nur stichwortartig.

Wir wandern in Eijsden in Richtung Maas und setzen mit der Fähre über. Auf der belgischen Maasseite werden Sie auf einem Pfosten auffällige Markierungen entdecken. Wir folgen einem aufrecht stehenden gelben Rechteck und wandern nach rechts am grasbewachsenen Ufer der Maas entlang. Auf dem weiteren Weg führt uns die Markierung nach links und später wieder nach rechts in Richtung Albertkanal und der Schleusen von Lanaye. Dies ist ein wunderschöner Weg, den ich in Wanderung 16 ausführlich beschrieben habe.

Sie passieren die Schleusen und wandern auf der linken Uferseite, bis Sie vor einem Haus Treppen sehen, die nach links führen. Auch dort ist die gelbe Wegmarkierung zu sehen. Nach kurzer Zeit führt Sie der Weg nach links in den Wald. Nun wandern Sie auf dem *Sint Pietersberg*. Sie folgen dem Weg durch Wald und an Wiesen entlang, wobei Sie immer wieder eine wunderschöne Aussicht in Richtung des belgischen Ortes **Kanne** und auf das Jekertal haben. Auf der Höhe des links von Ihnen im Tal liegenden Ortes werden Sie eine gut markierte Kreuzung von Wanderwegen sehen. Die Markierung mit dem gelben Rechteck führt Sie nun nach links in den Ort.

Wenn Sie mögen, können Sie diesen Markierungen bis zurück zum Ausgangspunkt folgen. Dann ist die Wanderung insgesamt 12,7 km lang.

Unsere Aufzeichnung führt Sie noch durch ein weiteres Gebiet. Sie wandern geradeaus weiter und folgen nun einem orangefarbenen Kreuz. Der hiermit markierte Weg führt Sie über wunderschöne Wege mit einer herrlichen Aussicht an riesigen Wiesen vorbei. Zusätzlich zu den Markierungen mit dem gelben Kreuz werden Sie schon seit einiger Zeit ein rotes Dreieck entdeckt haben. Dieses Symbol gehört zu einem Wanderweg, der weiter nach Maastricht führt, und dem Sie auf Wanderung 16 und 17 folgen.

An einem Waldrand trennen sich diese Wege und Sie folgen ab hier nicht mehr Wanderung 16.

Die Markierungen an dieser Wegkreuzung sind sehr auffällig. Sie biegen hier, dem gelben Kreuz folgend, scharf nach links ab und wandern bergab am Waldrand und an Wiesen entlang. Der Weg führt Sie nun immer weiter bergab und vorwiegend nach links in Richtung Tal und, nachdem Sie an dem interessanten Eingang einer Grotte vorbeigewandert sind, erreichen Sie einen Feldweg, der Sie zu einem asphaltierten Weg führt. Dies ist der *Mergelweg*.

Hier biegen Sie links ab und folgen ab hier nicht mehr dem orangefarbenen Kreuz. Sie wandern nun auf den Ort **Kanne** zu, in dem sich der Weg dann *Onderstraat* nennt. Wenn Sie auf dem schnellsten Weg wieder zurück nach Eijsden möchten, folgen Sie der *Onderstraat*, bis Sie rechter Hand auf die *Brugstraat* treffen. Hier biegen Sie rechts ab, überqueren auf einer kleinen Brücke die Jeker, biegen hinter der Brücke nach links in den *Oude Tramweg* ein und können entweder auf der Straße *Grenadiersweg*, auf die der *Oude Tramweg* stößt oder einem schmalen Pfad direkt neben der Jeker in Richtung Albertkanal wandern. Dort führt der *Trekweg Caester*, ein schmaler, asphaltierter Weg, auf dem in der Regel nur Fahrräder fahren, am Albertkanal entlang in Richtung der Schleusen.

Es lohnt sich aber, sich noch etwas in dem netten Örtchen Kanne umzuschauen. Auch der kleine Jachthafen hinter der Brücke und die dort liegenden Hausboote sind sehenswert. Auch sind an kleinen Pfaden an der Jeker wunderschöne Gärten zu bewundern.

In Kanne treffen Sie wieder auf Markierungen mit dem gelben Rechteck, welche uns schon zu Beginn unserer Wanderung begleitet hat. Sie können ihnen noch durch den Ort folgen oder Sie nehmen den kürzeren Weg direkt in Richtung Eijsden entlang des Albertkanals. Auf dem *Trekweg Caester* treffen Sie spätestens auf der Höhe der letzten Häuser von Kanne auf Markierungen, die Sie weiter unmittelbar am Ufer des Albertkanals entlangführen, und zwar ein rotes Dreieck und unser gelbes Rechteck.

Ab hier deckt sich der weitere Weg mit Wanderung 21.

Die mit diesen Markierungen bezeichneten Wanderwege verlaufen bis hinter die Lanaye-Schleusen parallel, dann trennen sie sich. Beide Wege führen nach Eijsden, aber ich empfehle Ihnen, den Weg zu nehmen, der mit dem gelben Rechteck markiert ist, da er schöner ist. Hinter der Schleuse haben Sie die Wahl, dem Weg zu folgen, den Sie schon auf dem Hinweg genommen haben oder durch den kleinen Ort **Lanaye** zurückzugehen. Beide Wege sind mit dem gelben Rechteck markiert. Der Weg, den wir auf dem Hinweg genommen haben, ist der attraktivere, da er wieder am Ufer der Maas entlangführt. Nun müssen Sie nur noch die Anlegestelle der Fähre erreichen und können in dem netten Ort Eijsden die Wanderung beenden.

Die detailliertere Beschreibung entnehmen Sie bitte den Wanderungen 16 und 21.

Streifzüge durch die Euregio

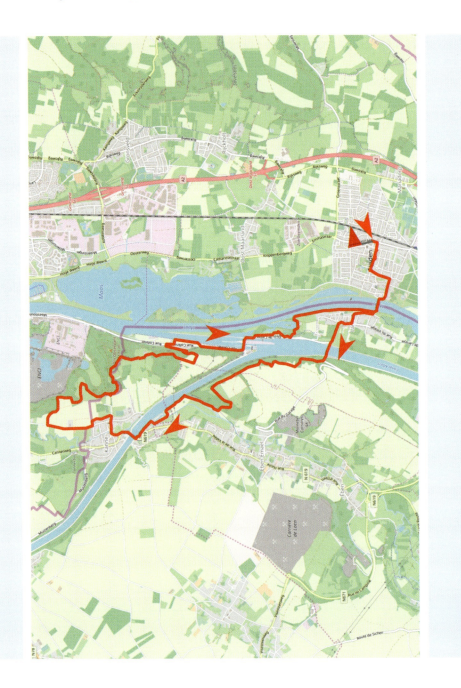

WANDERUNG 23: KOMBINATION W 21 UND W 22: EIJSDEN – FORT EBEN-EMAEL – KANNE – SINT PIETERSBERG – EIJSDEN

GPS-Daten zu Wanderung 23: Kombination W 21 und W 22: Eijsden – Fort Eben Emael – Kanne – Sint Pietersberg – Eijsden
http://download.m-m-sports.com/extras/streifzuege_euregio/W23.zip

Start und Ziel: Bushaltestelle *De Bron* in Eijsden (weitere Informationen entnehmen Sie bitte den Wanderungen 16, 17, 19 und 21)

Länge: 19,4 km

Gehzeit: 7 Stunden (Planen Sie bitte Reserve ein, die Abfahrtszeiten der Fähre beachten!)

In dieser sehr langen Wanderung sind die Höhepunkte von Wanderung 17 bzw. 21 und von 16 bzw. 22 kombiniert. Dies ist somit, was den Süden von Maastricht betrifft, die erlebnisreichste Wanderung.

Der erste Teil der Wanderung ist in Wanderung 21 am ausführlichsten beschrieben, der zweite Teil in Wanderung 16, allerdings hier in gegenläufiger Richtung.

Auf einer Länge von 3 km befinden sich viele Treppen und steilere Abhänge. Gutes Schuhwerk und Trittsicherheit ist von Vorteil. Den ersten Teil der Wanderung halte ich für kleine Kinder und frei laufende Hunde nicht geeignet. Hunde an der Leine dürfen mitgeführt werden. Allerdings könnte eine Brücke bei Kanne für manche Hunde aufgrund der Beschaffenheit der Brücke schwierig sein.

Auch diese Wanderung werde ich eher stichwortartig skizzieren, da die Teilstrecken in den oben genannten Wanderungen schon ausführlich beschrieben wurden. Sie wandern durch Eijsden zur Fähre über die Maas, überqueren den Fluss, wandern durch den kleinen belgischen Ort **Lanaye** und folgen dabei den Wegmarkierungen, die Sie direkt an der Anlegestelle der Fähre an einem Pfahl sehen. Zunächst führt uns ein rotes Dreieck, ein gelbes und ein grünes Symbol gemeinsam durch den Ort. Hinter der Dorfkirche folgen Sie einer blauen Raute, die sie über eine Brücke über den Albertkanal in ein Waldstück führt. Hinter einem Parkplatz 80 m hinter der Brücke beginnt das Waldstück auf der rechten Seite mit ein paar Treppen, die Sie bergauf in den Wald führen. Ab hier ist die Strecke äußerst abwechslungsreich und interessant, aber gelegentlich auch beschwerlich. Sie sehen große Kalkfelsen, haben teilweise eine wunderbare weite Aussicht und an vielen Stellen können Sie die verschiedenen Erdschichten in dieser Gegend sehen.

Sie folgen der blauen Raute, bis Sie ganz unvermittelt aus dem Wald herausgeführt werden und vor riesigen Feldern stehen. Hier biegen Sie nicht – wie die Raute Ihnen „vorschlägt" – nach links ab, sondern Sie gehen nach rechts und folgen einem Feldweg, bis Sie rechts neben dem Weg einen ganz schmalen Pfad in ein weiteres Waldstück entdecken. Sie folgen diesem Weg, der teilweise urwaldmäßig anmutet, bis sie 5 m vom Weg entfernt auf der rechten Seite ein ufoähnliches Gebilde sehen, welches schon zum *Fort Eben-Emael* gehört. Von dort haben Sie einen enormen Ausblick über die Maas, den Albertkanal, die Schleusen von Lanaye und das Hinterland von Maastricht. Wenn Sie dem Weg weiter folgen, entdecken Sie am Wegrand als Markierung eine blaue Raute. Diese gehört zu einem weiteren Wanderweg, der uns nun bis in den Ort **Kanne** begleitet. Die genauere Wegbeschreibung entnehmen Sie bitte Wanderung 21.

Hinter der Brücke über den Albertkanal in Kanne trennen sich die Wege von dieser Wanderung und von Wanderung 21.

Nachdem wir die Brücke überquert haben, wenden wir uns nach links und folgen dem kleinen Flüsschen *Jeker*, bis wir die *Brogstraat* erreicht haben. Wir überqueren auf dieser Straße auf einer kleinen Brücke die Jeker und folgen der *Brogstraat* weiter, bis wir auf die *Onderstraat* stoßen, die rechter Hand *Bovenstraat* heißt. In die *Onderstraat* biegen Sie nach links ab. Sie befinden sich nun auf einer Art Radweg, auf dem aber auch Autos fahren dürfen. Dieser kaum befahrenen Straße folgen Sie und überqueren bald die belgisch-niederländische Grenze in Richtung Niederlande.

Ab hier nennt sich die Straße *Mergelweg*. Nachdem Sie 700 m ab der Grenze auf diesem Weg gewandert sind, entdecken Sie rechter Hand einen breiten Feldweg, der nach rechts abgeht. Diesem Weg, der mit einem orangefarbenen Kreuz markiert ist, folgen wir nach rechts in Richtung eines kleinen Wäldchens. Der Weg macht einige Biegungen und führt an großen Wiesen entlang leicht bergauf, wobei wir zumeist einen weiten Blick hinunter ins Tal genießen können. Auch eine Grotte ist zu sehen. 500 m von der Straße entfernt stößt unser Weg auf einen breiten Waldweg. Hier biegen wir, immer noch dem orangefarbenen Kreuz folgend, nach rechts ab.

Ab hier entspricht unser weiterer Weg dem Anfang von Wanderung 16, nur gehen wir diese Strecke nun in umgekehrter Richtung.

Die anschauliche Beschreibung des Weges entnehmen Sie bitte Wanderung 16. Ich skizziere die Strecke hier vorwiegend anhand der Markierungen. Die folgende Strecke führt an riesigen Wiesen und an niedrigem Pflanzenbewuchs, vor allem an Büschen, entlang. An vielen Stellen hat man eine wunderbare Aussicht hinunter ins Jekertal und auf den Ort **Kanne**. Auch die Brücke, die wir überquert haben, ist von hier aus häufig zu sehen. Besonders im Sommer blühen hier viele Blumen und Kräuter und es duftet angenehm.

Zusätzlich zu den Markierungen mit dem Kreuz sehen wir nun noch ein rotes Dreieck, welches zu einem Wanderweg gehört, der in Maastricht beginnt. Ungefähr auf der Höhe des Ortes Kanne und der niederländisch-belgischen Grenze in Richtung Belgien, die durch einen großen Grenzstein markiert ist, biegt der mit dem orangefarbenen Kreuz markierte Weg scharf nach rechts ab und führt in den Ort. Wir wandern hier weiter geradeaus, folgen ab hier also dem Kreuz nicht mehr, sondern nur noch dem roten Dreieck, welches uns nun, parallel zu einem ab hier regelmäßig auftauchenden gelben Rechteck auf der nächsten Strecke begleitet.

Wir wandern nun, diesen Markierungen folgend, auf einem sich schlängelnden Weg vorwiegend durch Wald. Nach einer scharfen Linkskurve geht es immer weiter bergab, bis Sie in der Nähe der Maas auf eine Straße gelangen. Ab hier folgen Sie dem roten Dreieck nicht mehr, welches Sie nach Maastricht führen würde, sondern biegen rechts ab und folgen nur noch der gelben Markierung. Auf der linken Straßenseite werden Sie neben einem Haus einige Treppen entdecken, die Sie hinunter an das Maasufer führen. Auch diese Stelle ist mit dem gelben Zeichen markiert.

Nachdem Sie die Treppen hinuntergestiegen sind, biegen Sie nach rechts ab und wandern auf die imposanten *Schleusen von Lanaye* zu. Dem gelben Rechteck folgend, gehen Sie an der beeindruckenden Schleuse vorbei, die Sie auch in Aktion beobachten können. Sie überqueren hinter der Schleuse eine schmale Straße und wählen an den Stellen, an denen das gelbe Rechteck nach rechts und auch nach links weist, immer den Weg nach links, weil er die in meinen Augen schönere Route markiert. Für eine kurze Stecke läuft unser Weg parallel zu einem Weg, der mit einem roten Dreieck bezeichnet ist und zu einer von Kanne ausgehenden, markierten Wanderung gehört.

Wir wandern auf einem wunderschönen, teilweise sandigen Weg vorwiegend bergauf, gelegentlich aber auch bergab und können dabei Aussichten über eine Seenlandschaft am Rande der Maas, über die Maas, den Albertkanal und weit ins Hinterland genießen. Schließlich biegt der Weg scharf nach links ab und führt dort für einige Meter ziemlich steil bergab. Auch hier können wir wieder den gelben Markierungen folgen, bis wir ans Ufer der Maas gelangen, von wo aus wir schon in der Ferne am gegenüberliegenden Maasufer Eijsden erahnen können.

Nun wandern wir nur noch an dem mit Gras, Kräutern, Blumen aller Art und Sträuchern bewachsenen Maasufer entlang, können eine Vielzahl an Wasservögeln beobachten, die dort schwimmen oder sich auf winzigen Inseln in der Maas tummeln. Dies ist einer meiner Lieblingswege, der an der Anlegestelle der kleinen Fähre endet, mit der wir wieder die Maas Richtung Eijsden überqueren. Hinter dem Anlegeplatz verlassen uns nun unsere Wegmarkierungen. Von hier aus haben wir bald unseren Ausgangspunkt in Eijsden erreicht.

Wenn Sie mit dem Bus unterwegs sind, bietet es sich an, noch in der schönen *Brasserie La Meuse*, Diepstraat 44, NL-6245 BL Eijsden, Tel. 0031 (0) 43 409 1463, ❱❱ www.brasserielameuse.nl einzukehren, da sich nur 190 m von dort entfernt in derselben Straße die Bushaltestelle der Buslinie 5 befindet, die Sie wieder nach Maastricht bringt. Ich war schon sehr oft in diesem gemütlichen Restaurant mit Außenterrassen und bin bis jetzt sowohl mit dem Service als auch mit dem Essen immer sehr zufrieden gewesen.

Streifzüge durch die Euregio

Rundwanderungen bei Eijsden

WANDERUNG 24: KLEINER AUSFLUG NACH KANNE UND UMGEBUNG

GPS-Daten zu Wanderung 24:
Kleiner Ausflug nach Kanne und Umgebung
http://download.m-m-sports.com/extras/streifzuege_euregio/W24.zip

Start und Ziel: Busbahnhof *Plaats* in Kanne (B) Zentrum, B-3770 Riemst, Belgien. Dort befindet sich auch ein großer Parkplatz.

Länge: 7,2 km

Gehzeit: 2,5 Stunden

Erreichbar mit dem Bus der Linie 350 von Aachen nach Maastricht. Dann auf dem Marktplatz in Maastricht umsteigen in die Buslinie 48 nach Kanne. Informationen hierzu unter ›› www.arriva.nl. Ob Hunde in dem Kleinbus erlaubt sind, habe ich leider versäumt zu erfragen. Im Gelände sind Hunde erlaubt. Allerdings könnte das Überqueren der Brücke über den Albertkanal aufgrund der Beschaffenheit der Stufen manchen Hunden Angst bereiten.

Eigentlich war diese Runde für den Wanderführer so nicht geplant, sondern es handelte sich zunächst um eine „Notlösung", da wir aufgrund von Gewitterwarnung unsere ursprünglich geplante, lange Wanderung nicht durchführen konnten. Da es sich aber um so einen netten Ausflug handelte, habe ich ihn doch in den Wanderführer aufgenommen.

Der komplette Ausflug, so, wie wir ihn gemacht haben, beginnt in Maastricht. Wir steigen an der Haltestelle *Wilhelminasingel* aus dem aus Aachen kommenden Bus Linie 350 aus, überqueren die immer wieder schöne Sankt-Servatius-Brücke und gehen geradeaus in Richtung Markt. Direkt am Anfang gegenüber den vielen Straßencafés bzw. Restaurants werden Sie eine kleine Bushaltestelle entdecken, von der u. a. unsere Buslinie 48 nach Kanne abfährt.

Es handelt sich hierbei um einen sehr kleinen Bus mit nur acht Sitzen, der uns zunächst durch einige nette Gassen in Maastricht und dann auf einer kleinen Straße durch die wunderschöne, hügelige Landschaft mit einem wunderschönen, weiten Ausblick nach **Kanne** fährt, welches wir nach 30 Minuten erreichen. Im Bus herrschte eine sehr nette Atmosphäre, es lief klassische Musik und der Fahrer und auch die anderen Fahrgäste waren sehr freundlich und gesprächig. Allein hier kam schon Urlaubsstimmung auf.

In Kanne wanderten wir zur Orientierung zunächst in südliche Richtung über die *Statiestraat* zur *Steenstraat*, wobei es hier immer geradeaus geht. Wir wollten unsere Wanderung an der auffälligen Brücke über dem Albertkanal beginnen, die wir schon von früheren Wanderungen her kennen. Am Ufer des Kanals sehen wir Symbole für Wanderrouten an entsprechenden Pfählen. Und wir entdecken den schmalen Fluss *Jeker*. Wir wandern nun entlang der Jeker wieder zurück in den Ort, wobei wir die Wahl haben, ob wir auf einem schmalen Pfad durch Gras gehen oder einen asphaltierten Weg, der parallel läuft, benutzen. Wir erreichen etwa 230 m vom Ufer entfernt den *Oude Tramweg*, der schon nach wenigen Metern auf die *Brugstraat* trifft. Hier biegen wir rechts ein und überqueren auf einer kleinen Brücke die Jeker. Wir kommen an sehr schönen kleinen dörflichen Häusern vorbei, die häufig mit Blumen oder sogar Figuren geschmückt sind.

Nur wenige Meter hinter der Brücke biegen wir von der *Brugstraat* nach rechts in die *Sint-Hubertusstraat* ein. Nachdem wir eine *Bovenstraat* überquert haben, nennt die Straße sich *Pruisstraat*. Auf der *Bovenstraat* sehen wir zufällig ein nettes, kleines Restaurant und Café, das *Jeker en Maos*, Bovenstraat 4, B-3770 Kanne,)) www.jekerenmaos.com, welches auch eine Gartenterrasse hat.

Nach nur 60 m, nachdem wir die *Bovenstraat* überquert haben, haben wir die Wahl, in welche Richtung wir unsere Wanderrunde drehen. Wir können geradeaus gehen oder den Weg scharf nach links auf einem sehr schmalen Pfad zwischen Häusern und Gärten nehmen. Uns weist ab hier ein orangefarbenes Kreuz als Markierung die Richtung. An dieser Stelle befindet es sich auf einem kurzen Pfahl auf unserer linken Seite am Beginn des Pfades. Und auch auf unserer rechten Seite befindet sich die Markierung. Der kleine Pfeil daneben weist die Richtung. Von der Brücke sind wir nun ungefähr 500 m entfernt. Wir biegen nach links ab und wandern auf diesem Pfad immer geradeaus an Gärten, Hecken und Wiesen entlang.

Wenn wir rechter Hand in die Ferne blicken, sehen wir einen Eingang zu den Grotten und einen Schornstein des stillgelegten ENCI-Zementwerks. Nachdem wir 280 m auf diesem Pfad gegangen sind, macht der Weg einen scharfen Knick nach links und wir erreichen nach 100 m einen asphaltierten Weg. Hier weist uns der Pfeil des orangefarbenen Kreuzes nach links wieder zurück ins Dorf. Wir möchten aber noch weiterwandern und biegen auf den Weg nach rechts ab. Wir sehen hier auch einen großen Grenzstein, da an dieser Stelle die Landesgrenze zwischen Belgien (von wo wir kommen) und den Niederlanden verläuft. Der Weg führt nun an Feldern entlang, wobei wir weit über Felder, Wiesen, ja sogar bis zu Weinbergen im Hintergrund sehen können.

Soweit ich die Verkehrsschilder hier verstanden habe, ist der Weg vor allem für Fahrradfahrer und Fußgänger eingerichtet, wobei Autos aber auch erlaubt sind. Entsprechend ist hier wenig und sehr langsamer Verkehr. Der Weg heißt, sobald wir in den Niederlanden sind, *Mergelweg* und führt nach Maastricht. Wir bleiben 700 m auf diesem Weg und entdecken dann einen breiten Feldweg, der nach rechts abbiegt.

Ab hier begleitet uns wieder das orangefarbene Kreuz. Auch hier wird wieder in zwei Richtungen gewiesen. Ein anderer Teil dieses Wanderwegs führt zunächst geradeaus und dann nach links über einige Umwege wieder in den Ort. Wir biegen hier aber rechts ab und gehen leicht bergauf auf ein kleines Wäldchen zu. Kurz vor dem Wäldchen macht der Weg eine kleine Biegung nach rechts und später leicht nach links.

Wir wandern rechter Hand an weiten Wiesen entlang, links von uns liegt das Wäldchen und nun haben wir einen Ausblick bis zur Brücke von Kanne. Am Ende dieser Teilstrecke erreichen wir einen breiten Waldweg. Wir sind nun 500 m von der Straße entfernt. Hier biegen wir rechts ab, wobei auch ein gelbes Kreuz, welches sich auf einem Zaunpfahl rechter Hand befindet, unsere Entscheidung bestätigt.

Der weitere Weg führt uns zwischen niedrigen Bäumen und Büschen bald aus dem Wald heraus und wir haben über Wiesen hinweg wieder einen wunderschönen Weitblick. Rechter Hand erreichen wir eine Bank, die zum Genuss dieser Aussicht einlädt.

Auf der Höhe der Bank weist uns das gelbe Kreuz den Weg nach rechts, aber Vorsicht, nicht zu weit gehen, sondern nur vielleicht 5 m, denn der Pfeil weist uns auf einen Weg, der zunächst rechts parallel zum breiteren Wanderweg verläuft. Wir folgen dem Weg, der nach einer Weile durch dichtere Vegetation führt und bei dem wir ein paar Treppen überwinden müssen, aber schon bald erreichen wir wieder einen Grasweg mit wunderbarer Aussicht und die ganze Zeit weist uns unser gelbes Kreuz zuverlässig die Richtung.

Schließlich erreichen wir ein Holztor, welches wir öffnen können und wir wandern hinter dem Tor zwischen Wiesen geradeaus weiter. Linker Hand entdecken wir einen Eingang zu Grotten, der aber von innen verschlossen war, als wir dort waren.

Und weiter geht es zwischen Wiesen und blühenden Büschen, wobei wir immer wieder eine wunderbare weite Aussicht genießen können. Nur die Gewitterwolken trüben die Stimmung ein wenig, da ich unbedingt vermeiden wollte, in ein Gewitter zu geraten und daher etwas eilig unterwegs war. Kanne und der Albertkanal sind bald immer besser zu erkennen.

Nachdem wir ein zweites Holztor durchschritten haben, sehen wir auf der rechten Seite einen großen Grenzstein. Ab hier beginnt wieder Belgien. Hier müssen wir den bequemen Weg verlassen und, den Markierungen mit dem gelben Kreuz folgend, nach rechts abbiegen. Der Weg führt nun zwischen Bäumen und Büschen hindurch und ist recht feucht und an manchen Stellen rutschig. Wiederholt gibt es Passagen mit Treppen, bei denen ich sorgfältig vermieden habe, auf das nasse Holz zu treten, welches schon mal sehr glitschig sein kann.

Am Ende dieses etwas unangenehmeren Teilstücks, das insgesamt etwa 170 m lang ist, erreichen wir einen asphaltierten Weg, der *Pruisstraat* heißt.

Es handelt sich um denselben Weg, auf dem wir gekommen sind. Wir gehen geradeaus weiter und sehen bald auf der rechten Seite den schmalen Pfad, in den wir auf dem Hinweg eingebogen waren. Wir überqueren die *Bovenstraat* und wandern auf demselben Weg, auf dem wir gekommen sind, über die *Brugstraat* und den *Oude Tramweg*, halten uns danach links und erreichen die bald gut sichtbare Brücke über den Albertkanal.

Da das Gewitter noch auf sich warten ließ und wir uns noch ein wenig am Wasser aufhalten und die dort ankernden Boote besichtigen wollten, überqueren wir die Brücke und bogen direkt hinter der Brücke nach links ab. Wir sind nun auf der *Jekerstraat* und wandern am Wasser entlang. Der Weg nennt sich bald *Trekweg Opkanne* und führt hinter dem Jachthafen Kanne entlang, der durch einen Zaun abgesperrt ist. An der Stelle, an der man wieder zurück an den Kanal kommt, befindet sich ein Restaurant *Grandcafé Bit of Orange* (Trekweg Opcanne, B-3770 Riemst, Tel. 003212457916), welches leider, leider geschlossen hatte, als wir dort ankamen. Wir hätten die Wanderung gerne bei Kaffee und Kuchen mit Blick auf das Wasser ausklingen lassen. Wenn man nun weiter am Kanal entlangschlendert, entdeckt man einige wunderbare, bewohnte Boote.

Einige Eigentümer haben sich viel Mühe gegeben und viele Blumen gepflanzt, auch haben sich viele Blumen und Kräuter wild vermehrt. Hier kann man vom eigenen Hausboot träumen.

Rundwanderungen bei Eijsden

Beim Rückweg können wir von der Brücke über den Albertkanal aus fast bis zu den sich in der Ferne befindlichen *Schleusen von Lanaye* sehen. Nun wandern wir wieder zurück zu unserer Bushaltestelle. Wir gehen hinter der Brücke nach links, erreichen die *Steenstraat* und biegen nach links in die *Statiestraat* ein. Auf der rechten Seite sind bald der Parkplatz und die Bushaltestelle zu sehen.

Kurz dahinter liegt auf der linken Seite das Restaurant und Hotel *Kanne & Kruike*, Statiestraat 39, B-3770 Riemst, Tel. 0032 (0) 12 45 25 75, 〉〉 www.in-kanne-en-kruike.com. Nun haben wir endlich die Gelegenheit, noch an unseren Kaffee zu kommen. Auch gab es hier leckere Waffeln und Eisbecher. Gestärkt nahmen wir wieder unseren Bus mit demselben freundlichen Fahrer nach Maastricht.

Ankunft in Maastricht mit unserem Minibus

Auch Kanne hat beeindruckende Grotten. Sie heißen „Grotten van Kanne" und befinden sich ungefähr 500 m hinter der Brücke. Die Adresse ist: Avergat 14, B-3770 Riemst, Tel. 0032 (0) 646183555, 〉〉 www.grottenvankanne.be. Nach unseren Informationen werden sie am Wochenende um 13.30 Uhr geöffnet. Wenn Sie diese besuchen wollen, empfiehlt es sich, besser noch einmal nachzufragen.

255

Streifzüge durch die Euregio

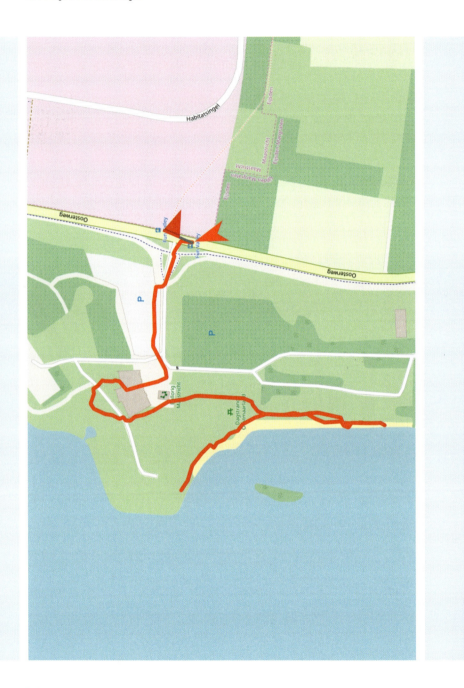

WANDERUNG 25: FUN VALLEY UND KANUFAHRT

Wanderung 25:
Fun Valley und Kanufahrt
http://download.m-m-sports.com/extras/streifzuege_euregio/W25.zip

Start und Ziel: *Fun Valley*, Oosterweg 5, NL-6245 LC Eijsden, Tel. 0031 (0) 43 409 44 41, 〉〉 www.funvalleymaastricht.nl. Ein kostenloser Parkplatz befindet sich direkt vor der Tür.

Mit dem Bus erreichbar: Mit der Buslinie 350 von Aachen nach Maastricht, dort umsteigen in die Linie 5 nach Eijsden. Die Bushaltestelle befindet sich direkt vor der Anlage: *Oost-Maarland, Fun Valley* (weitere Informationen unter 〉〉 www.arriva.nl).

Fun Valley liegt 1,6 km vom Jachthafen *Portofino* bei Eijsden-Beemden entfernt und der Besuch ist gut mit den Wanderungen 19 und 20 kombinierbar.

Aktuelle Preise und Öffnungszeiten entnehmen Sie bitte der oben angegebenen Homepage.

Fun Valley bietet Urlaub und Entspannung für jede Altersgruppe und ist besonders für Familien geeignet. Hunde dürfen meines Wissens nicht mitgenommen werden.

In Verbindung mit unseren anderen Wanderungen haben wir mehrfach *Fun Valley* besucht. Es handelt sich hier um einen großen Freizeitpark, der direkt am Wasser liegt und über einen bewachten Sandstrand, eine riesige Wiese und einen „Abenteuerwald" verfügt. Ein weiterer Sandstrand befindet sich in der Nähe einer *Cuba Beach Bar*. In der ganzen Anlage wird auf Naturschutz Wert gelegt und der benötigte Strom wird durch Solarzellen erzeugt.

Beeindruckend fand ich, dass dort eine sehr ungezwungene Atmosphäre herrschte und die Besucher ganz unterschiedlichen Bedürfnissen nachgehen konnten, ohne sich gegenseitig zu stören. Wir sahen Jugendliche sich austoben oder den großen Kletterpark benutzen, man kann kostenlos Boote ausleihen und in die stillen Nebenarme der Maas paddeln und die Ruhe in der Natur genießen und es gibt einen großen, sehr fantasievoll angelegten Spielplatz für die ganz kleinen Kinder direkt am bewachten Badestrand, dessen Wasserqualität regelmäßig überprüft wird.

Kletterpark im „Fun Valley"

Die Anlage verfügt über ein Eiscafé und man kann in einem kleinen Restaurant *the airport* Pizza oder Burger kaufen. Wer grillen möchte, kann kostenlos einen der dort aufgestellten Holzkohlengrills benutzen.

Rundwanderungen bei Eijsden

Buntes Treiben am Strand, jeder kann seinen Bedürfnissen nachgehen.

Wer seine Familie herumtoben lassen, selbst aber etwas Ruhe genießen möchte, wird in dem weitläufigen Gelände sowohl am Wasser als auch auf der Wiese abgelegene Plätze finden, an denen man die Natur und den wunderbaren Ausblick über das Wasser und die Landschaft genießen kann.

5 Wanderungen südlich von Maastricht

Wanderung 26: Rundwanderung um Fort St. Pieter und Zonneberg

Wanderung 27: Rundwanderung: Fort St. Pieter – Mergelgrube beim ENCI-Werk – Fort St. Pieter

Wanderung 28: Grottenwanderung und Mosasaurier im Naturhistorischen Museum

Streifzüge durch die Euregio

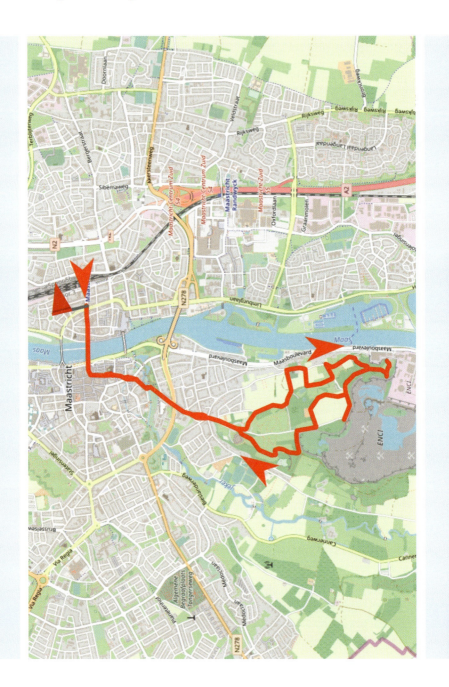

Wanderungen südlich von Maastricht

WANDERUNG 26:
RUNDWANDERUNG UM FORT ST. PIETER UND ZONNEBERG

GPS-Daten zu Wanderung 26:
Rundwanderung um Fort St. Pieter und Zonneberg
http://download.m-m-sports.com/extras/streifzuege_euregio/W26.zip

Start und Ziel: *Maastricht* Bahn- und Busbahnhof, Stationsplein 29, NL-6211 KM Maastricht, Niederlande. Sie können auch eine Haltstelle vorher, *Wilhelminasingel*, aussteigen.

Länge: 11,1 km

Gehzeit: 4,5 Stunden

Insgesamt leichte Wanderung mit einigen anspruchsvollen Stellen. Die Wanderung beinhaltet Treppen. Bei Nässe sind rutschfeste Schuhe notwendig.

Hunde sind erlaubt, es gibt auch Strecken, auf denen Hunde frei laufen dürfen.

Der Wanderweg ist mit einem grünen Balken gut markiert.

An einem der letzten schönen Oktobertage 2017 und dann wieder im April 2018 sind wir von Aachen aus mit dem Bus der Linie 350 der niederländischen Gesellschaft Arriva ()) www.arriva.nl) angereist und 2,3 km durch die belebte Innenstadt bis zum *Fort St. Pieter* geschlendert. Wir folgen dabei zunächst der *Stationsstraat*, die auf die *Wycker Brugstraat* führt, und überqueren auf der *Sint Servaasbrug* die Maas. Schon auf diesem kurzen Weg werden Sie viele kleine Restaurants, ein lebhaftes Treiben und wunderschöne Ausblicke auf das Wasser und die Boote auf der Maas genießen können. Gelegentlich wird ein Teil der Brücke hochgezogen, um größere Schiffe passieren zu lassen.

Schon bald treffen Sie auf die *Kleine Straat*. Wenn Sie hier nach rechts abbiegen, werden Sie einen Hinweis auf ein *Touristeninformationszentrum* finden. Es befindet sich auf der rechten Seite an der Abbiegung zur *Jodenstraat*. Die Adresse ist: Maastricht Visitor Center – VVV Maastricht, Kleine Straat 1, NL-6211 Maastricht, Tel. 0031 (0) 43 325 2121, 〉〉 www.bezoekmaastricht.nl.

Auf unserem weiteren Weg in Richtung Sint Pieter biegen wir nach links ab und folgen der *Kleine Straat* in südliche Richtung. Nun folgen Sie konsequent den Fußgängerschildern in Richtung *Sint Pieter* und den Grotten. Sie werden vorwiegend durch nette, kleine Sträßchen geführt, teilweise durch das Universitätsviertel und können einen Blick auf die Stadtmauern werfen. Auf dem letzten Teilstück folgen Sie dem *Luiker Weg*, der Sie direkt zum *Sint Pietersberg-Noord* und dem *Fort Sint Pieter* führt. Kurz bevor Sie dieses Ziel erreichen, werden Sie an der Kreuzung zum *Mergelweg* und *Observantenweg* mehrere, sehr nette Restaurants und Cafés finden. Bei schönem Wetter werden Sie viele Menschen dort sehen, die draußen ihre Speisen genießen und im Café *De Sjans*, Mergelweg 1, NL-6212 XA Maastricht, Tel. 0031 (0) 43 321 4871, 〉〉 www.sjansmaastricht.nl, mittlerweile unser Lieblingsrestaurant, kann man in einem blumengeschmückten Garten vor einem Brunnen seinen Kaffee oder seine Speisen genießen.

Wenn Sie dem *Luikerweg* weiter geradeaus folgen, wandern Sie nun bergauf und schließlich erreichen Sie nach einigen Treppen das auffällige *Fort Sint Pieter*, welches sich rechts von Ihnen befindet. Geradeaus erreichen Sie nach weiteren Treppen auf einer Anhöhe das Restaurant *Chalet Bergrust*, Luikerweg 71, NL-6212 NH Maastricht, Tel. 0031 (0) 43 325 5421, 〉〉 www.bergrust.com. Von hier aus haben Sie einen wundervollen Blick über die Stadt. An einem Kiosk beim Restaurant können Sie bei *Maastricht Underground*, 〉〉 www.maastrichtunderground.nl, Karten für Grottenwanderungen kaufen. Der Treffpunkt für diese Führungen befindet sich gut sichtbar markiert in der Nähe. In Kap. 7, „Aktion 4", stelle ich eine Grottenwanderung vor.

Bis hier sind wir vom Startpunkt aus etwa 2,5 km gegangen. Wenn Sie, mit dem Gesicht zum Restaurant stehend, sich nach links wenden, werden Sie an einem Pfosten eine Markierung mit einem grünen Balken finden, der uns auf unserer weiteren Wanderung führen wird. Es ist nicht ganz einfach, diesen Anfang zu finden. Auf dem weiteren Weg ist aber bei Beachtung dieses Symbols ein Verlaufen kaum möglich. Wir wandern durch ein Tor über eine Wiese, auf der Hunde frei laufen dürfen, gehen durch ein weiteres Tor wieder hinaus und biegen dann rechts auf eine Art Schotterweg ein.

Bei heißem Wetter genießen wir den angenehmen Schatten der Bäume rechts von uns und einen weiten Blick über Wiesen, Bäume, Gärten und Gebäude links hinunter ins Tal. Auch auf die Innenstadt von Maastricht hat man immer wieder einen wunderschönen Blick, den wir insbesondere an einem sonnigen Herbsttag genossen haben, an dem alles durch das bunte Laub noch lebendiger wirkte. Auch das erste frische Grün und die blühenden Bäume waren auf einer weiteren Wanderung nach einem langen Winter hier wunderbar anzusehen.

Der markierte Weg führt uns etwa 300 m, nachdem wir die Hundewiesen verlassen haben, mit einer scharfen Biegung (immer auf das grüne Rechteck achten) nach links. Wir biegen in den *Schutterijweg* ein. Gelegentlich sind auf einer Wiese Rinder zu sehen. Rechts von uns führt uns der Weg bald an einem Friedhof vorbei und wir können dahinter die dazugehörende Kirche sehen. Nach 300 m stoßen wir auf die schmale Straße *Ursulinerweg*. Dort biegen wir rechts ab. Wir gehen an einer Kirche und einigen Häusern vorbei und sahen in einem Vorgarten sogar einen Zitronenbaum voller reifer Zitronen, ein Zeichen für das ausgesprochen milde Klima in dieser Region. Auch vor den anderen Häusern sind häufig Blumen zu sehen und es steht hier gelegentlich ein kleines Tischchen, auf dem selbst gemachte Marmelade oder Honig angeboten wird.

Nachdem wir 220 m auf dem *Ursulinerweg* gewandert sind, entdecken wir rechts hinter dem letzten Haus auf der rechten Seite einen sehr schmalen Pfad, der an einem Feld entlangführt. In diesen Pfad biegen wir rechts ein. Auch das grüne Rechteck ist am Beginn dieses Pfades zu sehen und wir wandern auf einem schmalen, erdigen Weg an einem Feldrand entlang, auf dem noch im Herbst Zwiebeln und sogar einige Mohnblüten zu sehen waren.

Nach 150 m erreichen wir ein Tor und gehen dahinter nach links auf einer Art Trampelpfad weiter auf eine wunderschöne, große Wiese, die wir überqueren.

Wir haben immer wieder einen weiten Blick ins Tal und können von Weitem sogar schon die Maas erkennen. Hinter dieser Wiese befindet sich nach 280 m wieder ein Tor, durch das wir hindurchgehen. Nun müssen wir einen etwas matschigen Weg nach unten bewältigen. Es gibt auch einige Stufen, sodass hier die rutschfesten Schuhe zum Einsatz kommen. Unten angekommen, sehen wir ein Schild mit der Aufschrift *Grotten Zonneberg*. Wir verlassen für eine Weile den markierten Weg und sehen uns das genauer an. Hier ist der Eingang zu der Mergelgrotte *Zonneberg*, der sich sehr eindrucksvoll gestaltet. Wer sich für eine circa 50-minütige Führung durch diese Grotten interessiert, kann sich unter » www.maastrichtunderground.nl weiter informieren.

Nachdem wir uns diese Stelle angesehen haben, kehren wir auf unseren markierten Weg zurück und stoßen nach 130 m wieder auf den *Ursulinerweg*, wo sich ganz urige Häuschen befinden. Wir biegen hier auf einen Schotterweg rechts ab. Der Schotterweg ist praktisch eine Verlängerung des *Ursulinerwegs*. Auch hier ist die Maas bei einer unserer Herbstwanderungen auf dieser Strecke immer wieder durch das gelichtete farbige Laub hindurch zu sehen. Wir kommen an Wiesen und einem wunderschönen Gemüse- und Blumengarten vorbei, der von einem netten älteren Herrn bestellt wird, mit dem wir ins Gespräch kamen und der uns alles erklärte. Auch durften wir ausgiebig seine Blumenpracht fotografieren, was meine Freundin mit ihrer neuen Kamera besonders begeisterte.

Der weitere Weg führt uns an Bäumen und Hecken entlang, bis wir nach 300 m durch ein Steintor schreiten. Direkt dahinter blicken wir auf einen kleinen Weinberg hoch über der Maas, die sich auch hier wieder deutlich zeigt.

Rechts von uns geht es einige Stufen zum Restaurant *Buitengoed Slavante Horeca Exploitatie*, Slavante 1, NL-6212 NB Maastricht, Tel. 0031 (0) 43 321 8232, » www.slavante.nl, hinauf, welches auch als Wandertreffpunkt und Treffpunkt für Grottenführungen dient. Hier muss man etwas suchen, um wieder den grünen Balken zu finden, der uns hinter dem Restaurant weiterführt. Wir steigen nun eine ganze Reihe von Stufen hinauf in den Wald und wandern dann weiter auf einer Art Hohlweg. Schon nach 200 m stoßen wir auf einen breiten Wanderweg, der durch eine parkähnliche Landschaft führt.

Unser grünes Rechteck leitet uns hier nach rechts. Wenn Sie aber noch eine besondere Attraktion sehen möchten, dann biegen Sie hier nach links ab. Wir wandern nun durch eine parkähnliche Landschaft und erreichen nach 300 m das Naturmonument *Hoeve Lichtenberg*.

Die Ursprünge des Naturmonuments *Hoeve Lichtenberg* gehen bis auf das 12. Jahrhundert zurück. Es handelt sich um eine ehemalige Burg, deren Lage mit einer weiten Aussicht über die Maas strategisch gewählt wurde. Mitte des 18. Jahrhunderts verfiel das Gebäude, auf dem dann ein geschlossener Bauernhof errichtet wurde. Von dem im 19. Jahrhundert restaurierten Turm aus sollen die Bewohner von Maastricht im Ersten Weltkrieg die Schlacht in der Nähe des belgischen Visé beobachtet haben.

Das ursprüngliche Haus wird jetzt als Ferienhaus genutzt, Lichtenbergweg 2, Maastricht, Tel. 0031 (0) 43 4559075, 》 www.natuurmonumenten.nl, 》 www.vvv.nl Hoeve Lichtenberg, Maastricht.

Innenhof, vom Turm aus fotografiert

Blick vom Turm aus über die Maas

Nachdem wir dort alles besichtigt haben, möglicherweise auf den Turm gestiegen sind und von dort aus einen extrem weiten Blick über die Maas und das Umland genossen und vom nahe gelegenen Aussichtspunkt in das ENCI-Gelände geschaut haben (siehe auch Wanderung 28), wandern wir wieder auf demselben Weg zurück, auf dem wir gekommen sind. Nach wiederum 300 m sehen Sie auf der rechten Seite den Weg, von dem aus Sie über die Treppen und den Hohlweg auf das parkähnliche Gelände gelangt sind. Hier biegen Sie aber nicht nach rechts ab, sondern wandern geradeaus. Ab hier wird Sie wieder das grüne Rechteck als Markierung begleiten. Der Weg führt uns weiter durch die Parklandschaft, wobei sich mal mehr mal weniger gut sichtbar links von uns die ENCI-Grube befindet. 1 km von *Hoeve Lichtenberg* entfernt treffen Sie auf eine Kreuzung mehrerer Wanderwege. Das grüne Rechteck weist Sie nach Norden, was auch unserer Route entspricht.

Wer noch einen weiteren Aussichtspunkt erreichen will, biegt an dieser Stelle nach links in den *Zonnenbergweg* ein und erreicht nach 300 m einen Aussichtspunkt über das eindrucksvolle Gelände, bei dem man sogar die Möglichkeit hat, auf einer Art Brücke über dem Gelände zu stehen. Nichts für Menschen mit Höhenangst.

Wir wandern, den Markierungen mit dem grünen Rechteck folgend, 310 m über eine Wiese, von der aus wir einen weiten Blick nach rechts über die Maas und über Maastricht bis ins Mergelland genießen können. Kurz vor Ende der Wiese halten Sie sich etwas links und Sie werden wieder das grüne Rechteck entdecken. Sie wandern nun nach links auf einem Pfad, vorbei an einem großen Garten, Hecken, Bäumen und Wiesen, bis Sie nach 270 m auf einen asphaltierten Weg treffen.

Dies ist wieder der *Luikerweg*. Sie folgen dem Weg nach rechts, bis nach 500 m unser grünes Rechteck Ihnen den Weg nach links weist. Hier biegen Sie auf einen nicht mehr asphaltierten Weg, der sich zwischen Bäumen und einem anderen Teil der Grube befindet und einen weiteren Aussichtspunkt in die riesige Mergelgrube bietet, nach links ab, bis Sie nach 500 m wieder unser grünes Rechteck finden, welches Sie auf einem weiteren Pfad zwischen Bäumen nach rechts weist.

Ziegen vor der ENCI-Grube hinter dem Aussichtspunkt

Streifzüge durch die Euregio

Nun wandern Sie 800 m zwischen Bäumen und auf einer großen Wiese in Biegungen, dem grünen Rechteck folgend, weiter in nördliche Richtung. Linker Hand werden Sie sich an einem wunderbaren Blick über die im Tal liegende Stadt erfreuen und geradeaus immer deutlicher das *Fort Sint Pieter* erkennen, welches eindrucksvoll über der Landschaft und der Stadt aufragt.

Das Fort in der Abenddämmerung

Autorin am Rande der Wiese (Foto: S. Schmitt)

Über viele Stufen (achtsam gehen) steigen Sie nun ins Tal hinab und erreichen wieder den *Luikerweg*. Wenn Sie dieser Straße, so, wie Sie gekommen sind, in Richtung Norden folgen, erreichen Sie bald die Maastrichter Innenstadt, durch die sich ein Bummel im Anschluss an unsere Wanderung lohnt. Sehr praktisch ist es, wieder in Richtung Bushaltestelle zu schlendern, sodass Sie sich nach einer möglichen Einkehr über die Rückfahrt keine Sorgen machen müssen.

VARIANTE FÜR AUTOFAHRER

GPS-Daten für die Variante für Autofahrer

http://download.m-m-sports.com/extras/streifzuege_euregio/W26_Auto.zip

Start und Ziel: *Fort St. Pieter* (Adresse s. o.)

Länge: 6,25 km

Gehzeit: 2,5 Stunden

Vor dem Fort und dem *Chalet Bergrust* befindet sich ein großer Parkplatz.

Streifzüge durch die Euregio

272

WANDERUNG 27: RUNDWANDERUNG: FORT ST. PIETER – MERGELGRUBE BEIM ENCI-WERK – FORT ST. PIETER

GPS-Daten zu Wanderung 27: Rundwanderung: Forst St. Pieter – Mergelgrube Beim ENCI-Werk – Fort St. Pieter
http://download.m-m-sports.com/extras/streifzuege_euregio/W27.zip

Start und Ziel: *Fort St. Pieter*, Luikerweg 71a, NL-6212 NH Maastricht, Tel. 0031 43 325 2121, ›› www.maastrichtunderground.nl

An dem zugehörigen Café *Chalet Bergrust* und unter der oben angegebenen Internetadresse können Tickets für Führungen sowohl durch die Grotten als auch durch das Fort gebucht werden. Hier befindet sich auch ein Treffpunkt für die Führungen (siehe auch Wanderung 26).

Länge: 6,2 km

Gehzeit: 2-3 Stunden

Hunde dürfen durch die Mergelgrube nicht mitgeführt werden.

Sehr interessant für geologisch Interessierte. Es sind viele Treppen zu überwinden. Nicht gut geeignet für Menschen mit Höhenangst. Ansonsten sehr einfache und abwechslungsreiche Wanderung.

Der Weg ist mit verschiedenfarbigen Symbolen markiert, die ich bei der Beschreibung des Weges auch nutze.

Vor dem Fort befindet sich ein großer Parkplatz. Rechter Hand sehen wir das Fort und linker Hand befinden sich Treppen, die zum *Chalet Bergrust* führen. Aufseiten des Forts sehen wir weitere Treppen, wovor sich als Zeichen eine blaue Raute befindet. Diese Treppen steigen wir hinauf.

Je höher wir steigen, desto großartiger wird die Aussicht über Maastricht. Oben angekommen, erreichen wir eine normalerweise wunderschöne, große Wiese, auf der vereinzelte Bäume stehen. Bei unserer Wanderung im August 2018 nach einer wochenlangen Dürre wandern wir aber auf einem schmalen Pfad an vertrocknetem Gras entlang. An kleinen Pfosten sind wieder Wandermarkierungen zu sehen. Wir sehen hier zwar noch die blaue Raute, den mit ihr gekennzeichneten Weg werden wir aber bald verlassen und folgen nun den Markierungen mit einem roten Dreieck.

Das Fort im Hintergrund, davor die verdorrte Wiese

Wir befinden uns hier aber nicht nur auf den bunt markierten Rundwegen, sondern rot-weiße Symbole weisen zusätzlich darauf hin, dass wir uns vorübergehend wieder auf dem Fernwanderweg GR 128 befinden, zusätzlich auf dem *Pieterpad* und auf dem GR 5, einem Weg von der Nordsee nach Nizza. Interessierte können sich hierüber unter 》 www.grouteroutepaden.be weiter informieren.

Wir überqueren die Wiese, wobei wir auf unsere Wegmarkierungen achten und erreichen einen an diesem heißen Tag schön schattigen, breiten Waldweg, der uns zumeist unter Laubbäumen hindurchführt. Linker Hand befindet sich schon die Mergelgrube, die wir aber aufgrund des Bewuchses meistens nicht sehen können. Nachdem wir eine Weile geradeaus gewandert sind, verlassen uns die meisten anderen Wanderwege und wir folgen weiter nur der Markierung mit einem roten Dreieck. Wir kommen rechter Hand an einem Hügel vorbei, welcher ein Naturmonument ist. Ein davor befindliches Schild besagt, dass dies in einer Schlacht mit französischen Truppen ein wichtiger Ort gewesen sei. Der Laubwald ist bei unserer Wanderung wunderschön grün anzusehen.

Wir wandern immer weiter geradeaus, haben den Wald bald durchquert und unser Weg wird zu einem Schotterweg, der – wenn nicht so eine große Trockenheit herrscht – an ausgedehnten grünen Wiesen und einigen Büschen entlangführt. Rechter Hand haben wir immer wieder eine weite Aussicht bis hinunter zum Ort **Kanne** und auf das Hinterland, wobei auch viele Weinberge zu sehen sind. Obwohl wir erst August haben, verfärben sich schon die Blätter der Bäume und Büsche, sodass die Natur von den Farben her herbstlich wirkt, wobei allerdings immer noch eine sehr große Hitze herrscht.

Etwa 2,7 km vom Ausgangspunkt, unserem Fort, entfernt sehen wir auf der rechten Seite des Weges eine große Informationstafel über den *Sint Pietersberg*, auf dem wir uns befinden. Hier wird die für diesen Ort typische Vegetation und Tierwelt beschrieben. Genau gegenüber dieser Tafel führt ein schmaler Weg nach links. Wir verlassen nun vorübergehend alle markierten Wanderwege und wandern einen schmalen Pfad in Serpentinen immer weiter hinunter, bis wir plötzlich vor einem Teich stehen, der malerisch in der an dieser Stelle grünen Landschaft liegt. Einige Buchten am Ufer werden von Anglern und anderen Erholungssuchenden genutzt. Wir gehen am See entlang, der sich nun rechts von uns befindet und sehen schon bald auf der linken Seite ein ungewöhnlich aussehendes Café.

Als ich das erste Mal an einem auch sehr sonnigen Tag im Oktober 2017 hier war, war der große Platz vor dem Café mit feinem weißen Sand und Kies bedeckt, und man hatte fast das Gefühl, die Menschen, die hier auf den Stühlen und an den Tischen Platz genommen hatten und die strahlende Herbstsonne sichtbar genossen, befänden sich am Strand in der Nähe eines Meeres, was ja, wenn man die Geschichte dieses Ortes bedenkt, auch gar nicht so abwegig ist.

Wer mag, kann in diesem Café *Chalet D´n Observant*, Lage Kanaaldijk 115, NL-6212 NA, Maastricht, Tel. 0031 (0) 6 25066595, ❱❱ www.chaletobersant.nl, eine Rast einlegen, bevor er weiter durch das Gelände der Grube wandert. Ab hier ist der Durchgang für Hunde verboten. Die Öffnungszeiten für dieses Gelände sind vom 1. April bis 31. August 08 bis 20 Uhr, vom 1. September bis 1. April 09 bis 17 Uhr. Dies ist auf einem Schild am Eingang des Geländes zu lesen.

Ab hier wird unser Weg sehr abenteuerlich. Wir steigen Metalltreppen hinauf und hinunter und wandern über metallene Brücken. Alles ist gut abgesichert und es gibt überall Geländer. Dennoch muss man sich etwas konzentrieren, wenn man über die etwas schwankenden Stufen geht. Für die Anstrengung wird man mit enormen Ausblicken entschädigt.

Vor uns liegt die Entwicklung der Erde aus vielen Zeitaltern. Das hier vor vielen Jahre vorhandene Meer hat deutliche Spuren hinterlassen und es sind Schichten verschiedener Gesteinsarten offen sichtbar. Zwischen den beeindruckenden Gesteinsformationen befinden sich Seen, die bei sonnigem

Wetter in extrem klaren blauen und grünlichen Farbtönen leuchten, was auf ihren Untergrund zurückzuführen ist. Hier wurden viele Fossilien gefunden, insbesondere die Knochen von berühmt gewordenen Mosasauriern, die sich nun im Museum in Maastricht befinden (siehe auch Aktion 5).

Rechter Hand ist die ehemalige Zementfabrik des ENCI-Werks zu sehen, die 2018 stillgelegt wurde.

Wir wandern nun auf einem breiten Schotter- und Sandweg. Für den geologisch Interessierten ist die Aussicht einfach grandios. Seitlich der Wege befinden sich gelegentlich Hinweisschilder, die erklären, was hier zu sehen ist und auch, welche Entwicklung für dieses Gebiet, welches sowohl Erholungs- als auch Naturschutzgebiet werden soll, geplant ist. Es lohnt sich sicher, gelegentlich wieder hierherzukommen und den weiteren Verlauf der Entwicklung zu beobachten.

Am Ende dieses Weges sind zwei Seen mit besonders klarem blau und grün leuchtenden Wasser zu sehen.

Rechter Hand befindet sich das Bistro *Hoffmanni*, In der Groeve, Lage Kanaaldijk 115, NL-6212 NA Maastricht, Tel. 0031 (0) 85 401 9252, 》 www.bistrohoffmanni.nl. Auch dieses Gebäude, welches weiß auf dem vorwiegend weißen Gestein steht, sah vor dem strahlend blauen Himmel sehr ungewöhnlich aus, als wir dort vorbeiwanderten. Leider hatten wir keine Zeit mehr, um dort einzukehren.

Nach einer Weile führt unser Weg leicht bergauf, wobei sich rechter Hand eine weiße Wand aus verschiedenen Gesteinsarten der Kreidezeit erhebt. Die verschiedenen Schichten, unterbrochen von Feuersteinen (Silex), sind gut zu sehen. Dazwischen haben sich starke Kräuter, aber sogar kleine Bäume, festgekrallt. Wieder sieht man kleine Wasserflächen zwischen den Ablagerungen des früheren Meeres, die in ganz unterschiedlichen Farbschattierungen leuchten. In der Ferne sieht man teilweise stark bewachsene Felswände und die Eingänge von Grotten.

Der Weg führt weiter leicht bergauf an auch in dieser Dürreperiode und lang dauernder Hitze grünen Laubbäumen entlang. Vor uns erhebt sich eine Wand aus Mergel und weiteren Gesteinen und überall, wo nur möglich, hat sich die Vegetation ihren Lebensraum erkämpft.

Bald wandern wir an früheren Eingängen von Grotten entlang auf eine lange Treppe zu.

Wanderungen südlich von Maastricht

Die Autorin auf dem Weg zu den Treppen

Wir überqueren eine kleine Metallbrücke und erreichen einen riesigen Grotteneingang.

Hier drinnen beginnen die Treppen, die uns nun einen langen Aufstieg abverlangen. Auch diese Treppen sind gut gesichert.

Auf verschiedenen Treppenabsätzen wird auf einer kleinen Informationstafel am Rande der Geländer beschrieben, welche Gesteine auf dieser Höhe zu finden sind, wie die Landschaft zu dieser Zeit aussah und welche Pflanzen und Tiere es damals gab. Für Interessierte gibt es eine App der *Natuurroutes van Natuurmonumenten* zum Downloaden, dort werden diese Informationen in einem Animationsfilm gezeigt.

Ich muss gestehen, dass ich gerade bei der Hitze beim Anstieg so mit meiner nicht ausreichenden Kondition beschäftigt war, dass ich mich mehr darauf konzentrierte, die anstrengende Passage hinter mich zu bringen, anstatt alles ausführlich zu lesen und anzusehen. Ziemlich außer Atem erreichten wir das Ende der Treppe und eine Aussichtsplattform, die hoch über einem Abhang des Geländes schwebt.

Oben stoßen wir auf einen Weg, in den wir nach links einbiegen. Ab hier folgen wir als Wegmarkierung einem gelben Rechteck, welches uns bis zum Ausgangspunkt führt. Wir wandern wieder durch eine zu dieser Jahreszeit unüblich herbstlich aussehende Landschaft, wobei sich links von uns niedrige Bäume und Büsche und rechts eine ausgedehnte Rasenfläche befindet, hinter der man in der Ferne weit über Maastricht und das Hinterland sehen kann.

Der Weg führt uns bald auf einen schmalen Pfad, wobei sich diesmal rechter Hand die Büsche und linker Hand Gras befindet. Folgen Sie bei Unsicherheiten einfach den Markierungen, dem gelben Rechteck. Der Pfad führt uns bald nach rechts auf einen etwas breiteren Weg, der an vielen Stellen beidseitig mit Bäumen und Büschen bewachsen ist. Schon kurz danach stoßen wir auf einen weiteren Weg, in den wir, immer noch dem gelben Rechteck folgend, nach links einbiegen. Rechter Hand haben wir wieder eine weite Aussicht über Maastricht. Wir folgen dem Weg, der bald leicht nach links abbiegt und treffen auf ein Holztor, welches sich öffnen lässt. Wir öffnen das Tor und überqueren eine Wiese, auf der Hunde frei laufen dürfen, bis wir auf der anderen Seite der Wiese ein weiteres Tor durchqueren. Nun treffen wir direkt auf das schon am Anfang erwähnte *Chalet Bergrust*. Hier kann man auf einer der vielen Terrassen sitzen und den Blick weit hinunter über Maastricht genießen. Nun müssen wir nur noch einige Treppen in Richtung Parkplatz hinuntergehen und haben den Ausgangspunkt erreicht.

WANDERUNG 28: GROTTENWANDERUNG UND MOSASAURIER IM NATURHISTORISCHEN MUSEUM

Start und Ziel: Luikerweg 71, NL-6212 NH Maastricht in den Räumen des *Chalets Bergrust*, einem Restaurant und Café

Dort befindet sich auch ein Parkplatz. Von Aachen aus mit der Buslinie 350 (weitere Informationen bei)) www.arriva.nl) zu erreichen. Wir sind auf den verschiedenen Wanderungen die gut ausgeschilderte Strecke von der Bushaltestelle aus immer gerne zu Fuß gegangen.

Aktuelle Informationen bekommen Sie unter 0031 (0) 43 3506262 und)) www.maastrichtunderground.nl.

Maastricht Underground bietet nicht nur Führungen durch die Nordgrotte, die wir mitgemacht haben, sondern auch Führungen durch das *Fort St. Pieter*, die Grotten *Zonnenberg* und die *Kazematten Waldeck* an.

Als wir dort waren, kostete die beeindruckende Führung 6,60 Euro pro Person und dauerte eine Stunde.

Die Luft ist sehr feucht und ich empfand sie als staubig. Für Menschen mit Atemwegsbeschwerden könnte dies wichtig sein zu wissen.

Unter dem Sint Pietersberg, über den wir ja schon in einigen Wanderungen gelaufen sind, befindet sich ein Labyrinth von 20.000 Gängen, die im Laufe von Jahrhunderten durch Mergelabbau entstanden sind. Die Wände dieses Netzwerkes sind mit den Abbildungen verschiedener Künstler beeindruckend verziert. Sowohl während der französischen Belagerung von Maastricht als auch später im Zweiten Weltkrieg und während vieler weiterer Belagerungen der Stadt dienten die Grotten auch als Zufluchtsort, in denen man sich aber aufgrund der Feuchtigkeit und niedrigen Temperatur (um die 10° C) nie lange aufhalten konnte.

Wir haben die Führung im Dezember 2017 mitgemacht. Unser sehr netter Guide holte uns an einem Treffpunkt unmittelbar am *Chalet Bergrust* ab.

Die Führung war englischsprachig. Maastricht und seine Grotten sind international berühmt. Die Besucher kamen aus der ganzen Welt, insbesondere aus Asien und dem indischen Subkontinent, und wir stellten überrascht fest, dass wir nicht nur die einzigen Deutschen bzw. Belgier, sondern sogar die einzigen Europäer in dieser Besuchergruppe waren, die ungefähr 30 Menschen umfasste. Ein sehr interessantes Erlebnis. Die Besucher wirkten sehr gebildet und hochinteressiert an der Geschichte von Maastricht und seiner Grotten, insbesondere auch an den Geschehnissen dort im Zweiten Weltkrieg.

Der Guide brachte uns zum nahe gelegenen, verschlossenen Eingang, gab verschiedenen Leuten eine Lampe und schon ging es hinein in die Dunkelheit.

Nachdem wir an einer schlafenden Fledermaus vorbeikamen und etwas weiter in die Gänge hineingegangen waren, erreichten wir eine Wand, auf der das Netzwerk der Gänge innerhalb der Grotten eingezeichnet ist. Sehr beeindruckend und kaum verständlich, dass man früher ohne Führer in den Grotten herumlaufen konnte. Man kann sich dort hoffnungslos verlaufen, was einer Freundin von mir als Jugendliche vor vielen Jahren auch beinahe passiert wäre.

Wir kamen an Stellen vorbei, an denen Chicorée gezüchtet wurde. Mir war gar nicht bewusst, dass dieses Gemüse so viel Kälte und Feuchtigkeit braucht.

Uns wurden Wände gezeigt, an denen Künstler die Tiere gezeichnet haben, die in verschiedenen Erdzeitaltern gelebt haben und deren Überreste unter anderem in den Grotten gefunden wurden. Am berühmtesten sind hier die Mosasaurier.

Und überall waren Malereien verschiedener Künstler zu bewundern, von denen ich hier nur ein Beispiel präsentieren kann. Leider ist mir der Künstler unbekannt.

Auch die Verstecke der Werke berühmter niederländischer Maler im Zweiten Weltkrieg wurden uns gezeigt. Es war eine sehr interessante Führung, in der es auch genügend Raum für Fragen oder Sonderwünsche gab.

Dennoch waren wir am Ende froh, wieder den Ausgang der Grotten erreicht zu haben, die Augen an Tageslicht zu gewöhnen und frische Luft zu atmen. Ein spannendes Erlebnis, welches ich gerne weiterempfehle.

Um unser Wissen über die geologische Entstehung unseres Wandergebietes zu vertiefen, lohnt sich ein Besuch im Naturhistorischen Museum.

Die Adresse ist: „Naturhistorisches Museum Maastricht", De Bosquetplein 7, NL-6211 KJ Maastricht, Niederlande, Tel. 0031 43 350 5490)) www.nhmmaastricht.nl.

Öffnungszeiten: Dienstags bis freitags 11-17 Uhr, Samstag und Sonntag 13-17 Uhr, montags geschlossen. Eintritt: 6,40 Euro pro Person.

Es gibt eine kleine Caféteria, die aber häufig nicht besetzt ist. Dort befinden sich ein Kaffeeautomat und ein Automat, der süße Snacks zum Kauf anbietet. Die netten Mitarbeiter beraten Sie bei Fragen gern.

Auf eine ganz andere Art als das Hohe Venn, über das ich mein erstes Buch geschrieben habe, hat auch Südlimburg eine faszinierende geologische Geschichte. Das Museum führt uns mithilfe der Exponate und interaktiver Elemente auf eine Zeitreise vom Erdzeitalter **Devon vor 419,2 bis 358,9 Millionen Jahre bis heute**. Es sind auch Filme zu sehen z.B. über die Entwicklung der Maas von einem breiten, stark verzweigten Fluss bis heute. Weiterhin verfügt das Museum über einen botanischen Garten und ein wissenschaftliches Labor.

Der Höhepunkt der Ausstellung sind die Überreste der im Maastrichter Kalkstein seit 1770 vorwiegend in der ENCI-Mergelgrube (siehe Wanderung 27) gefundenen **Mosasaurier**. Im Unterschied zu den Dinosauriern, die auf dem Land verbreitet waren, handelt es sich bei den Mosasauriern um Meeresreptilien, die in dem warmen, subtropischen Meer in Südlimburg lebten. Der Name setzt sich aus dem lateinischen *Mosa* für *Maas* und dem griechischen Wort für *sauros* für *Eidechse* zusammen. Im Museum sind Überreste von sechs Mosasauriern zu sehen, außerdem zwei eindrucksvolle Nachbildungen von den bis zu 10 m langen Tieren.

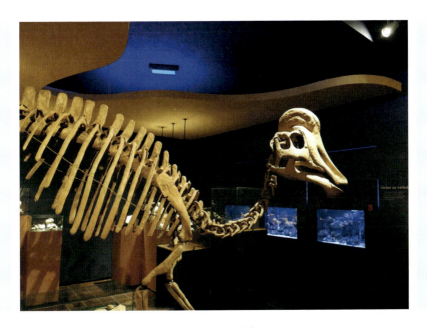

Nachbildung eines Mosasauriers (Naturhistorisches Museum Maastricht)

Mosasaurierreste wurden nicht nur in Maastricht gefunden, sondern auch in Schweden, Nordamerika, Afrika, Australien, Neuseeland und sogar in der Antarktis. Die Tiere wurden bis zu 17 m lang. Man vermutet, dass sie Fische, Seevögel, tief fliegende Flugsaurier, Meeresreptilien und Ammoniten (eine ausgestorbene Tintenfischart, von der man annimmt, dass es sich um intelligente Raubtiere handelte) jagten und zwar durch einen Überraschungsangriff. Weitere Mosasaurierarten ernährten sich vermutlich auch von Muscheln. Das Gebiss der Mosasaurier deutet darauf hin, dass die Beute nicht gekaut, sondern komplett heruntergeschluckt wurde. Auch spricht die Körperform dafür, dass es sehr wendige Schimmer waren. Als sicher gilt, dass Mosasaurier ihre Jungen lebend gebaren und zwar mit dem Schwanz voran. Die Jungen waren bei der Geburt 1-2 m lang.

Neben den Mosasauriern sind im Museum Schwämme, Korallen, Ammoniten, tropische Schildkröten, die Überreste primitiver Bäume und weiterer Pflanzen und Tiere zu sehen.

6 Wasser und Wildpferde im Norden von Maastricht – Rivierpark MaasVallei

Wanderung 29: Von Itteren zur Mündung der Göhl in die Maas

Wanderung 30: Kleine, gemütliche Wanderung am Wasser und Museumsbesuch

Wanderung 31: Wasser, Wildpferde und Flüsterboote bei Stokkem

Wanderung 32: Thorn, die weiße Stadt an der Maas, Wanderung und Stadtbummel

6 WASSER UND WILDPFERDE IM NORDEN VON MAASTRICHT – RIVIERPARK MAASVALLEI

In der Grenzregion zwischen Belgien und den Niederlanden nördlich von Maastricht liegt ein unvergleichliches Wasserparadies. Die Maas und ihre sich dahinschlängelnden Nebenarme haben ein Tal mit Heiden, Moorgebieten, Wäldern und Seen geschaffen, in dessen einzigartiger Natur sich Lebensräume für viele Blumen und Kräuter, Wasservögel, Schmetterlinge und Libellen gebildet haben. Auf dem Wasser können Sie viele Haubentaucher sehen, die ich sogar beim Brüten filmen konnte. Hier leben sehr viele Schwäne und man kann häufig ganze Familien mit ihren noch grauen Jungen beobachten. Auf Bäumen findet sich der manchmal völlig unbeweglich dort auf der Lauer liegende Graureiher, auch Kormorane kann man beim Jagen beobachten, weiterhin leben hier noch das Blässhuhn und der Eisvogel. Im Wasser sind Rotauge, Aal, Zander, Barbe und Steinbeißer zu finden. An versteckten Stellen werden Sie immer wieder Angler sehen, die es auf diese Tiere abgesehen haben.

Eisvogel (Foto: Eddy Maes)

Aufgereiht wie an einer Kette liegen im *MaasVallei* authentische Dörfchen, die mit dem noch zu Maastricht gehörenden Ort **Borgharen** beginnen und je nach Definition nach 40 km im niederländischen Städtchen **Thorn** enden, welches schon etwas außerhalb der Euregio liegt. Die Maas diente als Schifffahrtsweg, wodurch die Dörfer Teil eines kulturhistorisch reichen Handelsnetzwerkes waren. Der an Nährstoffen reiche Überschwemmungsraum der Maas bot den Bauern fruchtbaren Boden. Im Gegensatz zum Rhein, der in den Alpen auch von Gletschern gespeist wird, ist die Maas ein reiner Regenwasserfluss, der bei Regen viel Wasser führt und bei Dürre schnell an Wasserreichtum verliert.

Vor der Unabhängigkeit Belgiens 1830 gehörte das heute belgische und niederländische Limburg noch zum Königreich der Niederlande und wurde erst 1839 in die belgische Provinz Limburg und die niederländische Provinz Limburg aufgeteilt. Nach Verhandlungen über die richtige Lage der Grenze wurde vereinbart, dass sie durch den tiefsten Punkt des Flussbettes der Maas verlaufen soll. Die Grenzpfähle stehen aber naturgemäß am Ufer.

Sowohl aus den Ardennen im Schmelzwasser herantransportiert als auch im eigenen Bett der Maas gibt es sehr viel Kies, der bis 1993 abgebaut wurde, unter anderem, um Beton zu gewinnen. Manche Anlagen sind noch sichtbar, werden aber demontiert werden. Da die Maas insbesondere zwischen den Orten **Lanaken** und **Maaseik** ein sehr kurviger Fluss mit extrem unterschiedlichen Wasserständen ist, wäre sie nur wenige Monate im Jahr befahrbar. Für die Schifffahrt wurde daher in diesem Bereich der *Zuid-Willems-Kanal* und später der *Julianakanal* angelegt. Sie können in dieser Region also sowohl an den Ufern der Maas und seiner Nebenarme als auch entlang der beiden Kanäle wandern oder mit dem Rad fahren.

Das Wasser der Maas suchte sich früher seinen Weg durch die Landschaft. Der Fluss war im Sommer extrem seicht und im Winter sehr breit. Als die Maas im 19. Jahrhundert immer mehr zum Transport genutzt wurde, begann man, Deiche anzulegen und später Kies vom Boden abzugraben. Durch diese Eingriffe wurde der Fluss schmaler und tiefer. Regelmäßig brach er bei Hochwasser aus seinem Korsett, was zu Überschwemmungen führte. Nach besonders schweren Überflutungen im Jahre 1993 vereinbarten die

Niederlande und Belgien, weniger Kies abzugraben und allmählich dem Fluss wieder mehr natürlichen Raum zu geben.

In diesem Zusammenhang entwickelte sich später das grenzüberschreitende Projekt *Rivierpark MaasVallei*. Viele gemeinnützige Gesellschaften und Umweltschutzorganisationen aus beiden Ländern sind an der Entwicklung beteiligt. Schwerpunkte sind: Die Flussnatur soll geschützt und, wo notwendig, renaturiert werden, auch kulturelles Erbgut soll geschützt werden. Naturverträglicher Tourismus soll gefördert werden, hierzu gehört grenzüberschreitendes Radfahren – die Region ist ein Paradies für Fahrradfahrer –, und es wird ein ausgedehntes Netzwerk an Wanderwegen ausgewiesen. Hinzu kommen viele Wassererlebnismöglichkeiten.

Auf der belgischen Seite gibt es schon sechs gekennzeichnete Wandergebiete. In den Niederlanden sind bis zur Fertigstellung des Buches die Startpunkte für Wanderungen noch nicht angelegt, mit Ausnahme von **Borgharen**. Allerdings sahen wir noch intensive Erdarbeiten, als wir dort waren. Ansonsten müssen die Gebiete, ausgehend von den verschiedenen Dörfern in den Niederlanden, noch selbstständig erkundet werden. Weitere und aktuelle Informationen erhalten Sie unter ›› www.rivierparkmaasvallei.eu.

Da dieses Gebiet noch in der Entwicklung und sehr weitläufig ist, war es eine gewisse Herausforderung, für Sie schöne Wanderungen zusammenzustellen. Ich habe mich exemplarisch für eine Wanderung am Beginn dieses Gebiets bei Maastricht, zwei Wanderungen auf halber Höhe in der Nähe des belgischen Ortes **Stokkem** und dann für den nördlichsten Ort des *MaasValleis*, **Thorn**, entschieden. Falls Sie sich in das *MaasVallei* verlieben sollten, gibt es für Sie noch viel auf eigene Faust zu entdecken.

Die Landschaft ist eine ganz andere als im Süden von Maastricht, die stark vom Sint Pietersberg und dem hügeligen Umland geprägt ist. Das Maastal ist sehr flach. Die Dörfer, Wiesen und Felder liegen teilweise unterhalb der beiden Kanäle. An den Ufern befinden sich Deiche, die mit Gras bewachsen sind und auf denen häufig Pferde und Rinder grasen. Gerade auch, wenn man außerhalb der Hauptsaison dort unterwegs ist, fällt einem sofort die

Stille auf. Dieses Gebiet ist besonders für Menschen geeignet, die Ruhe und weite, menschenleere Landschaften am Wasser lieben.

Graureiher (Foto: S. Schmitt)

Im Sommer ist daran zu denken, dass dort ein sehr geringer Baumbestand und somit wenig Schatten ist, auch habe ich mir am Wasser schon so manchen Insektenstich geholt. Es gibt in manchen Gebieten nicht viel Infrastruktur, sodass an genügend Proviant zu denken ist. Falls Sie mit einer der Fähren über die Maas übersetzen, planen Sie bitte viel Zeit ein und achten Sie darauf, wann die letzte Fähre des Tages übersetzt. Die Brücken über die Maas liegen teilweise weit auseinander, sodass Sie lange, zusätzliche Wege zurücklegen müssten, falls Sie die letzte Fähre verpassen. Mich fasziniert diese teilweise karge Landschaft, die so anders als die abwechslungsreiche Gegend im Süden von Maastricht ist.

Und nun zu den Wanderungen.

Streifzüge durch die Euregio

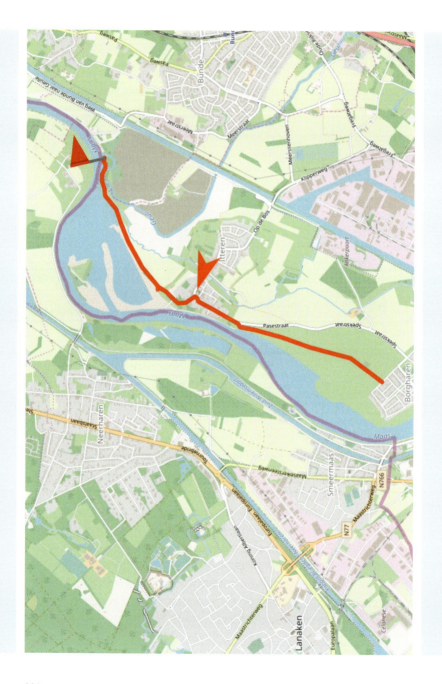

WANDERUNG 29:
VON ITTEREN ZUR MÜNDUNG DER GÖHL IN DIE MAAS

GPS-Daten zu Wanderung 29:
Von Itteren zur Mündung der Göhl in die Maas
http://download.m-m-sports.com/extras/streifzuege_euregio/W29.zip

Diese Wanderung ist für Menschen geeignet, die bereit sind, zu improvisieren. Als wir dort waren, wurden viele Erdarbeiten durchgeführt. Dieses Gebiet des *MaasValleis* ist noch in der Entwicklung. Für denjenigen, der einsames, weites Land am Wasser liebt, hat das Gebiet einen eigenen Reiz. Ich persönlich mag es hier, allerdings ist das Gebiet für manchen noch zu wenig erschlossen und zu eintönig.

Diese Wanderung ist sowohl als Strecken- als auch als Rundwanderung durchführbar. Ein Teil der Wanderung führt über ein riesiges Wiesengelände am Wasser entlang, auf dem große Herden von Konik-Pferden und Galloway-Rinder frei leben.

Start und Ziel: *Itteren-Zentrum*, Pasestraat, Ecke *Brigidastraat*, dort befindet sich eine Bushaltestelle der Buslinie 9 ab Maastricht (Fahrplan unter ❱❱ www.arriva.nl) und es befinden sich in den Nebenstraßen sehr viele Parkmöglichkeiten.

Länge: 3,4 km, zusätzlich etwa 3-6 km, wenn Sie auf dem Wiesengelände in Richtung Borgharen herumstreifen möchten. Soweit mir bekannt ist, dürfen Hunde auf dem abgesperrten Wiesengelände nicht mitgeführt werden. Bitte richten Sie sich nach den dort befindlichen Schildern.

Wir beginnen den ersten Teil der Wanderung an der Kirche in der *Brigidastraat*. Dort befinden sich gegenüber das Café `*t Trefpunt*, Brigidastraat 65, NL-6223 HD Maastricht, Tel. 0031 (0) 43 364 9911, ❱❱ www.trefpuntitteren.nl und der *Brigidahoeve*, Brigidastraat 64, NL-6223 HD Maastricht,

》 www.brigidahoeve.nl, Tel. 0031 (0) 43 851 7149. Dort gibt es eine Brasserie, einen Eissalon und man kann dort Appartements mieten. Leider haben wir bei nur mittelmäßigem Wetter außerhalb der Saison schon erlebt, dass beide Restaurants geschlossen waren und wir keine weiteren fanden, sodass wir für unseren mitgebrachten Proviant sehr dankbar waren.

Die *Brigidastraat* führt auf die *Pasestraat*, wo sich auch die Bushaltestellen der Linie 9 befinden. Von dort aus kann man weiter zum Ort **Bunde** oder zurück nach **Maastricht** fahren. Kurz hinter den Bushaltestellen teilen sich die Straßen, rechts geht es weiter auf die *Ruyterstraat*, die nach Bunde führt, links auf eine kleine Straße, die *Op de Meer* heißt. Hier gehen wir hinein und halten uns geradeaus. Es handelt sich eher um einen asphaltierten Weg als um eine Straße. Wir gehen an netten kleinen Häusern, Pferdeweiden, Obstwiesen und einer kleinen Schafsweide entlang. Nach einer leichten Biegung nach rechts nennt sich der Weg *Holdreef*. Leider widersprechen sich die Informationen dieses Straßennamens in meinem Navi und auf den Landkarten des GPS. In diesem winzigen Ort ist es aber kaum möglich, sich zu verlaufen.

Der Weg hinaus aus dem Ort

Wasser und Wildpferde im Norden von Maastricht – Rivierpark MaasVallei

Vorbei an neugierigen Schafen

Wir wandern immer weiter geradeaus bis zu einem Tor, welches sich öffnen lässt und wo wir hindurchgehen. Nun führt unser Weg über Gras, rechts von uns sind Felder, links befindet sich eine Wiese und je nach Jahreszeit sehen wir Wasserpflanzen vor einer seenartigen, großen Wasserfläche. Nach einer Weile verlassen wir die Äcker und gehen durch ein weiteres Tor. Wir laufen nun über Gras, teilweise verkrautete Wiesen und haben einen weiten Blick über die flache Landschaft. Links befindet sich weiterhin eine große Wasserfläche und geradeaus sehen Sie in der Ferne eine Stelle, an der die Maas extrem breit ist.

Der Weg wird bald zu einem schmalen Pfad. Sie sehen immer mehr Bäume und Büsche und können rechts von sich bald die Göhl entdecken, die wir ja schon ab Hauset (Wanderungen 5, 6, 7, 9 und 10) kennengelernt haben. Je nach Wetter kann der Weg hier schlammig werden. Die Maas, die uns linker Hand begleitet, dehnt sich an dieser Stelle weit aus. Gegenüber, am anderen Ufer, ist ein Gehöft zu sehen und als wir dort waren, grasten dort viele Konik-Pferde, die teilweise sogar Fohlen mitführten. Schließlich erreichen wir die Stelle, an der die Göhl 58 km, nachdem sie in der Nähe der Zyklopensteine bei Aachen entsprungen ist (Wanderung 7), in die Maas mündet. Dies ist eine sehr schöne, ruhige Stelle.

Als wir dort waren, gab es von dort aus noch keinen Rundwanderweg, sondern wir mussten denselben Weg wieder nach **Itteren** zurückkehren.

Wir gehen wieder, vom *Holdreef* kommend, geradeaus auf die Straße *Op de Meer*, biegen dann rechts in die *Pasestraat* ein und sehen schon nach wenigen Metern die Bushaltestellen der Linie 9. Sie haben nun die Möglichkeit, die Wanderung hier zu beenden und über Maastricht wieder zurückzufahren oder Sie wandern noch 600 m durch das nette Dorf, vorbei an kleinen, mit Blumen geschmückten Häuschen in Richtung Borgharen bzw. Maastricht, bis Sie hinter einer Kapelle rechter Hand den Eingang zu großen Wiesenflächen sehen, die nach Borgharen führen.

Dort befinden sich einige Bänke, auf denen Sie mit Blick auf das Wasser eine Rast einlegen können. Wenn Sie ab hier über die großen, naturbelassenen Flächen am Rande der Maas schlendern, werden Sie je nach Jahreszeit ein Meer an Blumen und Kräutern durchstreifen. Auch hat sich hier ein wahres Vogelparadies entwickelt. Eine besondere Attraktion sind die vielen frei lebende Konik-Pferde und Galloway-Rinder. Im Frühjahr führen die Stuten Fohlen und es ist sehr spannend, das Verhalten der Herden zu beobachten.

Am Rande des großen Wiesengeländes zwischen Itteren und Borgharen

Wer sich hierfür interessiert, kann hier herumstreunen und danach entweder nach Itteren zurückkehren oder weiter bis nach **Borgharen** wandern und von dort mit dem Bus der Linie 9 wieder nach Maastricht zurückfahren. Bushaltestellen finden Sie auf der *Trichtervoogdenstraat*, Ecke *Spekstraat* und im Zentrum des sehr kleinen Ortes auf der *Adam van Harenstraat*, Ecke *Hertog van Brabantlaan*.

Als kulturelle Sehenswürdigkeiten gibt es hier das *Kasteel Borgharen*, das Gehöft *Wiegershof* und den Kastellhof *Hartelstein*. Sie waren leider geschlossen, als wir dort waren.

Ich war im Sommer 2017 und im Frühjahr 2018 dort. Bis Sie das Buch in den Händen halten, wird es sicherlich in diesem einzigartigen Gebiet weitere und noch ausgereiftere Wandermöglichkeiten geben.

Streifzüge durch die Euregio

WANDERUNG 30: KLEINE, GEMÜTLICHE WANDERUNG AM WASSER UND MUSEUMSBESUCH

GPS-Daten zur Wanderung 30:
Kleine, gemütliche Wanderung am Wasser und Museumsbesuch
http://download.m-m-sports.com/extras/streifzuege_euregio/W30.zip

Start und Ziel: *Maascentrum De Wissen*, Negenoordlaan 2, B-3650 Dilsen-Stokkem, Tel. 0032/89/752171. Direkt am *Maascentrum* befindet sich ein großer Parkplatz.

Länge: 2,2 km

Gehzeit: eine Stunde

Hunde an der Leine dürfen auf einem Teil der Strecke mitgeführt werden, bitte richten Sie sich nach den dort befindlichen Schildern. Auf der Strecke können frei laufende Rinder und Pferde zu sehen sein.

Einfache Wanderung, viele idyllische Stellen.

Diese Wanderung haben wir im Mai 2018 gemacht. Alles war grün und auch die Bäume standen in voller Blüte. Dies ist ein großer Kontrast zu dem Zustand der Natur, als wir die Gegend im August desselben Jahres besucht haben.

Schon vom Naturzentrum aus sehen wir auf eine Wasserfläche, auf der einige Boote liegen. Wenn wir aus dem Zentrum kommen, gehen wir einige Meter nach links, um auf einem schmalen Weg leicht bergab zu wandern, der auf einen Pfad führt, der direkt am Wasser entlang verläuft. Haben wir den Pfad erreicht, wenden wir uns nach rechts, sodass wir linker Hand das Wasser und rechts von uns vor allem Rasenflächen sehen.

Der weitere Weg gibt immer wieder einen idyllischen Blick über den See frei, dessen Wasser sehr sauber ist. An den am Ufer gefällten Bäumen ist das Werk von Bibern zu betrachten und wir können viele Wasservögel beobachten.

Bald führt der Weg leicht bergauf und wird breiter. Hinter einer Barriere aus Holz mit einem Durchgang für Wanderer gehen Sie weiter geradeaus, bis Sie auf der linken Seite 920 m vom Ausgangspunkt entfernt eine kleine Brücke sehen. Sie überqueren die Brücke. Auf der rechten Seite sehen Sie einen See, auf dem sich kleine, schwimmende, zeltähnliche Holzbauten befinden, die man zur Übernachtung mieten kann.

Hinter der Brücke wandern Sie über eine Rasenfläche und gehen durch ein Holztor. Kurz hinter dem Holztor wenden Sie sich nach links und wandern nun an der anderen Seite des Sees wieder zurück zum Ausgangspunkt. Der grasbewachsene Weg ist von Bäumen und Büschen gesäumt, gibt aber immer wieder einen Blick auf das Wasser frei. Bei unserer Wanderung im Mai 2018 standen viele Bäume in voller Blüte und es herrschte ein wunderbarer Duft. Zusätzlich genossen wir die unterschiedlichen Varianten des frischen Grüns der Blätter nach dem langen, dunklen Winter.

Nachdem wir diesen duftenden Blätter- und Blütenwald durchstreift haben, sehen wir auf der rechten Seite Wasserflächen und können dahinter einen sehr weiten Blick über die flache Landschaft genießen. Einem breiten Weg nach rechts folgen wir nicht, sondern wir gehen auch an dieser Abzweigung weiter geradeaus. Der Weg wird nun breiter. Rechts und links erstreckten sich an dem sonnigen Maitag, an dem wir dort waren, in einem intensiven Blau leuchtende Wasserflächen. Auf einer Insel sahen wir gemütlich mehrere Rinder liegen.

Wasser und Wildpferde im Norden von Maastricht - Rivierpark MaasVallei

Wir gehen auf eine weitere große Wasserfläche zu und biegen direkt vor ihr nach links ab. Nach wenigen Metern stoßen wir auf einen weiteren Wanderweg und biegen auch hier nach links ab. Nun wandern wir wieder am Wasser entlang. Links von uns sind einige Anlegestellen und Boote zu sehen. Bald sehen wir einen Weg, der rechter Hand leicht nach oben führt. Auf ihm waren wir zu Beginn unserer Wanderung hinunter zum See gegangen. Wir folgen diesem Weg und erreichen nach wenigen Metern das *Maascentrum*.

Hier lohnt sich nun ein Besuch des Museums und der Terrasse des praktisch im selben Gebäude befindlichen Hotels, wo man gut essen und trinken kann.

Das *Maaszentrum De Wissen* ❱❱ www.dewissen.be liegt in Belgien in **Dilsen-Stokkem**, einem Ort, in dessen Umgebung es noch viele alte Maasarme gibt. Sein Name ist auf die Weidenruten zurückzuführen, die für **Stokkem** als ehemals bekannte Korbmacherstadt wichtig waren. Die sehr netten Mitarbeiter beraten Sie gerne in Bezug auf weitere Aktivitäten. Man kann hier *Flüsterboote mieten*, das sind Elektroboote, die sich geräuschlos auf dem Wasser der alten Maasarme bewegen, und auch ein *Museum* besuchen, in dem die Geschichte der Maas in der hiesigen Umgebung und die Korbmacherkunst in interaktiver Weise gezeigt werden. Sie können hier auch für 2,50 Euro eine sehr übersichtliche Wanderkarte *MaasVallei, Rivierpark, Stokkem* kaufen, auf der weitere fünf Wanderungen angezeigt werden. Sie ist aber auch online zu erhalten unter ❱❱ www.rivierparkmaasvallei.eu. Die aktuellen Öffnungszeiten und weitere Informationen erfragen Sie bitte unter 0032 89 75 21 71. Als wir dort waren, war das Naturzentrum bis 17 Uhr und die Gastronomie des Hotels (s. u.) bis 22 Uhr geöffnet.

Direkt am *Maascentrum* liegt das Hotel *De Wissen*, Medaerstraat 24, B-3650 Dilsen-Stokkem, Tel. 0032 89 56 46 40, ❱❱ www.horecadewissen.be. Auf einer Terrasse mit Blick über die wasserreiche Landschaft kann man wunderbar sitzen. Die Bedienung war freundlich, das Essen gut. Übernachtet habe ich hier allerdings noch nicht. Man kann auch in einer Art *Holzzelt* auf dem Wasser übernachten. Ich habe leider versäumt, zu erfragen, ob Sie dieses im Naturzentrum oder im Hotel buchen können.

Streifzüge durch die Euregio

WANDERUNG 31:
WASSER, WILDPFERDE UND FLÜSTERBOOTE BEI STOKKEM

GPS-Daten zu Wanderung 31:
Wasser, Wildpferde und Flüsterboote bei Stokkem
http://download.m-m-sports.com/extras/streifzuege_euregio/W31.zip

Start und Ziel: *Berg an der Maas*, 6129 AP Niederlande

Mit dem Bus: Mit dem Bus Linie 350 von Vaals oder Aachen nach Maastricht, dann eine Haltestelle mit dem Zug nach *Sittard* und von dort mit der Buslinie 39 nach *Berg an der Maas*, Haltestelle *Beatrixplein* (weitere Informationen unter)) www.arriva.nl).

Mit dem Auto: Entweder Sie lassen den Wagen in dem kleinen Ort *Berg an der Maas* oder Sie überqueren mit einer kleinen Fähre die Maas (kostet 1,90 Euro pro Fahrt). Sie können von dort aus in wenigen Minuten das *Maascentrum De Wissen* erreichen, Negenoordlaan 2, B-3650 Dilsen-Stokkem, Tel. 0032/89/752171. (Sie biegen hinter der Fährstation rechts ab, folgen der N742, biegen nach rechts in die Straße *Nieuwe Weerd* ein. Diese ändert ihren Namen in *Oude Maasstraat* und führt direkt auf das Naturzentrum und Hotel zu.)

Die Wanderung wird von der oben erwähnten Bushaltestelle in *Berg an der Maas* aus beschrieben.

Länge: 8,84 km

Gehzeit: 3-4 Stunden

Es handelt sich um eine sehr leichte Wanderung, die je nach Wunsch erweitert oder abgekürzt werden kann. Die Wege sind gut ausgeschildert, die flache, normalerweise wasserreiche Gegend ist sehr übersichtlich. Auf ausgeschilderten Arealen darf man die Wege verlassen und „streunen". Es gibt hier frei laufende Galloway-Rinder und Konik-Pferde. Von der Mitnahme von Hunden würde ich abraten, ansonsten richten Sie sich diesbezüglich nach den dort befindlichen Schildern.

Wenn Sie meiner Wegbeschreibung folgen, gelangen Sie auf einen Rundwanderweg, der mit einem roten Dreieck gekennzeichnet ist. Diese Strecke deckt sich am Anfang mit dem von mir beschriebenen Weg und ist 12,5 km lang. Wenn Sie also weiter wandern möchten, als ich es hier beschrieben habe, folgen Sie dem roten Dreieck, allerdings „auf eigene Gefahr". Der zusätzliche Weg führt durch Wiesen und Felder, an einen weiteren Wasserlauf und in baumbestandene Bereiche. Kurz vor der Fähre erreichen Sie wieder den von mir beschriebenen Weg.

An einem heißen Augusttag im Sommer 2018 sind wir mit dem gut klimatisierten Bus von Vaals nach Maastricht, von dort eine Haltestelle mit der Bahn nach Sittard und von dort mit einem Kleinbus zu dem idyllischen, kleinen niederländischen Ort **Berg an der Maas** gefahren. Die Fahrt dauerte ungefähr zwei Stunden, war aber sehr bequem. Am günstigsten fährt man mit dem Euregioticket (18,50 Euro an Wochenenden und Feiertagen für zwei Erwachsene und drei Kinder) und oder mit einer Tageskarte (für zwei Personen 25,- Euro). Lassen Sie sich bitte beim Erwerb der Fahrkarten eine Magnetkarte für die Bahnhofsbarrieren im Bahnhof von Sittard geben. Die Bedingungen und Preise könnten sich geändert haben, bis Sie das Buch in den Händen halten.

Wir steigen im Ort **Berg an der Maas** an der Haltestelle *Beatrixplein* in der gleichnamigen Straße aus, gehen wenige Meter in Richtung Norden die Straße entlang und laufen auf eine Kirche zu. Hier biegen wir nach rechts in die *Berger Maasstraat* ein. Straßenschilder weisen schon auf den Fährübergang hin. Nun folgen wir der *Berger Maasstraat* und laufen geradewegs auf den Fährübergang zu. Von der Bushaltestelle bis zur Fähre sind es 430 m.

Es handelt sich um eine kleine Autofähre. Für Fußgänger ist die Überfahrt kostenlos. Auf der anderen Flussseite befinden wir uns in Belgien.

Wasser und Wildpferde im Norden von Maastricht – Rivierpark MaasVallei

Man sieht schon an dieser Anlegestelle, dass die Maas nach der wochenlangen Hitze und Trockenheit extrem wenig Wasser führt. Ein Eindruck, der sich auf unserer Wanderung noch sehr verstärken wird, zumal ich ja unter ganz anderen Naturbedingungen im Mai desselben Jahres dort gewesen war (Wanderung 30).

Nachdem wir die Maas überquert haben, biegen wir nach rechts ab und wandern 890 m auf einem auch von Fahrradfahrern benutzten Weg an der Maas entlang. Dann sehen wir rechter Hand ein kleines Holztor, durch welches wir schon in das Naturschutzgebiet hineingehen können. Um die ausgeschilderten Wanderwege zu erreichen, bleiben wir aber noch weitere 370 m auf dem Weg und laufen direkt auf die ausgeschilderten Wanderwege zu. Wir folgen zunächst den Markierungen mit einem roten Dreieck, welche wir an kleinen Pfosten seitlich des Weges sehen.

Wir wandern auf einem breiten Schotterweg immer geradeaus. Normalerweise müssten sich rechts und links von uns große Wasserflächen und Grünland befinden, auf denen die hier lebenden Galloway-Rinder und Pferde weiden. Als wir dort waren, hatte sich das Wasser sehr weit zurückgezogen und es war auch kaum Grün zu sehen. Wir hatten den Eindruck, durch eine Art Steppen- und manchmal schon Wüstenlandschaft zu gehen. Die starke Sonneneinstrahlung und die Hitze taten noch ihr Übriges dazu.

Sommer 2018

Wir wandern nicht nur zwischen den ehemals sehr großen und wasserreichen Seen, die sich so weit zurückgezogen haben, dass sie vom Weg aus kaum noch sichtbar sind, sondern sehen auch, nachdem wir 1,5 km durch die eigentlich wasserreiche und grüne, nun aber wüstenähnliche Landschaft gewandert waren, dass der Teil der Maas, den wir nun rechter Hand sehen, kaum Wasser führt. Ich musste mich mehrfach vergewissern, dass wir es hier tatsächlich mit der Maas und nicht mit einem der Nebenarme zu tun hatten.

Etwa 400 m, nachdem wir die Maas bzw. was von ihr noch übrig war, sehen konnten, biegen wir nach links ab und verlassen auch kurz danach den oben beschriebenen Wanderweg. Aufgrund der extrem großen Hitze nahmen wir von unserem ursprünglichen Plan Abstand, die geplante große Runde zu wandern. Wir biegen noch einmal links ab und wandern entlang eines Gewässers, welches sich nun links von uns befindet. Nach rechts blicken wir über Wiesen auf das kleine Dorf **Boyen**. Und auch hier sieht man die Auswirkungen dieses „Jahrhundertsommers" an den extrem vertrockneten Feldern. Direkt neben dem Wasser verläuft ein Sandweg, dem wir folgen und von dem aus wir einen See und sogar einen kleinen Badestrand sehen können, an dem sich einige Leute mit ihren Hunden vergnügen.

Kurz hinter dem kleinen Strand biegt ein Weg nach links ab. Da wir zunächst das Naturzentrum besuchen wollen und uns auch auf eine Abkühlung freuen, folgen wir diesem Weg zunächst nicht, sondern wandern auf einem breiten Weg geradeaus weiter. Etwa 360 m hinter dieser Abbiegung und 1 km, nachdem wir begonnen haben, am linker Hand liegenden See entlangzulaufen, haben wir das *Maascentrum De Wissen* erreicht. Während wir auf das Zentrum zulaufen, sehen wir links von uns auf einem weiteren Arm der ehemaligen Maas einige Boote, die ausgeliehen werden können. Das Zentrum selbst befindet sich auf einer Anhöhe.

Nach einem kurzen Museumsbesuch und einem Informationsgespräch mit den sehr netten Zentrumsmitarbeiterinnen gehen wir in das angrenzende Hotelrestaurant und können endlich auf einer Terrasse im Schatten sitzen und mit Blick auf das Wasser einen herrlichen Eisbecher mit frischen Früchten, herrlich kaltes Wasser und unseren Espresso genießen.

Nach unserer Pause wandern wir wieder zurück und biegen nach 360 m nach rechts ab. Am Beginn des Weges steht ein großes Schild mit der Aufschrift *Welkom in natuurgebied Negenoord – Kerkeweerd*. In niederländischer Sprache wird hier einiges über dieses Gebiet erklärt und was in welchen Regionen erlaubt ist. Wir gehen nur 140 m geradeaus, biegen dann nach rechts ab und wandern am Wasser entlang, welches sich nun vorwiegend rechts von uns befindet, aber auch linker Hand befinden sich verschiedene Wasserflächen. Ab hier wirkt trotz der Trockenheit die Natur belebter. Mit Blick auf das Wasser im Hintergrund laufen wir an Bäumen und Büschen entlang, aber es gibt auch immer wieder Stellen, von denen aus man sieht, wie sehr die Vegetation verbrannt ist. Bei genauerem Hinschauen konnten wir auch immer mehr badende oder ganz versteckt im Schatten grasende Galloway-Rinder sehen.

Nachdem wir linker Hand über größere Wasserflächen hinweg weit in die Landschaft schauen konnten, erreichen wir einen Weg, der an rechts von uns befindlichen Bäumen entlangführt. Dahinter befindet sich weiterhin Wasser und wir ändern auch nicht die Richtung, sondern gehen weiter geradeaus. Kleinere Wasserflächen sind gelegentlich immer noch auch linker Hand zu sehen. Bald ist unser Weg von beiden Seiten mit Bäumen und Büschen bewachsen, wobei das Laub Anfang August schon herbstlich wirkt. Im Schatten der Bäume sind so versteckt Rinder zu entdecken, dass ich sie kaum fotografieren konnte, zumal man sie ja auch in Ruhe lassen soll.

1,10 km nach Beginn der letzten Teilstrecke erreichen wir rechter Hand ein kleines Holztor, durch welches wir hindurchgehen und eine Holzbrücke, die wir überqueren. Hier sind von beiden Seiten wunderschöne Seen mit grün bewachsenen Ufern zu sehen. Eine Bank mit Blick auf das Wasser lädt zu einer Rast ein. Hinter der Brücke halten wir uns links. Wir gehen wieder durch ein kleines Holztor, an dem ein kleiner, orangeroter Kreis, das Symbol eines weiteren Wanderweges von insgesamt 4,6 km Länge, angebracht ist.

Nun wandern wir auf einem schmalen Pfad, der an den Seiten häufig mit Büschen, vor allem Brombeeren, bewachsen ist. Nach links genießen wir wieder einen Blick auf Wasser mit einer Art schwimmenden Zelt, welches man im Naturzentrum mieten kann.

Es ist bestimmt sehr reizvoll, hier eine Nacht zu verbringen.

Die Büsche entlang unseres Pfades sind voller reifer Beeren, auch einige Bäume säumen unseren Weg.

700 m, nachdem wir die Brücke überquert haben, erreichen wir rechter Hand ein großes Holztor, welches wir auf unserem Hinweg durchschritten haben. Da wir nicht auf demselben Weg zurückgehen wollen, auf dem wir gekommen sind, wandern wir auf einem breiten Schotterweg weiter geradeaus auf das Ufer der Maas zu. Dort biegen wir rechts ab, sodass die Maas nun links von uns verläuft. Nun geht es an einem steinigen Strand immer geradeaus, wobei wir den Eindruck haben, im eigentlichen Flussbett der Maas zu laufen.

Nach einer Weile ist das Ufer der Maas durch einen Zaun abgesperrt. Wir laufen nach rechts am Zaun entlang eine Böschung hoch und erreichen bald wieder ein Holztor, durch welches wir auf den Rad- und Fußweg gelangen, der zur Fähre führt. Die Fähre ist schon im Hintergrund zu sehen, wobei uns auf dem Weg dorthin eine am Wegrand stehende, in der Sonne leuchtende Sonnenblume erfreut, die der Trockenheit getrotzt hat.

Vom letzten Holztor aus gesehen sind es 800 m bis zur Anlegestelle der Fähre, die regelmäßig übersetzt, sodass es kaum Wartezeiten gibt. Auf der Fähre beobachten wir, dass sie an Seilen über den Fluss geführt wird, was ich noch nie gesehen hatte.

Auf niederländischer Seite direkt am Ufer befindet sich auf einer Anhöhe ein kleines Café, welches sehr originell wirkt. Leider habe ich mir den Namen dieses urigen, mit antikem Porzellan und Puppen fantasievoll geschmückten Cafés nicht gemerkt und kann es im Internet nicht finden. Bei der immer noch vorhandenen großen Hitze dankbar den Schatten genießend, trinken wir hier einen frischen Mangosmothie, der sehr lecker ist. Danach machen wir uns auf den Weg zu unserer Bushaltestelle, die wir nach weiteren etwa 450 m erreichen. Wir folgen wieder der *Berger Maasstraat*, biegen, im Hintergrund die Kirche erblickend, nach links in den *Beatrixplein* ein und sehen schon nach wenigen Metern die Haltestelle.

Streifzüge durch die Euregio

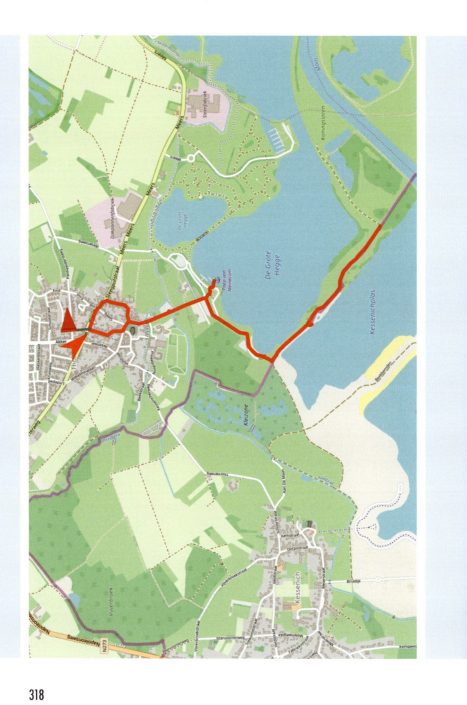

WANDERUNG 32: THORN, DIE WEISSE STADT AN DER MAAS, WANDERUNG UND STADTBUMMEL

GPS-Daten zu Wanderung 32: Thorn, die weiße Stadt an der Maas, Wanderung und Stadtbummel
http://download.m-m-sports.com/extras/streifzuege_euregio/W32_kurz.zip

Start und Ziel: Parkplätze an der *Waterstraat*, Thorn, Niederlande

Wenn Sie, wie wir, mit Bahn und Bus anreisen: von Aachen nach Maastricht mit der Linie 350, von Maastricht mit dem Intercity nach Roermond, von Roermond mit der Buslinie 73 nach Thorn. Am Wochenende kostet die Fahrt für zwei Erwachsene und drei Kinder mit dem Euregioticket 18,50 Euro. Weitere Informationen gibt es unter ❱❱ www.arriva.nl.

Zentral liegt das *Touristeninformationszentrum Thorn*: VVV Thorn, Wijngaard 8, NL-6017 AG Thorn, 0031 475 561085, ❱❱ www.vvvmiddenlimburg.nl. Es liegt gegenüber der Kirche, die vom gesamten Innenstadtbereich aus gut zu sehen ist.

Touristeninformationszentrum im Gebäude des historischen Rathauses

Wir haben die Wanderung mit GPS, von der Bushaltestelle (Straße *Wal*, Ecke *Bogenstraat*) kommend, aufgezeichnet. Für Autofahrer gibt es mehrere, gut ausgezeichnete Parkplätze, darunter einer auf der *Waterstraat*, an der unsere Aufzeichnung entlangführt.

Länge: 5,64 km

Gehzeit: 2-3 Stunden

Da wir eine schmale Landzunge entlangwandern, handelt es sich hier um keinen Rundweg, sondern man geht denselben Weg wieder zurück.

Sehr einfache Wanderung. Hunde an der Leine sind auf einem Teil der Strecke erlaubt. Richten Sie sich bitte diesbezüglich nach den dort befindlichen Schildern. Frei laufende Rinder und Pferde können getroffen werden.

Es gibt hier ein Knotenpunktsystem: Unsere deutlich auf Pfosten im Wandergebiet markierten Knotenpunkte sind: 42 – 70 (auf der kurzen Wanderung) – 61 und 60 befinden sich im Zentrum der historischen Altstadt.

Da es am Ende des aufgezeichneten Weges ein sehr großes Gebiet gibt, auf dem Sie „streunen" dürfen (Schilder vor Ort bezeichnen dieses Gebiet), können Sie die Wanderung stark verlängern. Je weiter Sie gehen, desto eher sind wasserfeste Schuhe oder sogar Gummistiefel notwendig.

Es gibt einige Karten für dieses Gebiet:

MaasVallei Rivierpark Kessenich: Hier werden sehr übersichtlich sechs Wanderungen von 5,9 bis 11 km Länge vorgestellt. Die Karte ist nicht im Touristeninformationszentrum in Thorn zu kaufen, da sie belgisch ist. Mir ist gesagt worden, dass hier die Touristenzentren nicht zusammenarbeiten. Zu erhalten wieder unter: 》 www.rivierparkmaasvallei.eu für 2,50 Euro.

Wandelroutennetwerk gemeente Maasgouw 》 www.gemeentemaasgouw.nl: Diese Karte beschreibt in niederländischer und deutscher Sprache 150 km Wanderwege mithilfe eines Knotenpunktsystems. Zu erhalten im Touristenzentrum der Stadt Thorn.

Wer sich für historisch interessante Kapellen interessiert, kann im Touristenzentrum Thorn für 1,55 Euro eine kleine Broschüre kaufen, die in deutscher und niederländischer Sprache eine *Kapellenroute* beschreibt. Für 1,75 Euro erhalten Sie einen *Stadtspaziergang Thorn*, eine kleine Broschüre mit Karte und Erklärungen, die Sie durch das historische Zentrum von Thorn führt.

Die Kartenempfehlungen dienen nur der weiteren Information. Sie können auch nur mit meinen Beschreibungen einen schönen Aufenthalt hier haben.

Wir wandern auf der *Waterstraat* auf einem alleenartigen, asphaltierten Weg in südliche Richtung und treffen nach etwa 1 km (das hängt ein wenig davon ab, wo Sie geparkt haben) auf eine erhöhte Plattform, hinter der sich Bootsanlegestellen befinden. Zuvor haben Sie ungefähr auf halber Strecke den Knotenpunkte 42 passiert und werden in Richtung 70 geleitet.

Hinter der Plattform haben wir einen wunderschönen Blick auf das Gewässer *Grote Heggerplas* und einige Schiffe, die hier vor Anker liegen.

Um zum nahe gelegenen Strand zu gelangen, verlassen wir wieder die Anlegeplätze und wandern, von dort aus gesehen, nach links (von der *Waterstraat* aus gesehen nach rechts) wieder auf einem asphaltierten Weg. Rechter Hand werden Sie unter Bäumen einige mit Gras bewachsene Parkplätze sehen, auf denen gelegentlich auch Wohnmobile stehen. Linker Hand beginnt bald der Strand, wobei dieser vorwiegend aus einer großen Wiese am Ufer besteht, aber es gibt auch einen kleinen Sandstrand. Als wir an einem heißen Samstagnachmittag dort waren, herrschte hier ein munteres Treiben. Es war lebhaft, aber nicht überfüllt und für den, der einsam sein wollte, gab es Rückzugsorte. Menschen jeden Alters und vieler Nationalitäten genossen das Wasser. Es wurde mit Kindern, aber auch mit Hunden gespielt und viele Menschen machten hier Picknick. Sogar eine Art Kochzelt mit Kamin konnten wir sehen. Manche Menschen hatten auch kleine Boote dabei und suchten sich damit ein schönes Plätzchen.

Nachdem wir eine Weile am Strand entlanggeschlendert waren, trafen wir auf ein Schild, auf dem *MaasVallei Königssteen* steht. Zusätzlich gibt es auf einem weiteren Schild Verhaltensanweisungen, da wir uns nun in ein Gebiet mit frei herumlaufenden Rindern und Pferden begeben. Wenig später sehen Sie auf einem Schild weitere Erläuterungen zu diesem Gebiet. Sie können hier den Markierungen mit einem roten Dreieck folgen und auf einem etwa 11 km langen Wanderweg wandern oder Sie folgen, wie wir, dem Knotenpunktsystem in Richtung Knotenpunkt 70.

Das rote Dreieck ist das Symbol für eine Route der oben beschriebenen belgischen Wanderkarte *MaasVallei Kessenich*. Die gesamte Strecke ist 11 km lang. Es handelt sich um einen Rundwanderweg, der zunächst mit meinen hier beschriebenen Routen parallel verläuft, dann aber an Feldern, Wiesen, Waldstücken und Wasserläufen und dem kleinen belgischen Ort **Kessenich** entlang wieder zurück ins Zentrum von Thorn führt. Da wir – mal wieder – Unwetterwarnung in Bezug auf Gewitter hatten, sind wir diese lange Runde nicht gegangen. Ich kann Sie Ihnen hier „auf eigene Gefahr" empfehlen. Soweit ich sie gesehen habe, ist sie gut markiert. Bei Hochwasser ist diese Runde nicht begehbar.

Wir biegen nun auf einen breiten Wanderweg, der sich zwischen Büschen und meist niedrigen Laubbäumen schlängelt, nach links ab. Am Wegrand ist schon eine Vielfalt von Sommerblumen zu sehen. Gelegentlich ist zwischen den Blättern der Blick auf das Wasser, ein anlegendes Boot oder einen Angler zu erhaschen. Zwischendurch treffen Sie auf Holzgatter und Tore, die Sie öffnen und hinter denen Sie Ihre Wanderung fortsetzen können. Rechter Hand sind häufig auffällige Grenzsteine aus dem Jahre 1843 zu sehen. Hinter einem dieser Grenzsteine werden Sie ein paar Stufen entdecken, die rechter Hand über eine Böschung führen. Von hier aus haben Sie eine weite Aussicht über das Gewässer *Koole Greend*, welches sich schon in Belgien befindet.

Auffallend ist die Einsamkeit und Stille auf diesem zwischen Büschen, Bäumen und Kräutern führenden Weg im Kontrast zu dem bunten Treiben, das wir soeben erlebt hatten. Nachdem wir den Aussichtspunkt verlassen haben, wandern wir weiter und erreichen 1,15 km vom Beginn dieses Weges entfernt einen Pfosten, auf dem das rote Dreieck des längeren belgischen Wanderweges zu sehen ist und das Symbol unserer kleineren Runde, die sich *Runde Koningssteen* nennt. Gleichzeitig haben wir hier den Knotenpunkt 70 erreicht.

Dahinter sind rechter Hand große Wasserflächen zu sehen, an deren Ufer, als wir dort waren, viele Rinder grasten. Linker Hand setzt sich unser breiter Wanderweg fort. Das Gelände wird hier offener und wir sehen bald große Flächen, die graswachsen sind, aber auch viele Büsche und Baumgruppen befinden sich hier. Hier war niemand mehr zu sehen. Laut Informationstafel ist hier die festgelegte Route zu Ende und ab hier beginnt ein Gebiet, durch das man „streunen" kann.

Bitte achten Sie auf entsprechende Schilder, wenn Sie dort sind oder erkundigen Sie sich im Touristenoffice, denn die Regelungen können sich verändert haben, bis Sie da sind, z. B. aufgrund veränderter Wetterbedingungen. Ab hier sind wir nur noch kurze Strecken in beide Richtungen „gestreunt", da es extrem heiß war, Gewitterwolken am Himmel zu sehen waren und, wie oben schon erwähnt, mal wieder Gewitterwarnung ausgegeben war. Hier ist für Sie also noch einiges Neues zu entdecken, falls Sie hier weiter „streunen" möchten. Ab hier sei aber laut einem Informationsblatt auch der Einsatz von Gummistiefeln sinnvoll und natürlich muss man auf Wetter und eventuelle sumpfige Stellen und auch auf die hier lebenden Pferde und Rinder Rücksicht nehmen. Hunde dürfen hier keinesfalls frei laufen.

Nachdem wir uns schweren Herzens zum Rückweg entschlossen haben, folgen wir wieder dem Knotenpunkt 42, also dem Knotenpunkt in der *Waterstraat*, von der wir gekommen waren. Auf dem Rückweg genießen wir die grüne Natur und die gelegentlichen Blicke aufs Wasser. Schließlich erreichen wir die Abbiegung nach rechts in Richtung Strand. Wir kommen an entlegenen Plätzen vorbei, wohin sich einzelne Camper zurückgezogen haben und passierten wieder den Strand, an dem so ein freudiges, reges Treiben herrschte, als wir dort waren.

Wir erreichen danach wieder den Schiffsanlegeplatz bzw. die Plattform davor und biegen hier nach links in die *Waterstraat* ein in Richtung Knotenpunkt 42.

Dort endet unsere kleine Wanderung. Wenn Sie ab hier Richtung Knotenpunkt 60 und 61 geradeaus weitergehen, erreichen Sie die mit vielen Informationstafeln gut ausgeschilderte historische Altstadt, durch die sich ein Bummel lohnt.

Ein Besuch in Thorn lässt sich auch gut mit einer **Schiffstour** kombinieren. Diese können Sie unter www.marec.be Tel. 0032 (0) 89 567 509 oder unter www.rederejcascade.nl buchen. Weitere Informationen erhalten Sie auch in dem vorne beschriebenen Touristeninformationszentrum in Thorn.

Lange Variante

Wir hatten ursprünglich vor, eine sehr viel längere Wanderung zu machen, was aber aufgrund der Gewitterwarnung nicht ratsam war. Diese möchte ich Ihnen aber nicht vorenthalten. Ich habe Sie Ihnen als GPS-Datei aufgezeichnet, konnte sie aber leider nicht mehr selbst gehen. Sie ist kürzer als die mit dem roten Dreieck gekennzeichnete, oben erwähnte belgische Wanderung, aber ein Teil davon. Bei Hochwasser soll die Wanderung nicht durchführbar sein. Bitte achten Sie daher selbst auf Ihre Sicherheit.

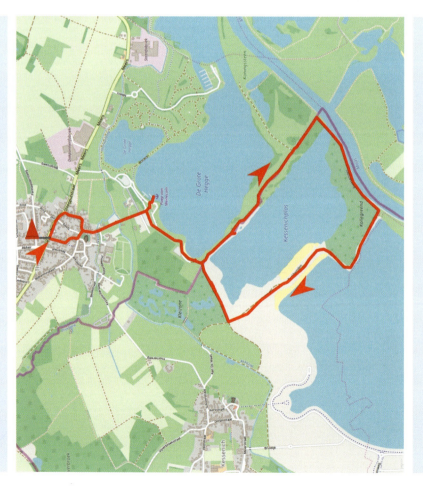

GPS-Daten zu Wanderung 32: Thorn, die weiße Stadt
an der Maas, Wanderung und Stadtbummel
http://download.m-m-sports.com/extras/streifzuege_euregio/W32_lang.zip

Länge: 7,81 km

Gehzeit: 2-3 Stunden

Wir starten diese Variante genauso wie die Wanderung 32, gehen aber ab dem Knotenpunkt 70, an dem wir umgekehrt waren, geradeaus weiter, bis wir die Maas erreichen. Dann biegen Sie nach rechts ab. Ihnen wird das rote Symbol des belgischen Wanderweges den Weg weisen. Nun müssen Sie entscheiden, ob der Wasserstand niedrig genug ist, um weiterzuwandern. Wenn dies möglich ist, wandern Sie 860 m geradeaus und biegen dann nach rechts ab. Nun wandern Sie 470 m an einem großen See entlang, der sich links von Ihnen befindet und biegen dann, immer noch dem Ufer des Sees folgend, nach rechts ab. Nach 260 m biegen Sie nach links ab und wandern nun 910 m geradeaus. Nun biegen Sie scharf nach rechts ab und erreichen nach 440 m den Ihnen schon bekannten Beginn des Weges am Gewässer entlang.

Wenn Sie etwas weiter geradeaus gehen, werden Sie auf der rechten Seite den Ihnen nun schon vom Hinweg bekannten Strand sehen. Kurz bevor Sie den Ihnen schon bekannten Weg erreichen, weist das rote Dreieck den Weg scharf nach links. Hier müssen Sie sich entscheiden, ob Sie ab jetzt, nur noch den roten Markierungen folgend, eine noch größere Runde wandern oder geradeaus am schon bekannten Strand vorbei direkt in Richtung Thorn gehen. Wenn Sie die zweite Variante wählen, entspricht der weitere Weg wieder der ersten Wanderung 32. Bitte achten Sie auf Ihre Sicherheit und beachten Sie, dass ich den Weg leider nicht selbst gegangen bin, sondern ihn nur nach den Informationen der belgischen Wanderkarte aufgezeichnet habe.

7 Wieder zu Hause in Ostbelgien und Tipps für die Entdeckung eigener Touren

7 WIEDER ZU HAUSE IN OSTBELGIEN UND TIPPS FÜR DIE ENTDECKUNG EIGENER TOUREN

Gerade bin ich von meiner letzten Wanderung für dieses Buch zurückgekehrt. Heute war möglicherweise der letzte heiße Tag dieses Sommers. Ich sitze zu Hause im Garten, mein Hund liegt entspannt im Schatten, und ich beobachte die auf meiner Weide friedlich grasenden Pferde. Es weht ein angenehmer Wind und ich höre einen Specht und leise die Schwalben schwatzen. Morgen soll es laut Wetterbericht gewittern und danach herbstlich kühl werden. Gleich werde ich die GPS-Daten von der heutigen Tour und die heute aufgenommenen Fotos herunterladen und die Wanderung schon einmal am Notebook skizzieren.

Wir haben ein letztlich wunderschönes Wanderjahr hinter uns, in dem meine Freundinnen und ich **Touren von insgesamt 276 km** aufgezeichnet haben. Nun heißt es, die GPS-Aufzeichnungen sortieren und korrigieren, Fotos sortieren und bearbeiten und alle Texte Korrektur lesen und weiterbearbeiten. Schließlich kommen die Filmaufnahmen dran, die ich besonders während der Bootstouren aufgenommen habe. Auch das Treiben der Wasservögel und der Konik-Pferde habe ich gefilmt. Im Frühjahr 2019 wird das Buch dann im Handel erhältlich sein.

Nachdem ich auf meinen Wanderungen mit vielen Menschen gesprochen habe, wobei Sie die Zusammenfassung einiger Interviews in der Einleitung und in den Wanderungen 5 und 6 lesen können, möchte ich aber das nahe liegendste Interview nicht versäumen. Nicht nur die geologische Entwicklung und das Klima haben unseren Lebensraum geprägt, sondern neben der Besiedlung auch die Land- und Forstwirtschaft. Die Entwicklung des Hohen Venns, über das ich mein erstes Buch geschrieben haben, wird vor allem durch die Forstwirtschaft beeinflusst.

Die anderen ländlichen Lebensräume werden stark durch die Landwirtschaft gestaltet. Die wichtigste Aufgabe der Landwirtschaft ist natürlich die Ernährung der Bevölkerung, da aufgrund der hohen Bevölkerungsdichte auf der Welt das Jagen, Sammeln und Fischen wie zu Zeiten der Steinzeit die Ernährung der Menschen nicht mehr gewährleisten kann. Aufgrund der Dürre dieses Sommers waren Probleme in der Landwirtschaft in aller Munde. So habe ich meinen Nachbarn Jacky, einen Landwirt, um ein Interview gebeten.

Auszug aus meinem Interview mit dem Landwirt Jacky S.

Jackys Familie ist nicht so wie bei vielen von mir Interviewten vor wenigen Generationen eingewandert, sondern sie lebte schon immer in „Altbelgien" und die Familie hat über viele Generationen hinweg den Hof aufgebaut.

Auch als „Alteingesessener" empfindet er die Grenzöffnung in der Euregio und das Zusammenwachsen der Gemeinschaften als positiv. Durch die verschiedenen Sprachen sei man grenzüberschreitend beeinflusst, man lerne vom anderen, schließe Freundschaften und werde aufgeschlossener. Allerdings herrsche in der Grenzregion, in der es normal sei, regelmäßig auch mit den Nachbarländern zu tun zu haben, eine andere Normalität als im Inland, in der noch häufig kleingeistiger gedacht würde. Auch wirtschaftlich sei die Grenzöffnung sehr positiv, da z. B. die Milch von den Firmen auch in den Randgebieten abgeholt würde, was früher nicht der Fall gewesen sei.

Seit der Mensch begonnen habe, Tiere zu domestizieren, habe in unserer Klimaregion die Raufuttergewinnung (z. B. Heu und Stroh) für den Winter im Vordergrund gestanden. Nur mithilfe dieses Futtervorrates konnten die Tiere überleben. Man vermutet, dass der Nahe Osten die Entstehungsregion der Landwirtschaft insgesamt ist, das Rind aber in Zentralasien gezüchtet worden sei. Im Internet ist übrigens der interessante Aspekt zu lesen, dass der Wolf als Helfer, sowohl bei der Viehhaltung als auch bei der Jagd, sogar schon vor 135.000 Jahren von den Neandertalern domestiziert worden sein soll. Feldfrüchteanbau, Fischwirtschaft und Obstanbau haben jeweils eine etwas andere Entstehungsgeschichte.

Bei uns in Ostbelgien dominiert aufgrund der Boden- und der klimatischen Verhältnisse die Milchwirtschaft. Wir machen einen Zeitsprung in die jüngere Geschichte und die Gegenwart: In den 1970er- und 1980er-Jahren sei die Natur mit Füßen getreten worden, man habe ohne Rücksicht auf die eigene Gesundheit und die Folgen für die Umwelt mit Chemikalien gespritzt, wilde Deponien angelegt, Hecken herausgerissen und störende Bäume entfernt. Der „wilde Westen" habe geherrscht. Es habe kaum Regeln gegeben, die Landwirte hätten viele Prämien bekommen, ohne dass die Verwendung der Prämien und Zuschüsse kontrolliert worden seien.

Durch das größere öffentliche Umweltbewusstsein habe sich diese Situation verbessert. Nun sei die Situation aber ins Gegenteil umgeschlagen. Die Regeln für die Landwirte seien sehr streng geworden, der Umgang mit dem Land, den Tieren und der mittlerweile viel geringeren staatlichen Hilfe würde streng kontrolliert. Die jüngeren Landwirte hinterfragen selbst bestimmte Themen mehr und können sich der neuen Entwicklung besser anpassen. Für viele ältere Landwirte sei es aber sehr schwer, sich mit den veränderten Bedingungen abzufinden.

Zu meiner Frage nach seiner Meinung über den zunehmenden Tourismus in unserer Region, besonders über die Wanderer, meinte er: Manchmal täten ihm die Wanderer leid. Es gäbe mittlerweile so viele Beschränkungen, dass sie sich, übertrieben ausgedrückt, durch einen Schilderwald kämpfen müssten. Hinzu kämen die Konflikte zwischen den verschiedenen Naturbesuchern, also zwischen Wanderern, Radfahrern und Reitern. Die Landwirte müssten viel offener und positiver mit den Wanderern umgehen. Er habe im Urlaub in Tirol erlebt, dass es auch anders sein könne, dass die verschiedenen Touristengruppen, die Einheimischen, die Land- und die Forstwirte viel freundschaftlicher miteinander umgingen.

Problematisch sehe er das Verhalten mancher Zugezogener, die das Leben auf dem Land zwar idealisieren, aber beispielsweise nicht akzeptieren können: dass es bei der Heuernte manchmal staubt, auch wenn man gerade beim Grillen ist, und man die Arbeitszeiten vom Wetter und anderen Bedingungen abhängig machen muss und landwirtschaftliche Maschinen zwangsläufig auch Lärm verursachen.

Das Thema „Klimawandel" betreffe ihn noch nicht direkt, andererseits beobachte er mit Sorge, dass junge Pflanzen, besonders junge Bäume, in diesem Sommer abgestorben seien, da ihre Wurzeln noch nicht so tief in die Erde reichten wie bei alten Bäumen und sie so verdursteten. Ähnliches gilt für Hecken. Bis jetzt sei es so, dass der Wetterbericht für die Landwirte lokal so präzise sei, dass sie ihre Arbeit darauf einstellen können. Auch die Unterstützung der Bauern bei Extremwetter sei genau auf den betroffenen Ort zugeschnitten, sodass es sein kann, dass in einem Dorf die Bauern unterstützt werden, im Nachbardorf aber nicht. Insgesamt sei der Klimawandel natürlich bedenklich und die Entwicklung nicht absehbar.

Landwirtschaft werde gerade auch von Naturliebhabern häufig idealisiert oder verteufelt, aber wirklich Landwirt sein mit all den Verantwortungen, die damit verbunden sind, das sei etwas anderes, als es in manchen Zeitschriften zu lesen sei. Wie in so vielen anderen Lebensbereichen sei es wichtig, miteinander zu reden und die Standpunkte des jeweils anderen verstehen zu lernen.

Es wäre natürlich interessant, noch weitere Meinungen aus der Landwirtschaft in der Euregio zu hören, was aber im Rahmen dieser Arbeit nicht mehr möglich war. Wohl dem, der für seine Tiere ausreichendes eigenes Heu bzw. Silage einbringen konnte. Durch den trockenen Sommer und Herbst

2018 fiel häufig auch noch der vierte Heuschnitt aus. Hinzu kommt, dass die Tiere aufgrund der Schädigung grasnarbenbildender und der Ausbreitung unerwünschter Gräser auf den Weiden kaum noch Futter finden können und somit früher Winterfutter zugefüttert werden muss. Dies führt zu einer Angebotsverknappung, enormen Preissteigerungen und Versorgungsproblemen. Ich selbst habe genügend Futtervorräte für meine Tiere, denn andernfalls stellt diese Situation auch Hobbytierhalter und Reiterhöfe vor große Probleme.

Als Wanderer ist man natürlich von derartigen Problemen nicht unmittelbar betroffen. Mich persönlich interessiert aber nicht nur die Landschaft, die ich bei meinen Ausflügen erkunde, sondern auch, was die Menschen bewegt, in deren Lebensraum ich unterwegs bin.

Daher möchte ich Ihnen auch ein allerletztes Interview nicht vorenthalten.

Manche jungen Menschen, besonders in der ländlichen Euregio, führen häufig so weit möglich den Lebensstil ihrer Eltern fort, gründen eine Familie, übernehmen den Hof oder die Firma, bauen auf dem Grundstück, das der Familie vielleicht schon seit Generationen gehört, ein Haus und etablieren sich räumlich. Dies ist ein sehr wichtiger und wertvoller Beitrag zum Erhalt unserer Zukunft.

Andere, wie Nina Edith (*nina@1nspiring.com*), die ich in Maastricht kennengelernt habe, erleben eine Mobilität sowohl ihrer Lebensbedingungen als auch des Lebensumfeldes, die früher in der Form nicht möglich war.

Frau Edith ist in Aachen aufgewachsen, hat in Maastricht und Aachen studiert und macht derzeit in Leicester, Großbritannien, ihren Master. Natürlich hat sie die Zeiten der geschlossenen Grenzen nicht erlebt, kann es sich auch gar nicht vorstellen, wie das mal gewesen sein mag. Für sie ist der regelmäßige Grenzübergang nach Belgien und Deutschland selbstverständlich. Sie ist schon damit aufgewachsen, dass die besten Freunde Niederländer und Belgier waren und z. B. Silvester mindestens dreisprachig gefeiert wurde. Sie spricht deutsch, englisch, niederländisch und französisch und arbeitet derzeit in Amsterdam, Brüssel und Aachen/Köln/Düsseldorf.

Das Zusammenwachsen der Region ist für sie völlig selbstverständlich. Obwohl Nina Edith sich an vielen Orten schnell zurechtfinden kann, kommt sie nach ihren vielen Reisen und Auslandsaufenthalten immer wieder gern zurück. „Selbst nach einiger Zeit in den aufregendsten und exotischsten Orten – London, Südafrika, New York, Indien und Oman: Aachen und die Euregio ist und bleibt meine Heimat."

Frau Edith liebt besonders die Natur in der Euregio. Das sei es, was ihr am meisten fehle, wenn sie unterwegs sei. Sie liebe besonders das Hohe Venn und die Eifel mit ihren tollen Seen. Aufgrund ihrer Naturliebe beschäftige sie das Thema „Klimawandel" sehr. Mittlerweile verbreiten die Medien, dass 2018 das wärmste Jahr in Deutschland seit Beginn der Wetteraufzeichnung sein soll. Sie fühle sich so wie auch mein Nachbar Jacky noch nicht auf dem direkten Wege betroffen, sehe aber bereits in vielen Bereichen die Vorboten dieses Wandels.

Sie mache sich auch Sorgen darüber, wie sie ihre beruflich bedingten, häufig nicht vermeidbaren Reisetätigkeiten und ihren persönlichen Lebensstil umweltverträglicher gestalten könne. Auch fühle sie sich durch die nicht mehr zeitgemäße Energiegewinnung auch im hiesigen Raum geradezu umgeben von den Symptomen der Umweltzerstörung aus einer anderen Zeit. Den „wilden Westen" in den 1970er- und 1980er-Jahren, von dem der Landwirt Jacky erzählt hat, hat die heute 24-Jährige ja nicht erlebt. Sie hoffe, wir Menschen können mit einem radikalen Wechsel in unserem Denken, Konsumieren und Handeln die Natur – und damit auch unsere Heimat – noch retten.

Frau Edith glaubt, dass bei vielen Leuten langsam ein neues Denken einsetze, ein wachsendes Verständnis dafür, dass wir alle miteinander und mit unserer Umgebung verbunden seien. Und in der Euregio habe man diese Verbundenheit schon im Kleinen. Hier sei es so deutlich: Was in Belgien und den Niederlanden geschehe, betreffe z. B. auch die Menschen in Deutschland und umgekehrt. Deshalb ergebe es keinen Sinn mehr, in Grenzen zu denken. Bei diesem Bewusstsein helfe es auch, über den eigenen Tellerrand hinauszusehen, wenn möglich (und umweltverträglich) zu reisen und sich ein eigenes Bild von der Welt zu machen.

In einem ähnlichen Geist wie die Mitglieder der in der Einleitung vorgestellten Gruppe *Nature 4 You* arbeitet sie mit Menschen zusammen, die eigene Projekte ins Leben rufen und im obigen Sinne die Zukunft gestalten wollen. Als Storyteller, Coach für Start-ups auf internationaler Ebene und durch die Unterstützung von Menschen mit verschiedenen kleinen Workshops (z. B. zu Kreativität und Rhetorik), aber auch durch das Schreiben und Lektorieren von entsprechenden Texten auf Deutsch und Englisch versuche sie, ihren Beitrag zu leisten. Im oben beschriebenen Sinne möchte sie auch anderen Menschen dabei helfen, sich selbst und ihre Perspektive in diese Welt einzubringen. „Das war noch nie wichtiger als jetzt und geht auf so vielen Ebenen."

Nachdem ich nun versucht habe, durch die Beschreibung von interessanten Gegenden und der Geisteshaltung ganz unterschiedlicher, hier verwurzelter Menschen, aber auch durch weitere Hintergrundinformationen, einen Eindruck von der Vielfalt und Schönheit der Euregio zu vermitteln, möchte ich Ihnen zum Abschluss noch einige **Tipps für die Entdeckung eigener Touren** geben:

Wer im Großraum Aachen weitere Wege erkunden möchte, kann sich unter 》) www.aachen.de eine Wanderkarte als PDF-Datei herunterladen, mit deren Hilfe man anhand des Knotenpunktsystems, welches ich auch für dieses Buch genutzt habe, weitere Wanderrouten zusammenstellen kann. Dieses Knotenpunktsystem ist 2015 von der Stadt Aachen eingerichtet worden, um Wanderern die Orientierung im Aachener Wald zu erleichtern.

Es lohnt sich auch, die abwechslungsreichen Wanderwege in der Gemeinde Voeren auf eigene Faust weiter zu entdecken. Sehr hilfreich fand ich für dieses Buch das 124 km lange *Wandernetzwerk Voeren* (*Voerstreek wandelnetwerk*), auf das ich schon mehrfach hingewiesen habe. Wie bei dem Knotenpunktsystem der Stadt Aachen können Sie hier anhand der Knotenpunkte die verschiedensten Wanderungen kreieren. Die sehr gute Wanderkarte gibt es im Touristeninformationszentrum *Tourism Voerstreek vzw*, Pley 13, 3798 `s-Gravenvoeren zu kaufen.

Ausführlich habe ich in Kap. 6 das *MaasVallei* vorgestellt. Hier gibt es für Pioniere noch sehr viel mehr zu entdecken, als ich es hier beschreiben konnte. In dieser teilweise noch wilden Flussnatur kommen Wanderer und Radfahrer auf ihre Kosten. Unter)) www.rivierparkmaasvallei.eu werden Sie nicht nur weiter informiert, sondern Sie können hier die neuesten Wander- und Fahrradkarten kaufen.

Schiffstouren ab Maastricht können Sie bei der Reederei Stiphout)) www.stiphout.nl buchen.

Die Wanderungen 1 bis 4 dieses Buches verlaufen zu einem großen Teil entlang der *Vlaanderenroute* GR 128. Sie ist insgesamt 468 km lang, beginnt in Aachen und endet im Ort Wissant an der französischen Opalküste. Sie verläuft durch die Niederlande, Belgien und Frankreich. Es ist sicher eine spannende Herausforderung, dieser Route bis ans Meer zu folgen. Weitere Informationen erhalten Sie unter)) www.groteroutenpaden.be.

In Wanderung 1 stoßen Sie am Dreiländereck auf den *Krijtlandpad SP 7*, der bis zum Ort Eijsden häufig parallel zum GR 128 verläuft. Er ist 90 km lang und führt über Maastricht, Valkenburg und Gulpen wieder zurück zum Dreiländereck. Weitere Informationen erhalten Sie unter)) www.wandelnet.nl.

Es führt auch ein *Jakobsweg* durch unser Wandergebiet. Weitere Informationen hierzu erhalten Sie z. B. unter)) www.pilger-weg.de.

Und nun wünsche ich Ihnen viele schöne Erlebnisse auf Ihren Touren.

Abenddämmerung an der Maas (Foto: Bori Eff)

ANHANG

1 LITERATUR- UND QUELLENVERZEICHNIS

Arvay, C. G. (2016). *Der Biophilia Effekt, Heilung aus dem Wald*. Wien: Ullstein Verlag.

Bless, Martin, J. M. & Fernández Narvaiza C. (1979). *Auf der Suche nach der verlorenen Landschaft der Euregio Maas-Rhein*. Haute Ardenne Centre Botrange & Ministére de la Région Wallonne, Division de la Nature et des Forets.

Hauser, U. (2018). *Geht doch! Wie nur ein paar Schritte mehr unser Leben besser machen*. Albrecht Knaus Verlag.

Naturhistorisches Museum Maastricht (2016). *Besucherführer. Die Natur von Limburg. Damals und heute*. Broschüre.

Naturhistorisches Museum Maastricht. *Het kalksteenpakket in de ENCI-groeve. Miljoenen jaren terug in de tijd*. Broschüre.

Thoreau, H. D. (2017). *Walden oder Leben in den Wäldern*. Hamburg: Nikol Verlag.

Tourisme Voerstreek. *De Voerstreek – Die Voerregion ein unentdecktes Paradies*. Broschüre.

Tourisme Voerstreek (2018). *De Voerstreek – Het echte Hoog(s)epunt van Flaanderen*. Broschüre.

Vandenabeele, E. & De Beule, E. (2004). *Voerstreek Milioenen jaren terug in de tijd. Geologische Leerpaden*. Toerisme Voerstreek.

Von Humboldt, A. (2016). *Ansichten der Natur* (Erstdruck 1808, Neuausgabe). Herausgeber: Hofenberg.

Wiechert, E. (1946). *Das einfache Leben*. München: Kurt Desch Verlag.

Wiechert, E. (1995). *Wälder und Menschen*. Berlin: Ullstein Verlag.

Wohlleben, P. (2015). *Das geheime Leben der Bäume*. München: Ludwig Verlag.

Wulf, A. (2016). *Alexander von Humboldt und die Erfindung der Natur*. C. Bertelsmann Verlag.

2 KARTEN

Euregio Promotion. Sjpatsierkaat, Drielandenregio, Dreiländereck, Wanderkarte. Riet Vermeeren Vaals, ›› www.euregiopromotion.nl.

GeoMap. Euregio Aachen Liége Maastricht, Freizeitkarte. Stuttgart: GeoMap T&M Touristik und Medien GmbH.

Regional Landschap Haspencouw en Voeren, Bart Vandermeeren, Sint-Pietersberg. Wandelen en fietsen tussen Jeker en Maas. Ich habe die Wanderkarten im Maastricht Visitor Center – VVV Maastricht, Kleine Straat 1, NL-6211 ED Maastricht, ›› www.bezoekmaastricht.nl erworben.

Regionaal Landschap Kempen en Maasland. MaasVallei Rivierpark. Online unter ›› www.wandeleninlimburg.be erhältlich.

Rijks Geologische Dienst afdeling Kartering: Geologische Kaart van Zuid-Limburg en omgeving. Hoofkantoor Haarlem.

Stadt Aachen. Wandern im Aachener Wald. Das Knotenpunktsystem für Spaziergänge und Wanderungen. Nur online unter ›› www.aachen.de/wandern.

Tourisme Voerstreek. Voerstreek wandelnetwerk, Voergebiet Wandernetzwerk. National Geografisch Instituut. ›› www.voerstreek.be.

3 WEITERE INFORMATIONSQUELLEN

Besucherzentrum Voerstreek: Ausstellung im angeschlossenen Museum.
» www.bezoekerzentrum.be.

Naturhistorisches Museum Maastricht: Dauerausstellung und Besucherbroschüre. » www.nhmmaastricht.nl.

4 BILDNACHWEIS

Coverfotos: Martina Kasch
Covergrafik: Thinkstock
Fotos: „Eisvogel" und „Fuchs" (S. 16, 292): von Eddy Maes, Eupen
Fotos: „Graureiher" und „Teichhuhnküken" und ein weiteres Foto (S. 18, 270 unten, 295) von der Autorin: von S. Schmitt, (phoenix nature)
Fotos: Sonnenuntergänge an der Maas (S. 65, 337): Bori Eff
Schmuckbild „Narzisse" ©AdobeStock
Alle weiteren Fotos Innenteil: Martina Kasch, bearbeitet von Bori Eff (foto-eff.jimdo.com)
Karten von openstreetmap.de
Lektorat: Dr. Irmgard Jaeger, Riccardo Rip
Satz: Guido Maetzing, www.mmedia-agentur.de
Layout: Annika Naas
Kontakt zur Autorin können Sie über den Verlag oder unter martina-kasch@gmx.de aufnehmen.

Alle GPS-Daten und Karten noch einmal gesammelt zum Download:
http://download.m-m-sports.com/extras/streifzuege_euregio/W_gesamt.zip

Foto Eff

Fotografieren lernen in Aachen

Fotografieren ist ein schönes Hobby. Richtig Spaß macht es aber erst, wenn man seine Kamera gut kennt und weiß, wie man gute Ideen fotografisch optimal umsetzen kann.

„Fotografieren lernen in kleinen Gruppen und als Einzelcoaching"

Kursangebot

Der Kurs „Vom Knipsen zum Fotografieren" richtet sich an Einsteiger, die ihre Digitalkamera besser kennenlernen und auch außerhalb der Vollautomatik benutzen möchten. Wir beschäftigen uns mit fotografischen Zusammenhängen und deren Wirkung.

Der Kurs „Fotografisch sehen lernen" besteht aus mehreren Kursabschnitten. Schwerpunkte sind Belichtung, der Umgang mit verschiedenen Lichtarten, Schärfentiefe und Bildgestaltung.

Im Kurs „Einführung in die Bildbearbeitung" beschäftigen wir uns mit einfachen Techniken, die den Fotos den letzten Schliff verleihen.

Einzelcoaching

z. B. beim neuen Buch von Martina Kasch „Streifzüge durch die Euregio"

Weitere Informationen: https://foto-eff.jimdo.com

Ramírez Máro Institut

In der ehemaligen Villa Bohlen (einem Jagdschloss der Familie Krupp, das während der Belagerung Aachens im 2. Weltkrieg das Hauptquartier General Eisenhowers war) arbeiten seit Jahrzehnten Vater Apolo und Sohn Rafael Ramírez unter dem Künstlernamen Antonio Máro. Ihr Stil kann dem abstrakten Expressionismus zugeordnet werden mit stark ausgeprägtem peruanischem Charakter, der sich sowohl in den metallfarbenen Nuancen präkolumbischer Sakralkunst zeigt, als auch in den mythologischen Figuren, die sich hier und da bahnbrechen. Sohn Rafael malt auch unter seinem Zivilnamen narrative Bilder, inspiriert durch Literatur und Geschichte, in denen die abstrakte Márotechnik mit barocker Maltechnik synkretistisch verbunden werden.

Sie haben die Villa zu einem Kulturzentrum gemacht, in dem nicht nur Ausstellungen der eigenen Werke, sondern auch Kunstwerke befreundeter und geschätzter Künstler zu sehen sind und in dem viele Konzerte internationaler Stars aus der Klassikszene aufgeführt werden, Vorträge über Kunst und Wissenschaft gehalten werden und auch im Ramírez Máro Institut Meisterkurse sowohl für Musik als auch für Malerei und Zeichnung veranstaltet werden.

Menschen jeden Alters, die sich für Kultur, Kunst und Musik interessieren, können sich über aktuelle Ausstellungen, Konzerte und Kurse auf der Webseite der Künstler www.ramirezmaro.org weiter informieren.

Kontakt unter:

Ramírez Máro Institut · Gostert 102 · B-4730 Hauset/Raeren
Tel.: +32/87 658832
rafael.ramirez.maro@gmail.com
https://goo.gl/maps/M5GX7CnZeCp

Foto: © Ramirez Maro Institut

HAUS TERNELL
ZENTRUM FÜR UMWELTBILDUNG UND NACHHALTIGKEIT

Das Haus Ternell liegt idyllisch inmitten des Hertogenwaldes an der Straße, die Eupen mit Monschau verbindet. Durch seine Lage am Rande des deutsch-belgischen Naturparks Hohes Venn – Eifel und seine unmittelbare Nähe zum größten belgischen Naturreservat Hohes Venn ist es ein beliebtes Ausflugsziel sowohl für die Menschen aus der Euregio als auch für Touristen.

Neben seinen vielfältigen Bildungsangeboten bietet das Haus Ternell zahlreiche geführte Wanderungen durch das Hohe Venn, bei denen diplomierte naturführer den Teilnehmern das Naturschutzgebiet mit seinen zahlreichen Facetten näherbringen.

Alle Infos zu unserem Zentrum finden Sie auf unserer Website www.ternell.be.

Haus Ternell Eupen · Ternell 2-3 · B-4700 Eupen
Tel.: +32 (0)87 55 23 13
Mail: info@ternell.be · Internet: www.ternell.be

Öffnungszeiten des Empfangs und des Museums:
Mo. - Fr.: 10 Uhr bis 12 Uhr und 13 Uhr bis 17 Uhr
Sa., So. und an Feiertagen: 10 Uhr bis 17 Uhr

Öffnungszeiten des Café-Restaurants:
Mi. – So.: 9 – 18 Uhr. Bei Schnee, im Juli & August sowie an Feiertagen durchgehend geöffnet.

Fotos: © Naturzentrum Haus Ternell